아랍의 봄과 겨울
–혁명·반혁명·내전

박석삼

타흐리르

아랍의 봄과 겨울—혁명·반혁명·내전

지은이 : 박석삼

초판 인쇄 : 2021. 1. 8.
초판 발행 : 2021. 1. 13.

발행인 : 박석삼
발행처 : 타흐리르

출판등록 : 제 301-2012-013 (2012.1.12.)
주소 : 04555 서울 중구 충무로 29, B204 (초동, 아시아미디어타워)
e-mail : pss21pro@gmil.com

* 책임 제작: (주)인쇄그룹형제, 02-2278-8828
* 유통 문의 : 02-716-5616

값 20,000원

ISBN 978-89-968164-7-8 93300

펴내는 글

이 책은 흔히 '아랍의 봄'과 '겨울'이라고 부르는 2011년 일어난 아랍 민중들의 봉기와 이후 전개된 혁명과 반혁명과 내전에 관한 것이다. 한국이나 서구의 독자들에겐 먼 나라의 얘기로만 들리는 아랍민중들의 실천에 주목하는 것은 이들 항쟁이 지구화된 신자유주의하에서 가장 최근에 있었던 투쟁이자 가장 격렬한 투쟁이었기 때문이고, 그들이 도전하고 좌초한 그 실서와 힘 혹은 그들의 고민의 상당 부분을 우리가 공유하기 때문이다.

지구화된 신자유주의 축적체제란 민중의 일자리와 삶을 공격할 수밖에 없고, 민중의 저항과 도전은 필연이다. 이런 저항과 도전이 있는 곳에는 어김없이 검은 진압모와 진압복을 입고 곤봉과 최루가스와 물대포로 민중의 저항을 압살하는 공권력이 있다. 시민의 저항과 공권력의 진압 혹은 시민과 공권력의 대결은 오늘날 전 지구상의 민중들이 겪는 일상사이다. 분노의 초점은 정책일 수도 있고, 정권이나 체제일 수도 있다. 이 대결이 격렬하게 전개될 때, 때로는 정권이 때로는 체제가 붕괴한다.

2011년 아랍민중의 항쟁은 지구화된 신자유주의 축적체제하에서 가장 최근에 있었던 전 대륙적인 반란이었다. 이 반란과 도전은 어떤 나라에서는 성공하고 다른 나라에서는 반혁명이나 내전으로 발전하였다. 각 나라의 혁명이 성공이나 패배로 끝난 데에는 그럴만한 이유가 있겠지만 반드시 그런 결말이 아닐 가능성도 있었을 것이다. 추상적인 가능성이 구체적인 가능성으로 발전하고 현실성이 되는 데에는 여러 계기가 있고 여러 우연과 필연이 개입한다.

이 책은 대중의 도전이 승리한 튀니지와 요르단, 반혁명을 허용한 이집트와 바레인, 내전으로 발전한 리비아, 시리아, 예멘을 대상으로 각 나라의 봉기의 배경과 봉기의 양상, 그리고 봉기 후의 이행과정을 분석하고 전략적으로 평가함으로써 아랍 민중혁명의 보편성과 특수성을 분명히 하여 교훈을 얻고자 하는 것이다.

거대한 민중들의 항쟁이나 혁명을 균형잡힌 시각으로 분석하기는 쉽지 않다. 누군가는 단지 장기간의 독재에 대한 저항으로 보고, 누군가는 아랍지역에 특유한 이슬람 근본주의나 종족 혹은 지역 간 갈등에 주목하고, 누군가는 제국주의의 간섭을 강조한다.

그런데 자원이 빈곤하여 일찍부터 수출주도의 경제개발을 추진했던 튀니지에는 사회협약제도가 있었고, 그에 안주하는 관료화된 노조 상층부와 이를 거부하는 전투파가 있었고, 한편에는 세속주의를 인정하는 민주적 이슬람이 있었다. 이집트에는 친미반동인 군부와 민선정부와 의회를 부정하는 반동들의 집결지인 사법부가 있었다. 또한 시대정신을 착각하고 군부와 야합했던 무슬림형제단이 있었고, 군부청산이라는 시대적 과제를 착각하고 군부와 결탁한 세속주의 세력이 있었다. 바레인에는 국가폭력의 두려움을 극복하지 못한 채 혁명의 과제가 대화로 얻어질 수 있다고 스스로를 기만하면서 소심한 저항을 하다가 진압된 제도내 야당들이 있었다. 리비아에는 민중을 배반하고 제국주의 개입의 명분을 주기 위해 정상배들이 모인 NTC(국가과도협의회)가 있었다. 시리아에는 일국 내의 반독재 투쟁에 주변의 패권국가인 터키와 이스라엘의 지원을 끌어들인 자유시리아군(FSA)이 있고, 국가를 부정하지 않으면서 연방제 하의 자치를 주장한 쿠르드족 무장세력인 YPG가 있고, 배교자와 이교도를 배제하는 이슬람국가(IS)가 있었다. 그리고 예멘에는 망해버렸던 정권이 사우디와 GCC(걸프협력회의)의 대리전쟁을 수행하고 있다.

혁명은 체제에 대한 도전이고, 심층국가인 군부나 사법부는 말할 것도 없지만, 민중에게 고통을 강요하는 수많은 힘과 질서에 대한 도전이다. 종파적이거나 부족적인 대립이 앞설 때 민중의 고통은 부차화된다. 조국부대과 태극기부대의 대립이 전면화될 때 민중의 고통이 목소리를 잃는 것과 같다. 리비아나 시리아, 예멘에서 수많은 반민중적 세력들이 주변의 패권국들과 제국주의 국가들의 대리전쟁을 수행하는 것이나, 한국이 싸드를 배치하거나 강정에 해군기지를 만드는 것이나 그 반동적인 본질은 같다. 다만 형태를 달리하여 나타날 뿐이다.

이처럼 아랍 민중혁명은 한국의 독자들에겐 생소한 나라들의 투쟁일지라도 어느 나라나 투쟁과 혁명의 본질은 동일하고, 지구화된 신자유주의하에서 전개된 가장 격렬한 투쟁이고 전 인류에게 희망과 슬픔을 준 투쟁이라는 점에서 상세히 이해할 가치가 있다. 모쪼록 이 책이 투쟁과 혁명에 대한 인식과 토론 수준을 높이는데 기여하길 바란다.

2021.1. 저자

목차

제1장 서론

1-1. 들어가며

2010년 말 튀니지에서 시작된 민중들의 항쟁은 전 아랍세계로 번져 나갔다. 아랍 민중이 항쟁에 나선 이유는 무엇이며, 왜 2011년이란 시점에 항쟁에 나선 것인가? 왜 어떤 나라의 혁명은 승리하였고 다른 나라의 투쟁은 왜곡되거나 실패하였는가? 왜 어떤 나라의 혁명은 내전으로 발전했고, 끝나지 않는 것인가? 아랍의 봄과 겨울이라고 부르는 아랍 민중들이 겪은 혁명과 반혁명과 내전이 주는 교훈은 무엇인가?

이 글은 이러한 문제들을 탐구하여 이들 혁명이 전 세계 민중들의 투쟁에 어떠한 의미와 교훈을 가지고 있는지를 찾아보려는 것이다.

특히 이 항쟁들이 탐구할 가치가 있는 것은 무자비하고 막강한 공권력(국가가 독점하는 폭력)을 뛰어넘는 혁명이었다는 점이다. 현대 국가의 군사력과 경찰력을 어떻게 극복할 것인가는 최루탄과 곤봉, 납치와 투옥과 고문과 살인 등 온갖 야만적인 폭력과 억압에 시달리고 있는 전 세계 민중들의 절실한 관심사이다.

또한 혁명은 언제 일어나는가? 대중은 어느 때 봉기에 나서고 체제와 결전을 벌이게 되는가는 체제를 뛰어넘어 혁명을 추구하는 모든 이들의 관심사이다. 나아가 왜 어떤 혁명과 어떤 봉기는 실패하게 되었는가 역시 진지한 관심사이다. 또한 그들의 실천과 결말은 어떤 의미를 갖는지도 중대한 관심사다.

혁명이란 체제에 대한 도전이고 체제가 강요하는 질서에 대한 도전이다. 아랍 민중들이 넘고자 했고, 넘지 못했고, 넘어야만 하는 질서는 무엇이고, 혁명이 추구해야 하는 이상과 전략은 무엇인가?

이들 문제에 대한 탐구는 세상이 바뀌어야 하고 바꿔야 한다고 믿는 사람들에게 큰 도움을 줄 것이다.

노아 펠드만(Noah Feldman)은 '아랍의 겨울'을 다룬 그의 저서에서 무엇이 일어났는가, 왜 일어났는가보다는 그 사건의 정치적 의미를 탐구하는데 집중한다.[1] 그런데 어떤 역사적 사건을 총체적으로 탐구한다는 것은 비중은 다를지라도 이 세 측면 모두에 대한 탐구를 피할 수 없다.

아랍혁명이 일어난 지 10년이 지난 지금 민주화에 성공한 나라는 튀니지와 요르단뿐, 바레인의 시민봉기는 초기에 진압되었고, 수만 명이 학살되고 수백만 명의 이주민이 발생한 시리아는 여전히 내전이 계속되고 있다. 리비아나 예멘도 마찬가지다. 아랍의 겨울이라고 불리는 이 잔인한 현실 앞에서 과연 그러한 경로가 필연이었는가, 아랍 민중은 언제까지 이 고통을 감내해야 하고 어떻게 해야 벗어날 수 있는가를 묻는 것은 중요한 작업이다. 그러므로 이 글은 먼저 민중의 관점에서 시작한다.

1_ Noah Feldman, *The Arab Winter: A Tragedy* (Princeton University Press, 2020).

확실히 아랍의 여러 나라에서 벌어진 시민과 국민에 대한 학살이나 내전, 교파적/인종적 갈등은 형식적 민주주의가 정착된 서구사회에서는 상상하기 어렵다. 그럼에도 체제에 대한 저항이자 국가폭력에 대한 저항이고, 제국주의가 강요하는 질서에 대한 저항이라는 점에서 아랍 민중들의 실천은 세계사적 보편성을 가지고 있다. 따라서 이 책은 세계사적 혹은 전 지구적 보편성, 아랍이라는 지역의 특수성, 그리고 나라마다 다른 개별성을 동시에 고려한다.

아랍의 여러 나라에는 발달한 자본주의 국가에서는 볼 수 없는 인종적(종족적, 부족적), 교파적(수니, 시아 등), 정파적(세속주의, 근본주의, 이슬람 국가 등) 세력이 있고, 여기에 영향을 미치는 미국과 러시아를 비롯한 제국주의 국가들만이 아니라 지역의 패권을 추구하는 사우디아라비아, 이란, 이집트, 이스라엘, 터키와 같은 세력이 있다. 여러 세력들은 자신의 논리 혹은 이해관계에 따라 행동한다. 수많은 세력이 자신의 이해와 논리에 따라 이합집산을 거듭하면서 반민중적인 내전이 지속되고 있다.

이처럼 수많은 행위자들이 있지만 나라마다 진행양상은 다르다. NATO가 리비아의 카다피를 압살하고, 미국이 ISIS는 포격할지라도 시리아의 아사드는 포격하지 않는다. 선험적인 제국주의의 논리나, 일국 내에 여러 분열되거나 적대적 세력이 있다는 것만으로 나라마다 다른 진행양상을 설명하기 어렵다. 그러므로 여러 주체들의 행위를 다시 보편, 특수, 개별로 나누어 살피지 않을 수 없다.

이상을 요약하면 이 글은 민중의 입장에서 아랍의 봄과 겨울을 여러 행위주체들의 실천을 보편과 특수와 개별로 구분하면서, 우연과 필연을 살피고, 총체적 인식에 도달하려는 노력이다.

따라서 이 글은 아랍 민중혁명의 배경과 국가폭력에 대한 저항을 보편과 특수와 개별로 나누어 파악하고, 반혁명과 내전을 강요하는 여러 특수성과 개별성을 살필 것이다. 이 과정을 통해서 아랍의 특수성과 현대사적 보편성을 도출해 볼 것이다. 또한 이 과정에서 그동안 제기된 수많은 쟁점에 대해서도 검토할 것이다.

1-2. 인민의 슬로건과 가능성

"인민은 정권의 퇴진을 원한다"(Al-sha'b yurid isqat al-nizam! The people want the overthrow of the regime!)라는 구호는 오랜 독재에 맞서 나선 전 아랍 민중의 공통된 구호였다. 이 구호에 대해 노아 펠드만은 코란에 나오는 인민은 신 앞에 평등한 인간들로 단수 집합명사인데 정권의 퇴진을 원하지만 누가 퇴진시킬 것인지 그리고 어떤 세상을 만들 것인지에 대해 말하지 않고 있다는 점에 주목한다. 달리 말하면 정권은 두려운 존재였고, 누가 어떻게 타도할지에 대해 확신이 없는 구호였다. 즉 인민은 정권의 타도를 원하지만 그들은 자신의 힘을 자각한 결의에 찬 존재도 아니었고 미래의 구상도 없는 존재였다. 이 구호는 여러 세력(세속주의자든, 군부든, 이슬람주의자든)에게 열린 구호였고, 미래(세속주의, 이슬람주의)에도 열려 있는 오직 오랜 독재에 대한 거부만을 선언하는 구호였기 때문에 아랍의 봉기는 다양한 미래에 열려 있었다고 말한다.[2]

2_ *ibid.*, pp. 20-48.

이 슬로건에 공감하고 외쳤던 아랍 인민은 이 슬로건이 갖는 한계 역시 넘지 못했다. 열려 있는 여러 가능성을 바람직한 현실성으로 전진시키는 작업을 위해 무엇이 필요했고 무엇이 부족했는지를 살피는 것은 혁명의 전략적 평가의 주된 과제이다.

1-3. 근대적 국민국가와 취약한 국가

북아프리카에서 시작된 아랍 민중들의 봉기는 전 아랍권으로 번졌지만 평화적 권력이행에 성공한 나라는 튀니지와 요르단뿐이고, 이집트에서는 군부가 권력을 장악했고, 리비아, 시리아, 예멘 등은 무장반란에 이은 내전의 수렁에 빠졌다. 바로 이 점, 왜 어떤 나라에서는 평화적인 권력이행에 성공했고, 다른 나라에서는 그러지 못했고, 또 다른 나라들에서는 봉기가 내전으로 발전했는가?

그 핵심에 통합된 국민국가와 국가의 실패가 있다. 1차 대전 이후 아랍 세계는 영국과 프랑스 등 제국주의 식민지이거나 친제국주의적인 반식민지 왕정국가였다. 그리고 1950년대와 60년대 초에 걸쳐 반제 자주적이고 세속적인 독립국가를 이상으로 하는 아랍민족주의에 기초하여 친제국주의적인 이슬람 왕정을 타도한 세속주의 국가들이 등장했다. 이집트, 리비아, 튀지니, 시리아, 예멘 등이 그런 나라들이다. 이들 나라는 세속주의를 위협하는 이슬람 근본주의 세력이나 정치적 이슬람을 억압했고, 좌파도 억압했다. 또한 그들은 일당독재와 일인독재를 위해 정치적 자유를 억압하고 정보경찰에 의존했다.

2011년 아랍 민중들의 봉기는 주로 이들 세속주의 국가들에서 이루어졌고, 바레인, 요르단과 같은 왕정국가들 역시 시민이 성장한 세속적 통합국가라고 할 수 있다. 한편 무장반란과 내전으로 발전한 나라들은 교파적이거나 부족적인 무장세력의 반란이 있고, 그만큼 이들 나라는 봉기 이전부터 국민국가로서의 통합이 부족했음을 알 수 있다.

아랍의 모든 나라가 많든 적든 교파적, 부족적 갈등을 안고 있지만, 그것이 전면적으로 발전하지 않은 나라들은 그만큼 산업이나 자본주의적 관계가 발전한 나라들이다. 봉건사회에서 자본주의사회로의 이행은 봉건적 할거를 극복한 국민국가로의 통합의 과정이었듯이, 자본주의적 관계의 성장과 국민국가로의 통합은 긴밀한 관계에 있다. 아랍의 많은 나라들 특히 석유자원이 풍부하고 그것을 특정 교파나 부족이 장악한 경우 사회적 차별이 심각했다. 달리 말하면 아랍이 유럽이나 남미, 아시아와 다른 점은 국민국가의 허약함이다.

국민들의 통합의 정도는 저항의 형태와 경로를 결정했다. 이런 이유로 아랍혁명은 사회혁명이라기보다는 정치혁명인데, 국민통합의 차이에 따라 저항의 주체가 시민, 민중, 국민으로 나뉘고, 국민국가를 유지하면서 일국 내의 권력다툼으로 가거나 혹은 국가의 통합이 무너지면서 무장력의 대결에 의존하는 내전으로 발전하였다. 여기에 제국주의 국가들과 주변의 패권국가들은 각자의 이해관계에 따라 타국의 내전에 개입하고 결국 대리전쟁으로 발전했다. 그러므로 제국주의 국가들이나 패권국가들의 개입은 허약한 국가의 통합이 무너진 것에 원인이 있다. 이 점은 남북이 분단되어 무장력으로 대립하고 있는 한국에 교훈을 준다. 이처럼 이 글은 국민국가의 통합 여부를 중요한 축으로 삼는다.

혁명과 변혁 그리고 계급투쟁은 통합된 국민국가를 전제로 한다. 통합되지 않은 허약한 국민국가는 아랍과 아프리카의 특수성이겠지만, 그 특수성에 대한 분명한 인식은 국민국가 내의 실천에 도움을 줄 것이다.

1-4. 이슬람에 대한 이해

아랍은 아랍어를 사용하는 북아프리카와 중동을 포함하는 지역이자, 주민의 대다수가 이슬람 신앙을 가지고 있는 지역이다. 마호메드가 창시한 이슬람 신앙은 유일신(기독교) 신앙에 대한 새로운 버전이고, 유일신을 인정하는 신앙이자 삶과 신앙의 일치를 중시하는 신앙이다. 따라서 서방 언론이 유포하는 이슬람 신앙과 아랍인에 대한 편견은 부당하고 반동적이다.

이슬람 신앙은 코란의 해석이나 선지자들의 정통성에 대한 입장에 따라 크게 수니파와 시아파로 나뉘고, 각파에는 다시 작은 분파들이 있다. 시리아의 집권세력이었던 알라위나 예멘의 후티운동은 시아파 내의 작은 분파들이다.

근대 이전의 아랍은 주로 부족적인 집단생활을 유지해왔고, 유목민의 특수성은 지도자를 중심으로 한 규율과 신앙의 공동체를 이루었고, 이에 따라 신앙은 공동체 내의 규율이자 부족적/집단적 정체성을 이루었다. 그들은 신앙과 정치가 통일된 신정국가라는 이상적인 과거의 기억을 공유한다. 아랍을 침략한 서방 제국주의 국가들이 종교와 정치를 분리하고 개인주의를 발전시킬 때 아랍에서는 그에 대한 반동으로 종교가 정치의 우위에 서거나 종교와 정치가 통일되고 현자들이 이끄는 공동체의 이상을 추구하는 흐름이 있었다.

19세기나 20세기 초 식민지/반식민지 상태에서 벗어나 어떤 미래를 추구할 것인지를 둘러싸고 무슬림형제단과 같은 정치적 이슬람 운동이 출현했다. 정치적 이슬람은 본질적으로 체제 내에서 활동하는 정당운동이고 폭력을 주된 수단으로 삼지 않는다. 한편에는 무장투쟁을 노선으로 하는 알카에다와 같은 지하디스트가 있다. 그리고 그 극단에 배교도와 이교도를 적대하고 청산 대상으로 하면서 전체 무슬림의 신정국가(칼리페)를 추구하는 IS(이슬람 국가) 세력이 있다.

살라피즘은 코란을 중심에 놓는 배타적인 이슬람 근본주의자들이다. 종교운동인 살라피즘은 정치운동인 정치적 이슬람과 다르고 근본주의의 이상을 실현하기 위해 지하디스트나 IS에 결합하기도 한다. 와하비즘은 사우디에서 번성한 살라피즘의 일종이다.

이처럼 다양한 분파로 나뉘어 있는 이슬람주의는 신앙으로서는 존중되어야 하지만, 여성을 종속적인 지위로 놓거나 하나의 신앙을 위해 다른 신앙을 배척하거나 억압하는 입장에는 동의하기 어렵다. 나아가 공동체와 신앙의 우월은 개인주의에 기반한 시민이나 민중의 출현을 억압한다.

1-5. 혁명, 반란, 내전,

정권이나 체제에 대한 불만과 반발은 대중들의 저항과 투쟁으로 나타난다. 이때 투쟁의 양태나 지향점에 따라 여러 분류가 가능하고, 그에 따른 정권의 대응의 정당성도 달라진다. 즉 저항과 투쟁이란 공권력과 시민의 관계다. 권력과 사법체제는 적법여부를 따지지만, 근대국가에서 인정되는 보편적 인권이나 국민 또는 시민의 권리는 저항권까지 포함한다. 공권력의 행사는 과도해서는 안 되지만, 투쟁의 양상에 따라 허용되는(정당화되는) 폭이 다르다.

혁명과 반란과 내전은 가끔 혼동되어 사용되지만, 혁명이란 체제를 바꾸기 위한(목적) 일체의 시도이고, 그 수단이나 형태와는 상관없다. 한편 반란이란 중앙권력을 무장으로 거부하는 집단적 운동이고, 내전은 중앙정부와 적대하는 혹은 또 다른 정부를 앞세운 무장투쟁이다. 무장반란이 양적으로나 질적으로 성장하면 내전으로 발전한다. 1948년 여순 군인반란은 전형적인 반란이지만, 권력자의 퇴진과 민주주의의 회복을 요구하면서 국가를 부정하지 않은 5.18. 광주항쟁은 반란이나 내란이 아니라 단순한 무장저항일 뿐이다. 4.19나 87항쟁은 모두 정권의 타도를 추구하는 혁명적 투쟁이고 참가자는 모두 시민의 지위에 있다. 권력과의 관계에서 시민과 반란군과 반군은 지위가 다르다.

공권력이 입장에서 시위는 해산해야 하고, 폭동과 소요는 진압해야 하고, 반란과 반군은 무기를 사용하여 무장저항을 종식시키는 것을 목적으로 한다. 즉 폭동과 소요의 참가자는 국가의 적이 아니고 따라서 무기를 사용하는 전투의 대상도 아니다. 그러므로 폭동과 소요의 단계에서 총과 같은 살상무기의 적대적 사용은 정당성이 없다. 왜냐하면 살상무기는 적대적인 최후의 수단이고 시민이나 국민을 적으로 간주하는 것은 허용되지 않기 때문이다. 이 때문에 시위나 폭동의 진압에는 치명적인 살상무기가 아닌 물대포, 최루가스, 고무탄, 섬광탄이 동원된다.

무기의 사용은 절박한 생명의 위협의 경우가 아니라면, 반란군이나 반군의 무장저항을 종식시키기 위해 사용된다. 화염병 등을 사용하는 폭력 시위의 경우 무기의 사용은 정당성이 없다. 폭동이나 소요에 이은 계엄령과 군대의 동원이 허용되더라도, 무장하지 않은 시민에 대한 무기의 사용은 정당성이 없다.

즉 공권력의 무기의 사용은 오직 시민이 무장을 했을 때에만 정당화된다. 집단적인 무장반란의 경우 공권력은 진압과 무장해제를 목표로 하지만, 반란군은 여전히 공권력이 보호해야 할 국민의 지위를 갖고 있다. 이에 비하면 내전은 전쟁이기 때문에 교전의 당사자로서 동원되는 무기의 제한이 없다. 다만 교전의 쌍방은 최소한의 인권을 존중해야 할 의무가 있다. 무기를 버리거나 저항을 멈춘 반군은 포로이자 인간으로서의 인권이 있다.

폭동이란 공권력에 대한 폭력적인 공격으로 특정 지역의 공권력이 붕괴된 상태를 말한다. 반란은 공권력에 대응하는 국민들의 무장저항을 말한다. 한편 내전이란 중앙정부에 대응하는 또 다른 정부를 자임하면서 영토적 근거지를 가지고 적대하는 것을 말한다.

이처럼 투쟁은 수단과 목표에 따라 시위, 폭동, 반란, 내전으로 나뉘고, 이에 따라 공권력과 시민이 맺는 관계가 달라지고, 특히 반란군은 국민이지만 반군은 교전 상대방으로서 지위가 다르다. 따라서 모든 투쟁은 그 나라의 계급지형에 따라 투쟁의 형태를 신중하게 선택할 필요가 있다. 투쟁의 목표와 수단은 투쟁의 성패를 결정짓는 중대한 요소다. 무기를 동원한 무자비한 진압에는 어쩔 수 없이 무장저항을 택할 수밖에 없을지라도 권력의 무기사용을 정당화해주는 반란이나 내전의 형태를 취할 것인지는 신중할 필요가 있다. 무력의 독점체인 국가에 도전하는 운동이 군사력의 대결로 전개될 때 성공할 가능성은 매우 낮고, 주변국의 개입을 불러올 수 있다. 아랍의 수많은 시민항쟁이 내전으로 발전하였고, 그 결말은 민중에게 전혀 바람직하지 않은 방향으로 전개되었다. 반드시 무장반란이나 내전의 경로를 취해야만 했는지 다른 경로는 없었는지 반성해볼 필요가 있다.

1-6. 권력과 민중의 대결과 가능성

억압적이거나 비민주적인 권력에 대한 저항은 필연이다. 그런데 이 저항이 성공하기 위해서는 천명하는 목적과 수단이 적절할 필요가 있다. 현대 국가가 오직 억압에만 의존하는 경우는 드물기도 하지만, 무장력을 독점하고 있다고 하더라도 그 사용을 제약하는 요소는 많다. 대중의 저항이 항쟁으로 발전했을 때 필연적으로 불리한 위치에 놓이게 되는 무장력의 대결이 아니라 정치적 정당성의 대결을 추구해야 하고 목표와 수단의 정당성에 대한 대중의 지지와 참여를 확보해야만 한다.

많은 나라의 아랍혁명이 전진하거나 승리하지 못하고 반혁명이나 내전으로 발전한 것은 반동권력의 무자비함이나 악랄함에만 그 책임을 돌릴 수 없다. 역사는 권력(지배계급)과 민중이 동시에 만드는 것이다.

1-7. 책의 구성

2장은 봉기의 배경으로 지구화된 신자유주의 축적체제와 2008년 세계경제위기가 미친 영향 및 세속적이고 후견적 독재국가였던 튀니지, 이집트, 리비아, 시리아를 중심으로 그 실상을 살펴보고, 3장과 4장은 아랍의 봄에 관한 것으로, 민중항쟁이었던 튀니지, 시민항쟁이었던 이집트, 국민항쟁이 무장반란과 내전으로 발전한 리비아의 사례를 중심으로, 3장은 봉기의 전개과정을, 4장은 봉기의 전략적 평가를 다룰 것이다.

5장은 봉기 이후 이행과정에서 민주화에 성공한 튀니지와 요르단, 반혁명을 허용한 바레인과 이집트의 사례를 중심으로, 그 전개과정을 살펴보고 전략적 평가를 시도한다.

6장은 항쟁이 내전으로 발전했던 리비아, 시리아, 예멘을 중심으로 내전으로 발전하게 된 과정과 참가 세력을 분석하면서 그 의미를 평가할 것이다.

7장은 아랍혁명의 특수성을 국민국가를 축으로 혁명과 내전을 총체적으로 평가할 것이다.

그리고 8장 결론에 이은 9장 보론의 '투쟁의 미학'에서는 아랍의 봉기와 한국의 민중항쟁들을 비교하면서 항쟁의 주체와 항쟁의 의미를 다룰 것이다.

특히 봉기의 배경과 전개과정 및 전략적 평가를 다룬 2, 3, 4장은 2011년 가을 집필하기 시작한 저자의 석사학위논문을 가필 또는 수정한 것인데, 특히 2장은 시리아 등의 사례를 보완하여 수정한 것이고,[3] 또한 9장은 저자의 2008년 촛불항쟁에 관한 저서에도 수록되어 있다.[4]

3_ 박석삼, 『2011년 아랍민중혁명-튀니지, 이집트, 리비아를 중심으로』 (한신대학교, 석사학위논문, 2012. 2.).

4 박석삼, 『2008년 촛불항쟁 : 배반당한 개미 떼들의 꿈』, (개정증보판, 타흐리르, 2020).

제2장 봉기의 배경[1]

2010년 말 튀니지에서 시작된 아랍 민중들의 투쟁은 북아프리카에서 중동을 포함한 전 아랍세계로 일파만파 번져갔다. 아랍 민중들의 항쟁은 튀니지 혁명의 승리에 고무되어 비슷한 처지에서 고통받고 있는 주변 아랍국들의 민중들이 항쟁에 나선 것이다.

돌이켜 보면 2008년 시작된 세계 경제위기는 2009년과 2010년 재정위기에 직면한 남부 유럽의 그리스, 스페인, 이탈리아 등에서 노동계급의 저항을 야기하였고, 자본의 일자리와 연금개악 등의 복지에 대한 공격에 저항하는 프랑스 등의 노동계급의 거센 저항을 불러일으켰다. 특히 2011년에는 '아랍의 봄'이라고 일컬어진 아랍 민중들의 혁명적 투쟁만이 아니라, 구조조정과 연금 등 복지 개악에 반발하는 '유럽의 여름', 주로 높은 등록금에 반대한 '남미의 가을', 1%의 금융자본의 탐욕에 반대하는 99%의 점거운동으로 나타난 '북미의 겨울'이란 말처럼, 전 대륙적, 전 지구적 투쟁이 전개되었다. 이것은 '지구화된 신자유주의 축적체제'가 위기에 처하자 독점자본가들의 위기와 손실의 사회화와 타국화 시도에 대해 전 세계 민중들이 반발하는 모습이다. 따라서 이들 모든 투쟁은 누적된 지구화된 신자유주의의 폐해와 경제위기가 가한

1_ 이 장은 저자의 석사학위논문 2장에 시리아 등의 사례를 보완하고 수정/가필한 것이다. 박석삼, 2012, *op. cit.*, pp. 6-19.

고통에 의해 촉발된 것이라고 할 수 있다.

그러나 똑같은 지구화된 신자유주의와 경제위기에 대한 저항이라고 하여도 투쟁의 양상은 대륙마다 혹은 나라마다 다르게 나타났다. 그리고 이렇게 투쟁의 양상이 상이한 형태를 띠는 이유는 각 지역별로 그리고 나라별로 민중들이 처한 계급투쟁의 지형이 다르기 때문이다. 그러므로 이 장에서는 먼저 전 세계적인 투쟁의 배경을 이루는 '지구화된 신자유주의 축적체제'의 위기의 보편성과 아랍지역의 특수성에 대하여 살펴볼 것이다.

2-1. 계기로서의 지구화된 신자유주의 축적체제의 위기

2011년 아랍 민중항쟁의 배경에 2008년에 시작된 세계적인 금융위기 즉 지난 30년간에 걸쳐 진행된 지구화된 신자유주의 축적체제의 위기가 있는 것은 확실하다. 그런데 지구화된 신자유주의를 단지 '국가의 개입'과 대비되는 '시장의 자유'를 추구하는 '정책'이라든지 혹은 축적위기에 몰린 현단계 자본의 '축적전략' 정도로 보는 태도가 많다. 그러나 지구화된 신자유주의란 단순한 정책이나 축적전략이 아니다.

중미 수교 등 데탕트와 사회주의 경제권의 정체가 진행되던 시기이기도 하였던 1970년대 초/중반, 세계적인 대공황과 맞물려 원유가 인상과 인플레이션 등등의 영향으로 세계 자본주의가 한계에 부딪히자, 후진국의 경제개발 욕구와 맞물려 저임금을 노리는 (주로 낮은 기술의) 선진국 제조업의 후진국으로의 이전이 시작되었다. 선진국 내부에서는 성장이 정체되고 구조적 실업이 만연되어 재정적자가 고착화되었고, 마땅한 투자처를 찾지 못하는 상대적 과잉자본이 거대한 규모로 축적되었다. 그리하여 자본과 국가의 공격이 시작되었다. 국내적으로는 재정적자의 감축을 위해서 복지와 공공부문의 고용을 축소하고, 상대적 과잉자본의 투자와 투기를 위해 공공재의 사유화가 '효율'이라는 가면을 쓰고 진행되고, 만연한 실업을 바탕으로 노동의 협상력보다 우위에 있는 자본은 구조조정과 노동의 유연화를 강요하였다. 한편 후진국에서는 단지 무역만이 아니라 투자와 투기에 대한 장벽의 제거를 요구한다. 이것이 IMF와 세계은행(IBRD)이 선진국 독점자본을 위해 후진국에게 요구한 것이고[2] 그 틀이 세계무역협정기구(WTO)와 자유무역협정(FTA)이다. 이제 세계는 제국주의 독점자본, 특히 거대한 규모로 축적된 금융자본의 요구에 따라 재편되었다. 2000년대에 선진국과 후진국을 막론하고 거대한 규모로 진행된 부동산 투기나 투기적 금융상품의 폭발이 그것을 말해준다. 결국 지구화된 신자유주의란 축적위기에 몰린 독점자본을 위해 국가와 자본이 국내적으로는 노동과 복지를 공격하고 후진국에는 (투기적) 독점자본의 천국을 위한 개방을 요구한다. 그런데 나라마다 경제구조가 다르고 세계경제로의 편입의 정도 혹은 개방의 정도가 다르기 때문에 세계 자본주의의 재생산 위기는 지역별/나라별로 다르게 나타났다.

2_ "국제금융기구들은 개발도상국들이 80년대에 받아들인 구조조정 프로그램의 핵심에 있었다. 예를 들어 IMF의 한 보고서에 의하면, 벤 알리의 정부들은 공공부문 노동자들의 해고, 생필품에 대한 가격조정의 제거와 전면적인 사유화 프로그램의 실시 등 IMF와 IBRD가 제시한 조건들을 충실히 따랐다. 이와 비슷하게 IMF는 1980년대 이집트에서도 중요한 역할을 하였다. 특히 노동자와 농민들은 물가상승과 강요된 조건 중의 일부였던 농산물 보조금의 삭감으로 특히 고통받았다." Ziad Abdel Samad and Kinda Mohamadieh, "The Revolutions of the Arab Region : Socio-economic Questions at the Heart of Successful Ways Forward," *Perspectives*, #2 (May 2011), pp. 112-118.

2차 대전 이전 아시아와 아프리카의 수많은 약소국들이 식민지나 반식민지로 편입된 것이나, 2차 대전 이후 냉전 시기에 지구상에 수많은 친미반공 예속독재정권이 수립된 것이 제국주의 세계체제의 필연이었듯이, 1970년대 이후 아랍국가들을 비롯한 수많은 나라들이 신자유주의와 개방정책을 채택한 것은 이것이 단지 선택이나 거부의 여지가 있는 정책이어서가 아니라, 제국주의 내에서 막대하게 성장한 상대적 과잉자본의 욕구에 따라 이들 자본을 위해 투자와 투기의 장벽을 없애는 개방 즉 지구화라는 질서를 거스를 수 없기 때문이고, 이 질서가 바로 현단계의 제국주의가 강요하는 경제적 질서인 '지구화된 신자유주의 축적체제'이다. 이런 관점에서 보면 1950년대와 60년대에 반제 자주를 주창하면서 이집트 등에서 성립한 나세르 체제(아랍민족주의)는 제국주의가 강요한 냉전질서를 거부하거나 그것에 저항하면서 국가주도의 경제개발을 추구하는 체제였는데 1970년대 이후 지구화된 신자유주의 축적체제라는 제국주의 질서로 편입된 것이라고 할 수 있다.

그리고 이 체제는 2008년 발생한 세계적 경제위기에 의해 그 한계를 노출했고, 아랍 등의 후진국은 이 경제위기의 직격탄을 맞았다. 이것은 단지 금융자본주의의 위기가 아니다. 엄청나게 축적된 상대적 과잉자본 특히 투기적 금융자본의 이윤을 위해서는 전 세계 민중을 수탈하여 부를 이전시켜야만 한다. 금융자본이란 부를 생산하는 것이 아니라 부를 이전하는 것이다. 돈이 돈을 낳고 자본이 자본을 낳는다. 그들은 부는 물론 일자리를 만들어내지 않고, 그들의 이윤을 위해 공공재를 사유화하고, 복지를 축소하고, 투기를 위한 시장개방을 요구한다. 노동계급과 민중을 가혹하게 수탈하고 착취하는 이 체제는 성장이나 개방이 일자리를 만들어내고 삶의 질을 향상시키는 것이 아니라 99%를 쥐어짜서 1%를 살찌울 수밖에 없는 체제이고, 이제 99%는 더 이상의 수탈과 억압을 감내할 수가 없게 된 것이다.[3]

예로부터 세계공황 시에는 자국 시장을 보호하려는 보호무역주의와 함께 수출경쟁력을 높이기 위한 고환율정책(자국 화폐가치의 하락)이 시도되어 왔다. 미국이나 유럽의 양적완화 정책도 타국의 희생 위에 자국의 수출경쟁력을 높이는 효과를 가지고 있다. 또한 고환율은 물가의 상승을 가져온다. 결국 세계 각국은 국가가 나서서 자국의 독점자본의 이익을 위해 국내의 민중과 타국으로 위기를 전가하려고 몸부림친다. 여기에 양적완화 정책으로 인한 거의 무상의 달러공급은 국제투기자본으로 하여금 석유와 원자재와 식량에 투기하도록 만들었다. 그리하여 2010년에만 식량가격이 32% 이상 폭등하였고, 이것은 아랍 민중들에게 특히 고통스러운 것이었다.

또한 석유가격의 인상은 플라스틱류나 전기 등 단순히 석유를 원재료로 하는 상품의 가격만을 인상하는 것이 아니라 식량가격의 인상과도 밀접한 연관이 있다. 왜냐하면 현대의 농업은 온갖 비료와 살충제가 석유를 원료로 하고 있고, 수출작물의 운반비 역시 석유가격과 밀접한 관련을 가지고 있기 때문이다. 나아가 높은 석유가격은 바이오 연료의 사용을 부추기고 그를 위한 옥수수 재배와 사용을 증가시킨다. 식량으로 사용될 수 있는 옥수수의 재배면적의 감소와 옥수수 가격의 상승도

3_ 엄밀히 말하면 99% : 1%의 대립이라기보다는 80% : 19% : 1%의 대립이 보다 적절한 표현이다.

식량가격의 상승을 가져온다. 이리하여 높은 석유가격과 식량가격, 인플레, 고환율 등은 민중의 삶을 유린한다. 하물며 지옥 같은 높은 실업률에 시달리고 있는 아랍 민중들의 고통은 더 말할 필요가 없다.

2-2. 아랍의 특수성: 후견적 독재체제의 정당성의 위기

2010년 말 튀니지에서 시작된 민중들의 항쟁은 알제리, 수단, 오만, 이집트, 리비아, 바레인, 예멘, 요르단 등 전 아랍 국가로 번져 나갔다. 이들 항쟁은 같은 처지에 있는 민중들이 이웃 나라 민중의 투쟁과 승리에 고무되어 서로를 고무하면서 확산되고 상승하는 모습을 보여주었다.

아랍 민중이 항쟁에 나선 이유는 무엇이며 왜 2011년이란 시점에서 항쟁에 나선 것인가? 혹자는 그 주된 이유로 2008년에 시작된 세계경제의 위기를 말한다. 그러나 똑같은 경제위기이고 혹은 아랍국가들이 더 심각한 고통을 겪고 있다고 하여도 유럽을 비롯한 다른 대륙과는 달리 유독 아랍지역에서만 폭발적인 혁명투쟁의 양상을 보인 것은 아랍국가들만이 갖고 있는 정치적, 사회적 특수성에서 그 이유를 찾아야 할 것이다.

아랍 민중의 봉기가 지구화된 신자유주의 축적체제의 가장 약한 고리에서 일어나고 특히 실업과 연료 및 식량 가격의 폭동이 그 배경에 있는 점은 부인될 수 없다. 그런데 1930년대의 대공황이 유의미한 혁명적 봉기를 가져온 적이 없는 것에서 보듯 경제적 위기와 고통만으로 대중봉기의 필연성을 설명하는 것(경제결정론)은 무리다. 그보다는 체제의 정당성의 상실에서 그 이유를 찾아야 할 것이다.

달리 말하면 1950년대나 60년대 이후 대부분의 아랍지역에 설립된 후견적 독재국가가 1990년대 이후 개방과 효율을 앞세운 신자유주의를 추진하지 않을 수 없었고, 바로 그 체제가 세계경제의 위기 속에서 더 이상 인민의 삶을 뒷받침하지 못하게 되자 저항에 나선 것으로 파악한다는 의미이다. 즉 세계경제의 위기가 유럽에서는 일자리와 복지를 공격하는 신자유주의 축적체제의 정당성이 문제되었다면, 아랍에서는 동일한 세계경제의 위기가 후견적 독재체제의 정당성의 위기로 발현되었다.

따라서 '자유, 존엄(dignity), 사회적 정의'라는 아랍 인민들의 구호 역시 신자유주의 체제에 대한 도전보다는 정당성을 잃은 부패하고 무능한 압제자를 향했다. 즉 모든 정치혁명은 사회혁명으로 발전할 수 있고 사회혁명을 잉태하고 있지만, 그리고 세계적인 경제위기의 약한 고리에서 발발했지만, 이 혁명은 유럽이나 다른 대륙과는 달리 사회혁명의 요구 이전에 정당성을 상실한 정권을 향한 정치혁명의 성격이 더 크다.

튀니지에서 시작된 아랍 민중들의 봉기는 이집트, 리비아를 넘어 시리아, 예멘, 바레인, 알제리, 요르단으로 번졌다. 이들 국가 중 초기에 진압되거나 지배계급이 타협적 조치를 내놓은 바레인이나 알제리, 요르단을 제외한 이집트, 리비아, 시리아, 예멘은 모두 냉전 시기 아랍민족주의에 세례받은 나라들이고 모종의 사회주의를 흉내 낸 나라들이기도 하였다. 튀니지 역시 공적부조와 사회적 합의주의를 표방한 나라였다. 오직 예멘에서만 국가가 보이지 않았다. 그리고 민주화 이행에 성공한 튀니지와 요르단 그리고 민주화 이후 반혁명의 경로를 밟은 이집트를 제외한 리비아, 시리아, 예멘은 10년이 지난 지금까지도 격심한 내전이 벌어지고 있는 나라들이다. 아랍 민중들의 봉기는 주로 세속적 후견국가에서 일어났는데, 왕정국가인 요르단이나 바레인도 교파적 인종적 갈등이 없는 통합국가라는 점에서 세속적 후견국가의 성격은 같다. 이하에서는 주로 세속적 후견국가인 튀니지, 이집트, 리비아, 시리아의 네 나라를 중심으로 그 특수성을 살펴볼 것이다.

2-2-1. 세속적이고 민족주의적인 후견독재의 성립

1952년 냉전이 한창일 때 나세르가 이끄는 자유장교단은 쿠데타를 일으켜 친영 이집트왕조를 무너뜨렸다. 나세르 체제는 냉전 시기 사회주의국가들이 이룩한 성과와 식민지나 반식민지 보호국에서 해방된 민중의 열망에 부응하여 수에즈 운하의 국유화와 토지재분배에서 보듯 '아랍민족주의'라는 슬로건하에 반제 반봉건 자주국가를 주창했다. 또한 종교적 근본주의라는 봉건적 억압을 타파하는 세속주의, 그리고 교육, 의료, 생필품 보조, 일자리 등에 대한 국가의 공적부조를 통치의 정당성으로 삼으면서, 노동운동과 사회주의 운동을 억압하고 국가 주도의 경제개발을 추구하는 '세속적이고 민족주의적인 후견독재'라고 할 수 있다.[4] 이러한 나세르 혁명은 많든 적든 전 아랍세계에 영향을 끼쳤고,

---

4_ 이러한 체제를 국가자본주의로 보는 시각도 있고, 일종의 지배협상이나 코포라티즘으로 보는 시각도 있다. 가령 Dina Shehata의 "50년대와 60년대의 권위적이고 대중적인 나세르 체제는 노동계급과 중간계급과 지배협상을 낳았다. 모든 정당은 금지되고 노조를 포함한 시민사회기구는 정권의 직접적 통제 하에 들어왔다. 그 대가로 국가는 정부 고용의 형태로 식량과 에너지와 주택 대중교통, 무상 교육, 의료와 같은 사회 복지 서비스를 제공하였다"라는 서술이나, 임월산 등의 "1956년 프랑스의 식민통치로부터 독립한 튀니지의 하비브 부르기바 정권은 1970년대 코포라티즘에 기반한 수출주도 경제정책을 추진하였다. … 신자유주의 정책개혁이 본격화하면서 부르

이에 따라 값싼 혹은 무상의 교육과 의료 그리고 생필품 보조와 일자리 주선을 하고 있는 튀니지나 리비아가 높은 교육수준과 낮은 영아 사망률을 자랑하게 되었다.[5] 특히 1969년 친영 이드리스 왕조를 쿠데타로 무너뜨린 카다피는 '이슬람 사회주의'를 표방하면서, 영국군과 미군을 철수시키고 석유기업의 지분을 50%에서 79%로 끌어올렸다. 또한 금융, 보험, 무역 등을 국유화하고, 유휴토지와 이탈리아인들의 토지를 몰수하고 촌장들의 토지확장을 금지하고 토지를 재분배하였다. 1970년대에는 고유가 덕분으로 무상교육과 무상의료를 제공하고, 대학교육과 주택에 융자정책을 폈다. 1981년에는 경제제제로 인한 어려움이 가중되자 소매업을 금지하고 국가가 관리하는 슈퍼마켓에서 생필품을 저가로 공급하기도 하였다.[6] 시리아의 바트당(Ba'ath Party, Arab Socialist

---

기바 정권의 코포라티즘은 그 기반이 붕괴한다"는 서술이 그것이다. 그러나 서구적 의미의 코포라티즘은 국가와 자본과 노동의 3자간 힘의 균형 속에서 이루어진 협약이라고 볼 때, 2차 대전 후 제국주의 영향력에서 벗어난 아랍 민중들의 열망과 무상교육과 무상의료 등 현실사회주의 체제의 우월성이 힘을 발휘하던 시기, 아랍의 권력집단이 대중운동을 철저히 억압하면서 대중의 열망을 일정 정도 수용한 이러한 형태를 지배협상이나 코포라티즘이라고 부르는 것은 무리가 있다. 그런데 국가자본주의란 개념은 국가나 엘리트 집단인 당이나 관료조직이 자본가를 대신한다는 것으로 이러한 틀로는 하나의 사회구성체 내의 계급모순과 그에 따르는 운동을 도저히 파악할 수 없는 비과학적 개념이다. 한편 촘스키는 이들 국가에 대하여 '세속적 민족주의' 정권이라고 규정하면서 제국주의자들이 이들과 이슬람근본주의자들과의 갈등을 이용했다는 주장을 하고 있다. Dina Shehata, "The Fall of the Pharaoh : How Hosni Mubarak's Reign Came to an End," *Foreign Affairs,* Vol. 90(3) (may/june 2011), p. 27; 임월산·조은석, "북아프리카 민주화 운동과 노동자 운동의 역할," 『사회운동』, 통권 100호 (사회진보연대, 2011.5·6), p. 81; 노엄 촘스키 외, 『촘스키와 아슈카르, 중동을 이야기하다』, 강주현 옮김 (사계절, 2011), pp. 63-66 등 참조.

5_ 2008년과 2009년 World Bank 자료에 따르면, 튀니지, 이집트, 리비아 3국의 문자 해독률은 각 66%, 78%, 89%이고, 기대수명은 각 73세, 74세, 75세였다.

6_ Hong Seong-Min, "Libyan Econamy's Characteristics and Role of Oil in the 21st Century,"

Renaissance Party, 아랍사회주의부흥당) 역시 범아랍 사회주의를 표방하고 국가주도의 수입대체 산업화와 후견독재를 건설한 점은 같다.

결국 아랍민족주의는 2차 대전 이전 제국주의에 의해 강요된 식민지/반식민지하의 친제 이슬람주의 지배계급을 몰아낸 반제 세속주의의 승리와, 냉전시기에 강요된 제국주의의 군사적, 정치적 질서로부터의 이탈과, 제국주의 중심부가 강요하는 경제적 질서로부터 벗어나기 위해 국가주도의 경제개발을 특징으로 하였다.

따라서 이들 국가의 통치의 정당성은 반제 민족자주와 공적 후견과 세속주의에서 찾을 수 있는데, 뒤에서 보듯 이들 국가는 1980년대나 90년대부터 친제국주의와 신자유주의를 추진하면서 세속주의 이외에는 정당성이 상실 또는 훼손되었다.

2-2-2. 신자유주의와 경제위기가 강요한 민중들의 고통

이처럼 자본주의 세계체제 혹은 제국주의 세계체제가 강요하는 정치적, 군사적, 경제적 질서를 거부하고 성립한 이들 반제자주 세속적 후견독재국가들은 1970년대부터 90년대에 걸쳐 지구화된 신자유주의 축적체제로 편입되었다. 그리고 아랍 민중들이 항쟁에 나선 배경에는 무엇보다도 지난 30년간에 걸친 신자유주의적 개방에 따른 무능하고 부패한 권력의 후견적 기능의 약화가 있다. 후견적 기능은 아랍민족주의를 표방한 국가들의 정당성을 이루는 핵심적 요소이다. 왕정국가인 요르단에서 연료비와 식료품 가격의 인상에 대한 항의가 전면에 나선다든지, 바레인에서 공공주택의 공급부족에 대한 불만이 컸던 사정 역시 약해

「한국중동학회논총」, Vol.26(2) (한국중동학회, 2006), pp. 100-108.

진 후견 기능에 대한 불만이라 할 수 있다.

튀니지의 벤 알리는 1987년 취임 이후 사적 투자를 유치하는 시장지향개혁으로 마그레브(북아프리카 지역)에서 가장 건강한 경제라는 평판을 받았다.[7] GDP 성장률은 연간 5%였고, 튀니지의 경제활동은 식민지 시절부터 북부와 동부에 집중되었지만, 1956년 독립 이래 경제계획은 중부와 남부, 서부에 일자리를 창출하고 생활수준을 높이는 데 맞춰졌다. 정부투자는 식수, 전기, 교통, 의료, 교육에 대한 용이한 접근이라는 점에서 시골지역을 변모시켰다. 그러나 정부는 급격한 인구증가 때문에 내륙지방에서 충분한 일자리를 만드는 데 성공할 수 없었다. 튀니지의 개발전략은 70년대 초반부터 수출과 사적투자에 의존하고 있었고, 빈약한 자원과 유럽과의 근접성은 관광과 유럽시장을 위한 저숙련 제조업 생산(의류와 농산물 생산)에 대한 강조로 이어졌고, 운송비용을 최소화할 필요성 때문에 상대적으로 많은 관광객이나 수출업자를 내륙으로 끌어당길 수 없었다. 국내 생산의 80%가 해안지방에 집중되었고, 나머지 20%가 인구의 40%가 사는 중서부와 남서부에서 이루어졌다. 교육에 대한 문화적 배경은 대학교육을 중시했지만, 대학교육은 관광과 의류제조의 저숙련 기술에 의존하는 경제에 필요한 사람들을 생산하지는 않았다. 튀니지의 실업률은 13-16%였고 특히 내륙지방인 시디 부지드의 실업률은 25-30%에 달했다.[8]

7_ "튀니지는 상대적으로 높은 생활수준을 누렸고, 1인당 소득은 모로코와 이집트의 거의 두 배에 달했다. 튀니지는 빈곤퇴치와 문맹퇴치, 교육, 대중통제, 여성의 지위에 있어서 높은 점수를 받았다." Eric Goldstein, "A Middle-Class Revolution," *Revolution in the Arab world-A Special Report from Foreign Policy* (2011), pp. 66-71.

8_ Christopher Alexander, "A Month Made for Drama," *Revolution in the Arab world-A Special Report from Foreign Policy* (2011), pp. 46-48.

한편 이집트는 1970년대 초부터 국가주도의 경제발전이 한계에 부딪히자 막대한 부채와 고물가, 고유가 등 경제위기에 처했다. 1970년 나세르가 죽자 권력을 이어받은 사다트는 사적투자를 촉진하는 여러 조치와 사유화 등 개방정책(인피타)과 이스라엘과의 화해를 추진하였다. 1981년 사다트의 정책을 그대로 이어받은 무바라크는 90년대 초반 감당할 수 없는 외채 수준 때문에 세계은행과 경제개혁에 관한 협정에 서명할 수밖에 없었다. 지난 30년간 이집트 정부는 사회적 프로그램에 대한 지출을 삭감하고 무역과 상품가격, 이자율을 자유화하고, 오랫동안 시행되어 온 대졸자에 대한 정부고용을 보류하고, 수많은 공공부문 회사를 사유화하고, 많은 상품에 대한 보조금을 보류하는 일련의 구조조정 정책을 시행하였다. (엘시시의 정책도 같다.) 국가 지출이 감소하자 교육, 의료, 교통을 포함하는 사회서비스에 대한 공적 지출이 정체되고 이들 서비스의 질이 악화되었다. 공장 노동자들, 무토지 농민들 그리고 수출이 아닌 내수시장을 위한 상품을 생산하는 사람들이 가장 큰 고통을 받았다. 그들은 정부의 서비스와 보조금 그리고 시장보호에 의존하였기에 그들의 고통을 '경제자유화'의 결과로 보았다.[9]

그리고 석유수입이 수출의 95%, 정부수입의 80%, GDP의 65%를 차지하는 극단적인 석유 의존경제인[10] 리비아는 미국을 비롯한 서방의 제재[11]와 유가 하락으로 고통을 겪었다. 카다피는 1990년대 이후 서방

9_ Jack A. Goldstone, "Understanding the revolutions of 2011: weakness and resilience in Middle Eastern autocracies," *Foreign Affairs,* Vol. 90(3) (may/june 2011), pp. 8-16.

10_ U.S. Department of State, "Libya (03/09/12)," https://2009-2017.state.gov/outofdate/bgn/libya/196690.htm.

11_ 1981년 시작된 경제제재는 리비아의 경제적 어려움을 가중시켰다. 1992년부터는 유엔제재가 추가되었고, 1996년부터는 '이란·리비아 제재법'으로 석유개발마저 봉

과의 관계개선을 모색했다. 2000년 카다피는 "리비아는 단지 리비아의 이익만이 아니라 유럽에게 리비아가 관문이 되고 있는 전 아프리카 대륙을 위해서 외국자본의 투자와 참여를 고무하길 원하고 있습니다. 우리는 투자를 위한 적절한 환경을 조성할 것입니다"라고 선언하였다.[12] 2003년엔 대량살상무기 포기선언을 했고, 40년 만에 석유채굴권 공개입찰에 다국적기업들도 참여하도록 허용했다. 사실 이런 경제개방 정책은 이미 1990년대에 시작됐다. 공기업 특혜폐지와 사기업화, 외국인 투자유치 강화를 위한 법 개정, WTO 가입 등을 추진했다. 반대로 경제개방 정책 속에 리비아 민중의 삶은 악화됐다. 1990년대부터 카다피 정권은 공공지출을 크게 줄였고, 보조금 제도와 실업수당을 폐지했다. 게다가 IMF 권고를 받아들인 결과 허약해진 통화 때문에 인플레이션마저 발생해 노동자들은 실질임금 하락으로 고통받았다.[13]

1963년부터 권력을 잡은 시리아의 바트당은 세속주의와 아랍사회주의를 표방하고, 토지개혁과 국유화를 추진하고, 교육, 의료, 생필품을 부조하고, 국가 주도의 경제개발을 추진했고, 개방압력에도 불구하고 은행을 비롯한 주요 산업의 국영부분을 고수했다.[14] 내외의 여러 사정은 비능률과 부패, 높은 인플레, 밀수, 경제적 불만을 낳았고, 때로는

쇄됐다. 레이건은 1996년 트리폴리와 벵가지에 폭탄 60톤을 쏟아부었다. 이 공습으로 무고한 리비아인 100여 명이 목숨을 잃거나 다쳤다. 김하영, "리비아혁명, 어떻게 볼 것인가?" 『마르크스21』, 9호, (책갈피, 2011년 봄), p.154.

12_ International Crisis Group, *Popular Protest in North Africa and the Middle East (V): Making Sense of Libya*, North Africa Report N°107 (6 June 2011), p. 15.

13_ 김하영, 앞의 책, pp. 156-158.

14_ Eyal Zisser, "Syria," in Ami Ayalon (ed.), *Middle East Contemporary Survey*. Vol. 16: 1992 (The Moshe Dayan Center, 1995), pp. 723-749.

식량폭동이나 이슬람주의자들의 반란으로 이어졌다. 고용은 농업이 20%, 산업이 20%, 서비스업이 60% 정도이고, 이 중 정부고용이 30% 정도였고 실업률이 매우 높았다.[15] 농업과 석유수입이 GDP의 절반 정도를 차지했다. 시리아는 1990년대부터 후견적 국가복지를 약화시키고, 자유시장 정책 즉 신자유주의 정책을 추진하였고, 이 정책은 정부와 유착된 사람들과 다마스커스와 알레포에 있는 수니파 상인층에게만 이익을 주었다. 2010년 국민소득이 2,834불밖에 안 될 만큼 가난한 나라였고, 2006년부터 2010년까지 진행된 심각한 가뭄과 농산물 가격의 인상, 2008년 경제위기에 이은 바트화의 가치저하와 수입물가의 인상, 수출액의 40%, GDP의 20%, 국가 예산의 25%를 차지하는 석유가격의 하락으로 인한 수입감소는 경기후퇴와 청년층을 비롯한 높은 실업률로 나타났나.[16]

이처럼 리비아나 시리아의 경우는 경제제제라는 고통에서 벗어날 필요도 있었지만, 네 나라 모두 최근 20-30년 동안 사적투자와 시장을 개방하면서 충분한 일자리를 만들어내지 못한 채 사회적 안정망을 해체하여 민중들의 고통을 가중시켰다. 다음은 이를 뒷받침하는 보고들이다.

> 유엔 식량농업기구에 따르면 급증하고 도시화하고 있는 중동 인구는 낮은 임금과 작년에만 32% 이상 오른 식량가격에 곤란을 겪고 있다. 그러나 혁명에 불을 붙이는 것은 단지 가격의 상승이나 성장의 부족이 아니라

15_ FAO, "Counting the Cost: Agriculture in Syria after six years of crisis" (Apr 2017), http://www.fao.org/emergencies/resources/documents/resources-detail/en/c/878213/.

16_ Samer Abboud, "The Syrian Economy: Hanging by a Thread" (20 June 2012), https://carnegieendowment.org/2012/06/20/syrian-economy-hanging-by-thread-pub-48598.

갈수록 과도한 부의 집중 속에서 광범위하고 구제받을 수 없는 지속적인 빈곤이다. 최근 수십 년간 대학 등록생이 튀니지는 3배, 이집트는 4배, 리비아는 10배나 증가했다. 충분한 일자리를 제공하는 것은 참으로 어려운 문제이고 술탄적 정부에게는 특히 그렇다. 그들의 보살핌 전략에 따라 벤 알리와 무바라크는 오랫동안 노동자를 훈련하고 일자리를 창출하고 대출해주는 튀니지의 국가고용기금과 같은 프로그램이나 이집트의 대졸자에 대한 일자리 알선보장 정책을 통하여 노동자와 가족들에게 국가 보조금을 지급해 왔다. 그러나 이러한 안전망은 지난 10년간의 예산 삭감 속에서 사라져 갔다. 중동의 청년실업률은 2009년 세계 평균의 두 배인 23%에 달했다. 고학력 실업은 더욱 심각하고 이집트에서 대졸자는 초등학교 졸업자보다 10배나 더 많다.[17]

아랍국가에서는 인구의 절반 이상이 30세 이하이고 15-29세 사이의 인구가 1/3 이상이다. 세계은행에 따르면 중동은 교육수준이 가장 빠르게 증가하고 청년실업률(25%, 세계 평균은 14.4%)이 가장 높다. 청년실업률은 학력이 높을수록 높다. 2006년 이집트에서는 고졸 이상 청년의 95%가 실업자였다. 일자리가 있는 사람들도 낮은 임금과 나쁜 환경에서 일한다. 높은 실업과 낮은 임금은 많은 이집트 청년들이 결혼이나 가정을 꾸리는 것을 막았다. 25-29세 사이의 절반 이상이 싱글이다.[18]

리비아 시민의 20.74%가 실직 상태이고, 약 3분의 1이 빈곤선 이하에서 살고 있다. 안정적 수입을 얻는 가족이 한 사람도 없는 가구가 16% 이상이고, 43.3%는 오직 한 사람만 소득이 있다. 극심한 실업률에도 불구

17_ Jack A. Goldstone, *op. cit.*

18_ Dina Shehata, "The Fall of the Pharaoh : How Hosni Mubarak's Reign Came to an End," *Foreign Affairs,* Vol. 90(3) (may/june 2011), pp. 26-32.

하고 시장에는 100만 명이 넘는 이주노동자에 대한 항상적인 노동력 결핍이 있다.[19]

이상으로 살펴본 바와 같이 지구화된 신자유주의 축적체제, 즉 '인피다'로 상징되는 개방정책과 IMF 등이 강요한 신자유주의적 개방과 구조조정은 지난 30년간 아랍 민중들을 만성적인 빈곤과 실업에 빠뜨렸다. 여기에 2008년 세계 대공황과 식량가격 등의 폭등, 선진국 시장과 일자리의 축소는 고통을 배가시켰다.[20] 결국 세계 대공황은 자본주의 재생산 체제가 취약한 혹은 고통을 감당할 힘이 가장 취약한 곳인 아랍세계에서 폭발하지 않을 수 없었다. 특히 튀니지나 이집트 등은 관광업과 수출경제에 의존하는 국가였기 때문에 세계경제 위기에 취약하였다. 이것이 IMF가 강요한 신자유주의의 모범생 국가들이 맞을 수밖에 없었던 운명이었다. 즉 2008년 세계경제 위기 혹은 지구화된 신자유주의 축적체제의 위기는 아랍에 만연한 후견독재체제의 정당성에 대한 위기로 이어졌다.

2-2-3. 권위주의 국가의 고착과 부패

세속적이고 민족주의적인 후견독재로 출발한 이들 국가들은 국가주도의 경제발전을 추구하는 한편 체제의 위협이 되는 기층운동과 이슬람주의자들을 철저하게 억압하였다.

19_ Reuters, "Libya's jobless rate at 20.7 percent: report" (2 Mar 2009), http://af.reuters.com/article/investingNews/idAFJOE52106820090302.

20_ 자국 내에서 일자리를 찾지 못한 수많은 아랍의 젊은이들은 유럽에서 일자리를 찾았고, 그들의 송금액 또한 적지 않았다. 그러다가 공황으로 인해 고국으로 되돌아오고, 수출시장의 축소로 일자리는 더욱 좁아졌다.

튀니지의 경우는 1987년 81세의 부르기바 '전제정부'와 대중적인 이슬람주의 운동이 거의 내전상태에 있었던 때, 1957년부터 권좌에 있었던 부르기바를 밀어내고 쿠데타로 권력을 잡은 내무장관이자 총리였던 벤 알리는 1989년 합법적 선거 후, 90년대의 시작과 함께 이웃 알제리 내전에서 보여진 이슬람주의의 정치적 영향의 위험을 보면서 어려운 경제개혁을 추진하는 한편 이슬람주의 운동을 막아야 했다. 벤 알리는 알나흐다당(Al-Nahda party)을 포함한 10,000명 이상의 이슬람주의자들을 감옥에 보냈다. 정부에 대한 사소한 비판이나 불평도 이슬람주의자들을 돕고 선동하는 것으로 간주되었다. 벤 알리는 국가기구와 집권당을 구분하지 않았고, 집권당인 RCD(The Rally for Constitutional Democracy, 입헌민주회)는 국가였고, 국가는 벤 알리에게 봉사했다. 국가가 정한 모호한 기준의 금지를 넘는 어떤 기사도 실릴 수 없었다. 기업가들도 대통령에게 충분한 충성을 보이지 않으면 허가를 얻을 수 없었다. 제복경찰과 사복경찰은 체제의 수호자가 되었고, 대통령과 내무장관의 지시하에 움직였다. 90년대 중반부터 지금까지 이슬람주의자들이 제거되고 어떠한 반대도 조직하지 못한 채 지하화되자, 인권활동가와 언론인들이 목소리를 높였고, 사복경찰들의 폭력이나 마구잡이 연행과 고문이 회자되었다.[21] 한편으론 튀니지는 석유와 같은 자원이 없었고, 따라서 억압 일변도보다는 형식적이지만 사회적 합의를 동원하기도 하였다. 이 점에 대해서는 후술할 것이다.

한편 이집트의 경우는 사다트가 시작했던 인피다(개방) 정책에 대한 분노가 1977년 1월 식량 가격 인상을 계기로 폭발했다. 사람들이 카이

21_ Christopher Alexander, "The Rise and Fall of Ben Ali," *Revolution in the Arab world-A Special Report from Foreign Policy* (2011), pp. 50-53.

로 중심가를 점거했지만 사다트는 가까스로 자리를 지킬 수 있었다. 사다트는 좌파, 노조 조합원, 자유주의자, 무슬림형제단 등을 대대적으로 탄압했다. 1981년 이슬람주의자들이 사다트를 암살하자, 당시 부통령이었던 무바라크는 사다트를 이어 대통령이 됐다. 그는 사다트의 경제 정책과 탄압 정책을 계승했고, 통치기간 내내 비상조치법을 해제하지 않았다. 이슬람주의자 수백 명이 군사법정에서 사형선고를 받았고, 보안경찰은 정치 활동가 수만 명을 잡아가두고 고문했다. 1989년에는 철강공장 노동자 파업을 진압하려고 탱크를 공장에 보내기도 했다.[22] 무바라크의 경찰은 악랄하였다.[23] 2010년 선거는 심하게 조작되었고, 집권여당인 민족민주당(National Democratic Party: NDP)은 97%의 의석을 얻었다. 2010년 선거는 2011년 무바라크(82)의 아들 가말에게 권력 승계를 보장하기 위한 사전작업이었다. 권력승계에 대해 야당만이 아니라 권력 내부의 군부와 관료들도 회의적이었다.[24] 이처럼 무바라크

22_ 매튜 콕슨, "이집트 민중 저항의 역사", 알렉스 캘리니코스 외, 『이집트 혁명과 중동의 민중반란』, (책갈피, 2011), pp. 67-68

23_ "10년 전 나일 델타 지역에서는 부유한 지주가 용역 깡패를 동원하여 소농들을 쫓아내자 농민들은 경찰에 호소했지만, 경찰은 농민들을 습격하고, 곡식을 불태우고, 재물을 강탈했다. 농민들이 카이로에 있는 인권단체의 도움을 받으려 하자 군대가 다시 마을을 습격하고 주모자의 아내를 발가벗겨 마을로 끌고 다녔다. 2005년 5월 25일 경찰은 군중 통제의 방법으로 용역깡패의 사용을 확대하는 결정을 했다. 시위 현장에서 시위대를 괴롭히다가 붙들린 사람 중엔 전날 소매치기를 하다가 유치장에 갇혔던 사람도 있었다. 경찰은 이들 범죄자들을 풀어주고 통닭을 대접했다. 어떤 폭력배는 경찰이 보고 있는 가운데 여성 시위자의 옷을 찢고 더듬는 경우도 있었다. 2006년엔 케파야(이제 그만) 활동가인 샤르카위(Mohamad al-Sharqawi)가 비밀경찰에게 고문당하고 빗자루로 (항문을-인용자 삽입) 강간당한 사건도 있었다." Amil Khan, "February 2: With Eyes Red from Rage," *Revolution in the Arab world-A Special Report from Foreign Policy* (2011), pp. 80-81. 항문 공격은 이슬람 사회에서 엄청난 모욕에 해당한다. 카다피도 생포된 후 이런 공격을 받았다.

는 31년간에 걸친 집권 동안 체제에 대한 반대를 용납하지 않았고 사복 경찰의 납치와 고문은 일상사였다.

그러나 가장 가혹한 체제는 리비아였다. 카다피는 "의회란 인민의 잘못된 대의이고, 의회적 정부란 민주주의 문제에 대한 잘못된 해결이다. 의회의 구성원은 인민이 아니라 그들의 당을 대변한다. 그러한 제도하에서 인민은 희생자들이고, 정치체에 의하여 기만당하고 착취당한다. 대의제도는 사기다"[25]라고 주장하면서 혁명의 원리에 반대하는 어떤 정치적 집단의 활동도 반역으로 처벌될 수 있는 1972년의 법률 제71호의 효력을 유지하면서 1977년 국가를 자마히리야 체제로 바꾸었다.[26] 자마히리야 체제를 살펴보면,

> 중앙에는 전국인민총회General People's Congress(의회) 그리고 그에 의해 선출되고 그 결정을 집행하는 전국인민위원회(General People's Committee, 내각)가 있고, 지역에는 모든 리비아 시민들이 정치적인 사안에 대해 토론하고 투표하기 위한 포럼으로 기능한다는 기초인민회의(Basic People's Congresses)가 있다. 현재 약 432개가 있는데 보통 1월에 10일에서 15일 동안 연례회의를 갖는다. 회의의 참석은 원칙상 강제적이고 회의 기간 동안 상점과 공공기관이 문을 닫는다. … 자마히리야 체제는 빈사상태에 있었다. 예를 들어 2011년에는 유니스(Gar Younis) 기초인민회의의

24_ Dina Shehata, *op. cit.,* p. 27.

25_ Muammar Al-Qaddafi, *The Green Book* (Tripoli, undated), pp. 7-8. International Crisis Group, *op. cit.,* p. 7에서 재인용.

26_ 리비아의 정식명칭은 '사회주의인민 리비아 아랍 자마히리야(Socialist People's Libyan Arab Jamahiriya)이다. 자마히리야는 대중의 국가 혹은 대중의 공동체라는 뜻이다.

연례회의에는 두 사람이 참석했고, 카라와르샤(Al-Qarawarsha) 연례회의에는 몇 사람만 참석했다. 이러한 양상은 전국적으로 비슷했다. 대부분의 리비아인들은 이러한 포럼들이 일상생활과 거의 관계가 없다고 생각하기 때문에 이러한 무관심은 놀랄만한 일이 못 된다. … 각 인민위원회는 서기국이 있고 거수로 선출되지만, 이러한 서기국은 일반적으로 보통 혁명위원회운동(Revolutionary Committees Movement)의 회원들인 체제의 충성파들의 영역이다. 혁명위원회운동은 리비아인들의 생활의 모든 부분에 침투한 준법률적인 집단이다. 리비아는 샤비앗(Shabiat, 행정영역)으로 나뉘어 있고, 각각은 지역행정에 책임지는 행정위원회(governing council)가 있다. 이 위원회들 또한 거의 체제 충성파들의 영역이 되어 왔다. 게다가 가장 높은 단계까지의 모든 기구에 감시조직이 달려 있다. 이러한 감시조직은 혁명위원회의 구성원들이 실무를 맡고 있고, 대부분의 경우 그들은 체제를 지배해 온 관료층과 비효율성을 추가하고 있을 뿐이다.[27]

이처럼 카다피의 자마히리야 체제가 대의민주주의의 허구성을 부정하고 모든 시민의 직접 참여를 기반으로 지방과 중앙의 의회와 그에 의해 선출되는 내각 혹은 서기국을 구성하는 것은 의결과 집행의 통일체라는 직접민주주의의 이상을 추구한 파리코뮌을 본뜬 체제라고 할 수 있다. 그러나 실제 운용에 있어서는 혁명위원회운동의 구성원들이 요직과 권한을 독점함으로써 인민의 참여를 허구화하고 모든 시민을 무권리

27_ International Crisis Group, *op. cit.*, pp. 7-9. 카다피는 자마히리야 체제 내에서 어떠한 형식적 역할도 맡고 있지 않다. 그는 대통령이나 명목상의 국가원수가 아니다. 대신에 그는 항상 '혁명의 지도자' 혹은 '지도자', '형제 지도자'라는 호칭으로 행세했다. 이것은 그가 국가의 공식적인 기구로부터 거리를 둘 수 있도록 하고 체제의 메카니즘 내에서의 책임을 지지 않도록 만들었다. *ibid.*

상태로 소외시켰다. 결국 카다피가 만든 자마히리야 체제는 모든 대의 제도와 정치활동을 금지하고 아무런 책임을 지지 않으면서 모든 권력을 집중한 카다피 1인을 위한 체제였고, 그에게 줄을 서는 혁명위원회에 소속된 충성파들이 권력을 휘두르는 체제였다. 리비아 항쟁에서 정보경찰인 국내안전부(ISA:Internal Secury Agency)와 혁명위원회 건물이 가장 먼저 표적이 된 것은 이들에 대한 원성이 얼마나 높았는지 알 수 있다. 카다피는 체제에 대한 사소한 저항도 용납하지 않았고 체제의 위협이 될 이슬람주의자들에게 가혹했다. 1996년에는 처우개선을 요구하는 이슬람주의자 수감자들을 1,200명이나 학살하기도 하였다.

시리아의 세속주의적인 바트(Ba'ath)당은 1963년 쿠데타로 정권을 잡았고, 수년간의 권력배분의 충돌을 거쳐 1971년에는 하페즈 알 아사드(Hafez al-Assad)가 대통령이 되었고, 2000년 그의 죽음으로 아들인 바샤르 알 아사드(Bashar al-Assad)가 권력을 이어받았다. 세속주의 정권은 무슬림 세력의 반발을 샀고, 1976년부터 1982년까지 이슬람주의자들의 무장반란을 겪었다. 1963년부터 2011년 봉기까지 시행된 비상조치법은 5인 이상의 회합을 금하였고, 언론과 집회, 결사 등 시민의 정치적 자유를 허용하지 않는 1당 독재국가였고, 개인숭배를 추진하면서 체포와 구금을 일삼는 정보경찰에 의지하였다.

이상으로 살펴본 바와 같이 이들 나라들은 모두 정보경찰에 의존하여 고문과 납치와 살인도 불사하는 가혹한 권위주의 독재국가였다. 이들 나라의 정권들은 정치적 반대운동을 억압하고 특히 체제의 위협이 될 이슬람주의자(정치적 이슬람)들을 철저히 탄압하였다. 탄압의 이유가

독재자의 장기집권을 위한 것이었든 혹은 개방정책(즉 지구화된 신자유주의 정책)으로 인해 고통받는 민중의 저항에 대한 필연적인 탄압이었든 간에 이들 정권이 그토록 장기집권을 할 수 있었던 것은 최소한의 삶을 지탱해주는 후견(복지)제도의 영향이기도 하였다. 그러나 지구화된 신자유주의로 인한 후견제도의 형해화와 튀니지와 이집트에서 보듯 이들 정권의 친미(서방) 친이스라엘 정책 즉 제국주의가 강요하는 군사적, 정치적 질서로의 편입, 동조 또는 야합은 '반미'와 '박애'(혹은 자선 charity)를 앞세운 이슬람주의자들(정치적 이슬람)이 성장하는 배경이 되기도 하였다.

또한 이들 국가의 집권층의 부패는 참으로 심각하였고 성장의 열매는 소수에게만 집중되었다. 무바라크와 그 가족들은 400억 달러에서 700억 달러의 재산을 모았고, 무바라크의 아들 가말과 가까운 39대 관료와 사업가들은 10억 달러 이상을 모았다.[28] 벤 알리와 그의 가족은 지난 20년 동안 호텔, 은행, 참치 수출, 건설, 신문, 제약회사 등 수많은 회사와 공장을 통해서 부를 축적했다.[29] 벤 알리의 처인 트라벨시는 튀니지를 탈출할 때 5,000만 달러 상당의 금괴(1.5톤)를 가지고 달아났을 정도

28_ Jack A. Goldstone, *op. cit.,* p. 11. "대중들을 탈정치화하고 탈조직화하기 위해서 술탄들은 그들의 대중에게 선거와 정당을 통제하고 전기, 가솔린, 식품 등과 같은 기초상품에 보조금을 지급하였다. 중동 전역에서 일어나고 있는 혁명들은 갈수록 부패하고 있는 술탄 정권들의 붕괴를 나타내는 것이다. 최근 이들 지역에서 경제성장이 이루어졌지만, 그 성과는 부유한 소수에게 집중되었다." *ibid.,* pp. 8-12.

29_ Guardian, "Tunisia's former president Ben Ali goes on trial" (20 June 2011), http://www.guardian.co.uk/world/2011/jun/20/tunisia-former-president-ben-ali?INTCMP=SRCH.

로[30] 벤 알리 일족의 부패는 광범한 분노를 샀다. 그리고 석유산업과 각종 이권에 관여하는 카다피 일가의 재산은 1,500억 달러에 이르는 것으로 알려졌다.[31] 카다피 일가는 해외 부동산과 기업에 공개적으로 투자했고, 한때 식민모국이었던 이탈리아의 정유회사와 통신사 등에 지분을 갖고 있었다.[32]

이처럼 권력의 독점과 지독한 부패, 성장 과실의 소수에의 집중과 다수의 배제 역시 이번 항쟁의 한 원인이었다.

2-3. 소결

이상으로 살펴 본 바와 같이 북아프리카의 3국과 시리아는 1950년대와 60년대에 2차대전 이전 전쟁과 배타적 식민지를 필연으로 하는 고전적 제국주의 시절에 성립된 식민지/반식민지 상태의 친제 이슬람 왕조를 무너뜨리고 세속적이고 민족주의적인 후견독재체제를 성립시켰고 냉전 시기 제국주의 세계체제가 강요하는 정치적, 군사적, 경제적 질서에 저항하였다. 그러나 이 체제는 노동운동을 비롯한 기층운동과 이슬람주

30_ Guardian, "Leila Trabelsi: the Lady Macbeth of Tunisia" (18 Jan 2011), http://www.guardian.co.uk/world/2011/jan/18/leila-trabelsi-tunisia-lady-macbeth?INTCMP=SRCH.

31_ 위키리크스에는 페트로-캐나다가 30년간의 석유채굴권을 얻은 대가로 카다피와 그의 동료들에게 10억 달러를 주기로 한 사실이 폭로되기도 했다. Doug Saunders, "The business of doing business in Gadhafi's oil kingdom" (26 Feb 2011), http://www.theglobeandmail.com/news/opinions/opinion/the-business-of-doing-business-in-gadhafis-oil-kingdom/article1921542/; John Riddell, "How Can We Aid Libya's Freedom Movement?" (28 Feb 2011), http://www.socialistvoice.ca/?p=1443에서 재인용

32_ 김하영, 앞의 책, pp. 156-158.

의자들을 비롯한 모든 정치적 반대파를 배제하고, 감시, 고문, 납치, 징역, 살인 등을 거리끼지 않는 정보경찰을 앞세운 권위주의적 권력의 억압적 통치를 20년에서 40년 동안 장기에 걸쳐 고착화시켰다. 그리고 이들 국가들은 국가주도의 경제개발이 위기에 처하자 1970년대와 80년대 이후 지구화된 신자유주의에 편승하여 투자촉진을 위한 개방정책을 추구하였다. 그러나 성장의 효과는 소수에게만 집중되었고 특권층의 부패는 말할 수 없이 컸다. 흔히 신자유주의 개방정책이라고 말해지는 지구화된 신자유주의 축적체제로의 적극적 편입은 그나마 있던 최소한의 삶에 대한 안전판을 파괴하였다. 그리고 2008년 세계경제 위기는 일자리의 축소만이 아니라 석유가격과 식량가격을 폭등시켜 그들의 고통을 심화시켰다.

2011년 아랍 민중혁명은 '지구화된 신자유주의 축적체제'와 경제위기가 강요하는 고통이 심화되는 가운데, 억압이 가장 극심한 아랍국가의 민중들이 내외의 독점자본과 그에 봉사하는 국가의 위기 전가로 인한 고통을 가장 많이 받은 나라에서, 그리고 체제의 재생산이 위기에 처한 세계자본주의의 가장 약한 고리에서 폭발한 것이다.

이처럼 네 나라는 극심한 정치적인 억압과 신자유주의와 경제위기가 강요하는 고통의 크기에 있어서 세계의 다른 지역과는 달리 아랍지역의 특수성을 보이지만, 정치적 억압의 정도나 민중들의 처지 그리고 계급투쟁의 지형이 상이하였고 이러한 차이점이 항쟁의 폭과 치열함에서 차이를 가져왔다.

먼저 정치적 억압의 정도를 보면 리비아가 가장 심했고, 시리아, 이집트, 튀니지 순이었는데, 운동역량은 튀니지, 이집트, 시리아, 리비아의 순으로 크기에 있어서 차이가 있었다. 이 점에 대하여는 4장에서 보다 상세히 논할 것이다. 그리고 그 차이 때문에 리비아는 곧바로 무장반란으로 발전하고 시리아는 상당한 시민저항 후에 무장충돌로 발전하는 양상을 보인 반면, 튀니지는 화염병을 든 폭동이나 소요에 가까웠고, 이집트는 대중시위와 행진 등 상대적으로 평화적인 시민혁명의 모습을 보였다.

세계은행의 통계(2008-09년)에 따르면, 튀니지, 이집트, 리비아, 시리아는 실업률에 있어서 각 9.4%, 14.2%, 20.74%, 약 20%이고, GNI는 각 4,160달러, 2,420달러, 12,320달러, 2,592달러다.[33] 청년실업률은 보통 일반 실업률의 두 배에 달하고, 학력이 높을수록 취업률이 낮다는 점을 감안하면 교육받은 젊은 실업자들이 항쟁에 앞장선 것을 이해할 수 있다. 결국 항쟁참여자의 폭이나 항쟁의 격렬함에 차이를 가져오는 것은 빈곤이나 소득의 절대적 수준보다는 정치적 억압의 정도와 분배정의의 왜곡 정도,[34] 그리고 일자리 문제 등과 관련한 체제에 대한 절망과 분노의 크기의 차이 등이 가장 큰 요인이었다고 할 수 있다.

33_ 리비아의 수치는 앞에 나온 Reuters의 자료이고, 시리아는 미국무성 자료다. U.S. Department of State, "Syria (09/08/10)," https://2009-2017.state.gov/outofdate/bgn/syria/158703.htm.

34_ 분배정의의 왜곡 정도는 자료의 부족으로 분석하지 못했다. 빈곤율은 세계은행(2008년)에 따르면 튀니지 3.8%, 이집트 22%이고 리비아는 통계가 없다. 리비아가 높은 소득수준에도 불구하고 국민의 대다수가 생활고에 시달린 것은 단순히 12,320달러에 달하는 GNI의 수준이 문제가 아니라 분배정의의 문제가 오히려 중요하다고 할 수 있다. 리비아의 GDP는 1998-2009년 사이에 273억 달러에서 932억 달러로 3.4배 증가했지만, 제15호 법률에 의해 공공부문 급여는 1981년 이후 30년 동안 동결되어 교사나 의사도 생계가 어려워서 택시 운전 등 아르바이트를 해야만 했다. International Crisis Group, *op. cit.*, pp. 1-2.

이외에도 아랍지역의 특수성으로는 이슬람교를 둘러싼 여러 정파와 교파들의 대립 그리고 제국주의와 패권주의 국가들의 개입 등 여러 요소가 있다. 이들 여러 요소는 이미 서론에서도 언급한 것처럼 정권타도와 일자리 및 생활고의 문제를 주되게 제기한 아랍 민중들의 항쟁에 직접적인 배경으로 작용하였다기보다는 사후적으로 증폭되어 혁명투쟁의 과정과 결말에 영향을 주는 요소로 작용하고 있기 때문에 여기서는 상론하지 않고 이들 요소가 개입하거나 영향을 미치는 혁명투쟁의 과정과 평가 등에서 논할 것이다.

제3장 아랍의 봄: 봉기의 전개과정[1]

아랍국가들이 수십 년간에 걸친 지독한 정치적 억압과 지구화된 신자유주의 축적체제와 경제위기가 강요하는 고통을 겪고 있었던 것은 공통점이지만 구체적인 억압의 정도와 형태는 차이가 있었고 항쟁의 양태도 매우 달랐다. 봉기의 전개과정과 전략적 평가를 다루는 3장과 4장에서는 튀니지, 이집트, 리비아를 중심으로 각국 봉기의 전개과정과 양상을 가급적 상세히 살펴보면서, 무엇이 항쟁양상의 차이를 가져왔는지를 살펴볼 것이다. 이외 다른 나라들의 봉기 즉 바레인과 요르단은 이행과정을 다루는 5장에서, 그리고 시리아와 예멘은 6장에서 다룰 것이다.

3-1. 튀니지[2]

3-1-1. 부아지지의 분신과 시디 부지드의 고립된 투쟁

---

1 이 장은 저자의 석사학위논문의 3장을 거의 그대로 전재한 것이다. 박석삼, 2012, *op. cit.*, pp. 20-38.

2_ 튀니지 혁명의 전개과정은 Malek Sghiri(25세, 대학 3학년 재학 중인 학생활동가)의 증언을 기본으로 여러 자료를 종합하여 재구성하였다. Malek Sghiri, "Heroic Resolve in the Face of the Omnipresent Machine of Oppression: Recounting the Events of the Tunisian Revolution," *Perspectives*, #2 (May 2011), pp. 202–207.

2011년 초 아랍 민중혁명의 발단이 된 모하메드 부아지지(Mohamed Bouazizi)(26)의 분신과 항쟁의 초기 양상은 상세히 서술할 가치가 있다.

튀니지 중부 내륙의 도시인 시디 부지드(Sidi Bouzid)에서 6남매의 맏아들로 태어난 부아지지는 대학까지 졸업하고도 직장을 구하지 못하여 시장에서 청과물을 팔아 가정을 부양하는 처지였다. 그런데 2010년 12월 17일(토) 아침 뇌물을 요구하는 시청단속반인 여성은 부아지지의 수레를 부수고 과일을 압수하고 뺨을 때렸다. 이에 부아지지는 수치와 절망을 이기지 못하고 도청 청사 앞에서 온몸에 석유를 붓고 분신하였다. (분신 후 즉시 병원으로 옮겨졌으나 2011년 1월 4일 사망하였고 1월 5일 장례식이 치러졌다.) 이 소식은 즉시 시디 부지드 시 전역에 알려졌고, 사람들은 도청 청사에 몰려가 항의하였다. 경찰은 시민들을 해산시킬 수 없었고, 노골적인 항의시위로 변하였다. 시민들은 '당국은 수치를 알라!', '너희들의 뇌물이 분신시켰다.' '도적놈들로부터 정의를!' 등의 구호를 외쳤다. 이날 하루종일 시디 부지드는 대중시위가 계속되었고, 시 입구와 시내 주요지역에서 구호를 외치는 시민에게 최루가스를 뿌리는 경찰과 폭력적인 충돌이 있었다. 분노한 청년들과 경찰 간의 충돌이 계속되면서 밤늦게까지 50여 명의 청년들이 연행되었다. 다음날 연행사실이 보도되자 시위는 오히려 확산되었다. 연행은 고문과 감옥행을 뜻한다는 것이 상식인 나라에서 이러한 시위는 이례적인 일이었다. 3,000여 명의 시위대는 주변 도시로부터 병력을 보강한 무장경찰과 폭력적으로 충돌하였고, 시디 부지드 인근 도시와 마을에서도 충돌이 일어났다. 지방당국은 시위대를 겁주고 테러하기 위해 국가가 뒤를 봐주는 사병(용역깡패집단)들을 동원했고, 보안기관과 정보원들은 주모자를 잡으려고 혈안이 되었지만, 시민들은 '모든 연행자 석방!', '인민은 배고프다! 도적놈들을 감옥으로!', '일자리, 자유, 민족적 자존심!' 등의 구호를 외치며 시위를 계속하였다.

월요일은 시디 부지드 도(인구 396,000명-2004년)의 졸업생 임용시험이 시작되는 날이었다. 시디 부지드 도의 모든 도시와 마을의 수천 명에 달하는 예비졸업생들이 시디 부지드 시로 모였고, 지난 이틀간에 있었던 사건을 공유하면서 시위가 시디 부지드 도 전체로 확산되는 기회가 되었다. 경찰이 시디 부지드 시와 주요 지역, 도청과 집권당의 당사에 배치되어 삼엄한 상황이었지만, 화요일엔 시디 부지드 도의 모든 지역에서 강력한 저항과 투쟁의 대중행동이 일어났다. 지역노조는 시위와 점거 항의를 조직하였고, 청년들은 최루가스와 고무탄으로 무장한 경찰과 충돌을 계속하면서 주요 도로를 점거하였다. 지역언론은 침묵하였고, 사람들은 '프랑스24', '알자지라', '알아라비아' 등의 외국 매체와 페이스북과 트위터 등에서 정보를 얻었다. 수요일(12월 22일)엔 부아지지를 뒤따라 후세인 나지가 분신하였고 시위는 계속되었다[3]

3-1-2. 중부 내륙으로의 확산과 탈라 항쟁

시디 부지드 도내에 있는 부자이엔(Menzel Bouzaiene)과 메크나시(Meknassy)에서 격심한 충돌이 계속되자, 경찰은 야만적 폭력과 실탄 그리고 마구잡이 연행, 활동가 가택의 습격 등으로 대응하였고, 여기에 12월 24일 대졸 실업자인 알 암마리(Mohammad Al-Ammari)가 부자이엔에서 희생되었다. 알 암마리의 '순교' 소식은 대중의 저항과 투쟁에

3_ *ibid.*

다시 한번 불을 붙였다. 중무장한 사병들과 경찰은 최루가스와 고무탄, 실탄, 경찰견을 사용하면서 전 도시들을 포위하였고, 전기와 인터넷을 끊었다. 시위는 시디 부지드와 인근한 중부의 다른 도인 케프, 카세린, 카이루안, 가스파, 케빌리로 옮겨붙었다.

연말이 되자 사회적인 폭발의 징후가 나타나고, 수만 명이 거리로 진출한 카세린과 탈라(Thala)가 투쟁의 중심지가 되었다. 시위자들은 나중에 전 아랍의 주문이 된 '인민은 정권의 퇴진을 요구한다(원한다)'는 슬로건을 이때부터 외치기 시작했다. 한편 12월 27일 튀니스에서는 독립노조 활동가들이 시지 부지드 투쟁과의 연대를 표명하면서 일자리를 요구하는 집회를 열었는데, 1,000여 명이 참석한 이 집회는 경찰에 의해 중단되었고, 12월 28일엔 300여 명이 모인 법률가들의 집회도 있었다.[4] 이날 벤 알리는 TV에서 시위대를 극단주의자들과 용병들이라고 비난하면서 엄중처벌 하겠다고 밝혔지만 시위는 연말까지 계속되었다. 1월 3일 탈라에서 주로 학생들로 이루어진 약 250명의 시위대가 참석한 집회에 경찰이 최루탄을 사용하였고, 그 중의 하나가 모스크로 날아들자 분노가 폭발하였다. 시위대는 타이어를 태우며 집권당인 RCD 당사를 공격했다.[5] 부아지지의 장례식이 있었던 1월 5일에는 중무장한 보안부대와 맞서 인구 4만 명의 탈라 시의 청년들이 시 입구에 '탈라는 북아프리카의 스탈린그라드다'라는 구호를 내걸고 격렬한 투쟁을 전개하였다. 1월 6일 수천 명의 변호사들이 파업에 들어갔고 다음날

4_ Al Jazeera, "Tensions flare across Tunisia" (28 Dec 2010), http://www.aljazeera.com/news/africa/2010/12/2010122819724363553.html.

5_ Al Jazeera, "Violent clashes continue in Tunisia" (04 Jan 2011), http://www.aljazeera.com/news/africa/2011/01/201114101752467578.html.

엔 교사들도 합류하였다.[6]

3주째 토요일인 1월 8일이 분수령이었다. 보안부대는 최루가스와 뜨거운 물, 고무탄, 습격과 연행에 뒤이어 실탄을 사용하였다. 이날 카세린과 탈라에서 62명의 '순교자'가 나왔다. 1월 9일(일) 아침 이들 도시는 최종적으로 살인자들의 즉각 처벌을 요구하는 '혁명가들'에게 장악되었다. 그들은 국가기구를 장악하였고, 튀니지 내륙의 많은 도시들이 국가와 보안기구의 손아귀에서 벗어났다. 여기엔 이들 지역의 지역노조와 전국변호사연합 그리고 '부분파업과 점거, 항의 시위를 조직하여 저항한다'고 선언한 교사노조의 뒷받침이 있었다.[7]

3-1-3. 수도에서의 결전-타다몬 항쟁

항쟁은 이제 수도 튀니스의 대중시위로 결정적인 순간에 달했다. 전국을 휩쓴 학생들의 시위가 있었던 1월 10일 수업은 취소되었다. 당국은 '사전 작전'에 따라 노조활동가와 변호사들을 폭행하고 집회를 금지하고, 지지를 조직하려는 모든 사람을 겁주고 위협하면서 수십 개 도시의 인터넷과 통신을 끊었다. 튀니지의 3분의 2에 해당하는 내륙지방이 당국의 장악력으로부터 해방되었고, 구호는 정치적으로 변했다. 'RCD 타도!, 인민의 살인자와 고문자 타도! 파시스트 배반자 타도!' 1월 10일

6_ Los Angeles Times, "Rioting spreads across Tunisia; unrest also reported in Algeria" (08 Jan 2011), http://articles.latimes.com/2011/jan/08/world/la-fg-tunisia-riots-20110108.

7_ 항쟁 초기에 부아지지의 가족과 인권단체와 지역노조가 정부의 회유와 압력에 단호한 입장을 견지한 것이 투쟁에 큰 도움을 주었다. 부아지지의 병세는 튀니지 민중의 초미의 관심사였고, 벤 알리도 2010년 12월 28일 문병하면서 지역의 우발적 사건으로 만들려고 하였다. 장례식 후 시위가 확산되자 정부가 공세에 나선 것이 '탈라 학살'이다.

벤 알리는 30만 개의 일자리 창출을 약속했다.

체제의 마지막 순간은 수도 튀니스의 가장 큰 구역이자 가장 가난한 사람들이 모여 사는 타다몬(Tadamon) 지구의 젊은이들과 보안부대(security forces)[8]가 충돌한 1월 11일 밤이었다. 피와 폭력으로 얼룩진 이 싸움에서 고무탄과 최루가스는 사람들을 오히려 격앙시켰고, 타다몬의 승리가 알려지자 튀니스 시내의 수많은 인근 지구에서도 봉기가 일어났다. 정부는 야간통행금지를 실시하고 군대의 동원을 요청하였다. 마침내 13일 밤 벤 알리는 경찰에게 실탄 사용을 중지하라고 명령하고 국민에게 사과했지만 때는 이미 늦었다.

한편 노총(UGTT)은 11일 시위를 지지하는 지역파업을 결정하고 12일에는 스팍스 산업지역에서 그리고 14일에는 수도권에서 총파업에 들어갔고, 시위대와 결합했다.[9]

1월 14일 아침 튀니지 전국에서 '인민은 정권의 퇴진을 요구한다'는 구호를 외쳤다. 특히 어떤 형태의 시위나 항의도 금지되어 온 수도의 중심도로인 부르기바에 50만 명의 대중들이 모여 내무부 청사로 향했고, 청사 앞에 연좌하여 벤 알리와 그의 처가인 트라벨시 집안이 튀니지에서 사라질 것을 요구하였다. 또한 살인 책임자들의 처벌과 모든 정치범의 석방도 요구하였다. 그리고 총탄이 발사되었고 혼란이 뒤따랐다.[10] 벤 알리는 사임을 발표하고 떠났다.

8_ 보안부대란 군대가 아니라 진압경찰 부대를 뜻한다.

9_ Lorenzo Feltrin, "Labour and democracy in the Maghreb: The Moroccan and Tunisian trade unions in the 2011 Arab Uprisings," *Economic and Industrial Democracy 2019*, Vol. 40(1), PP. 42-64.

10_ "이날 시위는 이전 시위에서 경찰의 공격으로 머리에 총을 맞아 뇌수가 터지고 두개골이 박살난 사람의 모습을 담은 충격적인 사진과 동영상이 인터넷에 유포된 직

3-2. 이집트[11]

3-2-1. 첫 동원의 성사와 동력의 확산

1월 14일 튀니지 민중이 벤 알리를 축출하자, 호스니 무바라크 대통령의 29년에 걸친 장기집권과 독재에 대한 분노의 시위가 시작되고, 1월 18일에는 세 사람이 분신하였고 반정부 시위가 격화되었다. '4.6 청년운동'(April 6 Youth Movement)은 '경찰의 날'인 1월 25일에 대규모 봉기를 일으키자고 소셜 미디어를 통해 호소하였고, 며칠도 안 되어 9만 명이 넘는 젊은이들이 지지를 표명하였다.

1월 25일은 '분노의 날'로 명명되었다. 이집트에서는 수백 명의 항의자를 수천 명의 검정 제복의 보안부대로 압도해버리는 것이 보통이었

후에 벌어진 것이었습니다. 이 충격적 사실을 접하고 사람들은 거리로 나왔습니다. 우리는 내무부 청사 앞으로 갔습니다. 시위대는 매우 평화로웠습니다. 주된 구호는 '떠나라, 떠나라'였고 '벤 알리에게 과녁을 안겨 줘라' 하고 외치기도 했습니다. 4시가 되자 경찰이 갑자기 공격했습니다. 그때 전날 살해된 시위 참가자의 장례식 행렬이 지나가고 있었습니다. 경찰은 그것을 빌미로 주변에 있던 모든 사람을 공격했습니다. 그들은 최루가스를 뿌렸고 저는 총성을 들었습니다. '이건 최루탄이 아니라 실탄이다' 하고 사람들은 소리쳤습니다. … 정권 핵심 인사들이 소유한 집들은 모두 불탔습니다. 거의 모든 쇼핑센터와 경찰서도 불탔습니다. 튀니지의 다른 곳들처럼 우리는 지역위원회를 만들어 대통령 보안군의 잔당인 무장 민병대의 공격에 대비했습니다. 민병대는 도시를 활보하면서 사람들을 닥치는 대로 쏘고 있었습니다. 우리는 가구를 이용해 차단막을 만들어 도로를 봉쇄했습니다. 또, 인근 지역을 정찰하고 통행금지 시간 이후 이동하는 모든 차량을 의심했습니다." 모하메드, "독재자가 도망간 날," <레프트21>, http://www.left21.com/article/9130.

11_ 이집트 혁명의 서술은 Foreign Policy의 아랍혁명 특별판에 날짜별로 실린 현장취재기에 많이 의존하였다. Foreign Policy, *Revolution in the Arab world–A Special Report from Foreign Policy* (2011).

지만, 이날 처음으로 시위대가 경찰의 수를 압도했다. 경찰은 팔짱을 낀 시위대에 최루가스로 대응했다. 군중들은 과거와 달리 남자와 여자, 늙은이와 젊은이, 무슬림과 기독교인이 뒤섞여 있었다. 경찰은 늦은 오후 타흐리르 광장으로 방향을 바꾸고 광장을 장악하려는 시위대에게 물대포, 최루가스, 곤봉을 사용했지만, 이른 저녁 수천 명의 시위대는 광장으로 들어갔다. 무슬림형제단은 주초부터 회원들이 개별적으로 참가하는 것은 허용하지만 조직적으로는 참가하지 않겠다고 밝혔다.[12] 카이로에서만 1만 5천 명 이상이 거리로 나왔고 알렉산드리아, 아수안, 만수라, 이스마일리아 등 다른 도시들에서도 시위자들이 함께 거리를 점거하고 행진하였는데, 이슬람교도들이 합동예배를 드리는 안식일인 금요일(1월 28일)에 다시 '분노의 날'을 갖자고 제안되었다.[13]

시위 초기에 경찰들은 매우 소극적으로 대응했다. 그러나 수많은 시위대가 여러 곳에서 경찰 저지선을 무너뜨리고 타흐리르 광장에 도착

12_ Ashraf Khalil, "January 25: Tear Gas on the Day of Rage," *Revolution in the Arab world–A Special Report from Foreign Policy* (2011), pp. 73-74.

13_ 1월 27일 와엘 고님(Wael Ghonim)(30)은 트위터에 "#이집트를 위해 기도하자'(Pray for #Egypt), 겁에 질린 정부는 내일 인민에 대한 전쟁을 준비하고 있다. 우리는 모두 죽을 준비가 되어 있다"고 올린 뒤 소식이 두절됐다. 고님은 국제적인 석방운동 뒤 2월 7일 풀려났다. 고님은 두바이에 있는 구글 회사의 간부이다. 많은 사람들이 고님을 페이스북 페이지 '우리 모두가 칼레드 사이드다'(We Are All Khaled Said)의 운영자로 생각했다. 이 페이지는 2010년 6월 6일 당시 28세의 칼레드 사이드가 알렉산드리아의 인터넷 카페에서 경찰에게 심하게 폭행당해 죽은 날을 기념하기 위해 만든 것이다. Blake Hounshell, "February 7: A New Leader for Egypt's Protesters," *ibid.,* pp. 96-99. 페이스북에서 고님을 이집트 혁명의 대변인이라고 지명하는 페이지가 만들어지자 거의 14만 명의 지지를 얻었다. 칼레드 사이드는 경찰의 마약거래를 폭로하는 동영상을 인터넷에 올렸다가 사복경찰에게 보복을 당해 죽었다. '우리 모두가 칼레드 사이드다'는 페이스북 그룹은 지지자가 47만 명에 달했다. Blake Hounshell, "February 8: The Revolution Is Not Over," *ibid.,* p. 100.

하자 경찰은 방패와 곤봉 그리고 최루탄과 물대포로 시위자들을 해산시키려고 했다. 도심을 방어하기 위해 3만 명의 경찰이 소집되었고, 특히 상당한 수의 경찰이 정부청사와 의회를 에워쌌다.

1월 28일(금) 금요기도가 끝난 후 카이로에서만 10만여 명을 비롯하여 수십만 명의 사람들이 여러 도시에서 시위에 참가하였고, 정부는 인터넷과 이동전화를 차단하였다. 시위대는 최루가스와 소방호스, 고무탄, 실탄을 무릅쓰고 수천 명의 진압부대를 압도하면서 타흐리르 광장으로 쇄도했다. 많은 정당과 단체들이 시위에 참가하였고, 시위에 참가한 즉시 수백 명의 지도자들은 체포 구금되었다. 이날 시위로 62명이 사망하였고, 시위대는 1월 28일부터 타흐리르 광장을 고수하였다. 1월 29일부터 카이로의 주요 도로와 타흐리르 광장의 입구 그리고 다른 도시의 중심부에 탱크를 탄 군대가 배치되었다. 이에 수많은 사람들이 병사들에게 다가가 포옹하고 탱크 위에 올라가 이집트 국기를 흔들고 '군대와 국민은 하나다'라고 외쳤다. 젊은이들은 탱크에 무바라크 반대 구호를 써넣기도 하였다.[14] 1월 31일에는 타흐리르 광장을 넘칠 정도로 많은 수십만 명의 군중들이 시위에 참가하였고, 2월 1일까지 총 300명 이상 사망하였다.

이처럼 이집트는 1월 25일 첫 집회 이후 수백 명의 희생자를 내면서도 참여 동력이 계속 확장되었고 타흐리르 광장을 중심으로 정권과 대치하는 전선을 확보하였다.

3-2-2. 군부의 중립과 친정부 시위대의 격퇴

14_ 사메 나기브, "계속되는 혁명-무바라크 몰락 이후의 이집트," 『마르크스21』, 12호 (책갈피, 2011년 겨울), p. 142.

카이로를 비롯한 주요 도시에서의 격렬한 충돌과 300명 이상의 희생자에도 불구하고 거세어지는 대중들의 저항 앞에 2월 1일 이집트 군부는 시위대에 무력사용을 않겠다고 선언하였고, 무바라크는 두 번째 연설에서 가을에 시작되는 6번째 임기를 포기하겠다고 밝혔다. (이것은 지배계급이 분열하고 흔들리는 전형적인 모습이고, 바로 이러한 때에 가차없는 투쟁으로 정권을 끝장내야 한다.)

이날 밤에도 수천 명의 시위대는 '정권 타도'를 외치며 타흐리르 광장을 지켰다. 그리고 이날부터 2월 4일까지 친무바라크 시위대와 격렬한 충돌이 벌어졌다. 2월 2일 '100만인 행진'에서 낙타를 탄 친정부 시위대와의 충돌로 카이로 15명, 알렉산드리아 52명, 수에즈 13명이 희생되었다. 채찍과 단도와 쇠사슬(체인)과 화염병으로 무장한 친정부 시위대와의 충돌은 많은 희생자를 내었고 타흐리르 광장은 부상당한 사람들로 가득 찼다.[15] '퇴임의 날'로 정해졌던 2월 4일(금)은 인터넷이 차단된 가운데 수십만 명이 시위에 참가하였다. 이날까지 시위대는 5,000명

15_ "2월 2일 점심때 인터넷 서비스가 회복되고 모두가 들떠 있었지만, 해질녘 타흐리르 광장은 부상당한 사람들로 가득 찼다. 주로 카이로 외곽의 관광객 호객꾼으로 보이는 말이나 낙타를 탄 1,000명 정도 되는 사람들이 '우리는 무바라크를 사랑한다, 그는 떠나지 않는다' 등의 구호를 외치며 나타나, 돌과 시멘트 덩이를 던지면서 시위대를 유린하려 했다. 충돌이 있기 전 군대변인은 시위대에게 귀가하여 일상에 복귀하라고 성명을 발표했다. 군인들은 시위대의 호소를 무표정하게 바라만 보고 있었다. 군인들에 대해 분노가 터져 나오기도 했지만, 군대를 자극하지 않으려고 신경쓰는 사람들도 있었다. 지난 며칠 동안 군대와 자원봉사대는 검색대를 세우고 광장 출입자들의 신분증과 무기검사를 했는데, 2월 2일부터는 신분증을 등 뒤로 보이면서 몇 번이나 몸수색을 받아야 했다." Ashraf Khalil, "Later February 2: Day of the Thugs,", *Revolution in the Arab world-A Special Report from Foreign Policy* (2011), pp. 83-85. 2월 2일 알자지라에서는 채찍과 단도와 체인과, 화염병으로 무장한 사람들이 타흐리르 광장의 시위대를 몰아내려고 하고 있는 장면을 보여줬다. Blake Hounshell, "February 11: Pharaoh Is Dead, Long Live Pharaoh?" *ibid.*, pp. 110-113.

의 부상자를 내면서도 타흐리르 광장을 고수하였고 친정부 시위대를 격퇴하였다.[16]

3-2-3. 타협의 거부와 총궐기

주말인 2월 5일 이집트 총리 술레이만은 강제해산을 않겠다고 발표하였고, 무슬림형제단을 포함한 자칭 '현자'(Wise Men)들이 술레이만과 협상하려고 하였다. 2월 7일 군인들이 탱크로 시위대를 이집트 박물관 남쪽으로 밀어붙이기 시작하자 십여 명의 무슬림형제단의 청년회원들이 상급자들의 반대에도 불구하고 탱크 아래로 몸을 던져 막았다. 야권은 '정권교체협의 25인 위원회'를 구성하고 개헌위원회 등의 설치에 합의했지만[17] 시위주도 단체와 시위대는 무바라크의 퇴진 전에는 어떠한

16_ "2월 3일 친무바라크 시위대는 광장으로 향하는 두 개의 다리를 장악하고, 음식과 의료품을 광장으로 반입하려는 사람들을 가로막았다. 2월 4일 금요일 거대한 금속 바리케이드가 타흐리르 광장으로 향하는 모든 도로를 가로막았다. 시위대는 공사장 두 곳을 확보하고 투석전을 위해 돌과 시멘트 덩이를 쌓았다. 친정부 시위대는 쫓겨났고, 시위대가 광장으로 향하는 다리 하나를 해방시켜 경찰의 압박에도 불구하고 수천 명의 사람들이 합류할 수 있게 됐다. 광장 안에는 임시 의료소가 여러 개 설치되었다. 이날 최대한 많은 군중이 모여 행진했다. 친무바라크 시위대의 공격은 국제적으로 많은 비난을 받았고 실패했다. 시위대는 금요일까지만 버티면 거대한 지원자들이 합류할 것으로 판단했다." Ashraf Khalil, "February 4: Fortress Tahrir," *ibid.,* pp. 89–91.

17_ "케파야, 변화를 위한 전국연합(National Association for Change), 민주전선당(Democratic Front Party), 내일당(Tomorrow Party), 신와프드당(New Wafd Party)은 시위에 참가하였고, 이들은 무바라크가 물러날 날 때까지 정권과의 협상을 거부했지만, 무슬림형제단과 타감무 좌파당(Leftist Tagammu Party)은 1월 28일까지 공식적으로 시위에 참가하지 않았다. (이들 조직의 많은 청년 회원들은 1월 25일 시위에 참가하였다.) 후자는 술레이만과 협상에 나섰다. 무슬림형제단은 누구보다 시위에 열심이었지만 눈에 띄지 않으려고 하였다. 청년회원들은 항의를 조직하는 연합의 핵심이었고, 어떤 조직가에 따르면 무슬림형제단 지지자들이 타흐리르 광장을 점

협상도 거부한다면서 '혁명방어위원회'를 발의하였다.[18]

그리고 2월 8일 두 번째 100만인 행진과 수에즈 운하 노동자들을 비롯한 운송, 통신 노동자들의 총파업을 시작으로 무바라크가 물러난 2월 11일까지 매일 수십만 명의 이집트인들이 시위에 참가하여 끝장투쟁을 벌였다. 2월 8일 오전엔 카이로 대학의 수백 명의 교수들과 판사와 의원들이 무바라크 타도를 외치며 타흐리르 광장으로 합류하였고,[19] 2월 9일부터는 시위대가 의사당 앞 도로를 장악하고 텐트를 치고 연좌

거한 군중의 3분의 1이었다. 무슬림형제단은 자신들의 세력이 강했던 알렉산드리아와 만수라에서 시위대의 큰 부분을 차지했다. 그들은 시위에서 종교적인 슬로건을 내세우거나, 시위를 추동하고 있는 세속적인 혹은 친 민주적인 활동가들을 압도하려고 하지 않았다. 처음 2주 동안 노동운동과 전문가 그룹은 눈에 띄는 역할은 하지 않았지만 마지막 주에는 파업을 조직하기 시작했다. 무바라크의 사임 이틀 전 운송, 통신의 총파업과 함께 이집트는 총체적인 시민불복종의 상황에 이르렀고, 산업부문, 판사, 의사, 대학 교수, 언론인 그리고 예술가들까지 시위를 조직했다." Dina Shehata, *ibid.,* pp. 30–32.

18_ "광장 그 자체를 운영하는 조직은 가끔 투쟁을 선동할 때 신뢰를 받았던 페이스북 그룹이나 정당 혹은 운동들과는 완전히 절연된 하나의 실체다. 1,000명이 넘는 타흐리르 운영위원회의 멤버의 한사람이 말한 바에 따르면, 소수의 자원봉사자들이 바리케이드를 만들고, 프락치를 색출하고, 임시 의료소를 운영하고 있고, 100명 정도인 조정위원회가 중요한 결정을 하는데, 이들은 대부분 1주일 전만 해도 서로 몰랐던 사람들이고, 활동가들도 아니다. 임시 조직자들은 조정위원회의 내부 서클에 대표단을 만들려는 시도에 반대해 왔다. 청년 그룹 중엔 자칭 '현자'-장년층들로 이루어진 위원회는 정부와의 중개를 자임했다-들과 연계를 맺고 있는 그룹도 있는 것은 사실이다. 하지만 청년그룹들이 광장에 모인 사람들을 대표하는 것도 아니고, 나와 대화한 사람들 중엔 아무도 술레이만을 만난 'January 25 youth'나, 일요일날 기자회견을 열어 협상에 대한 입장을 밝힌 'Coalition of Angry Youth'를 아는 사람은 없었다. 타흐리르 광장 안에서는 점차 구역으로 나뉘게 되고, 확성기를 장악한 무슬림형제단은 광장 남쪽, 완전한 스피커 장비를 갖춘 좌파들은 광장 서쪽, 그리고 그보다 작은 그룹들이 여기저기 흩어져 있었다." Blake Hounshell, "February 7: A New Leader for Egypt's Protesters," *ibid.,* pp. 96–99.

19_ Blake Hounshell, "February 11: Pharaoh Is Dead, Long Live Pharaoh?" *ibid.,* pp. 110–113.

에 들어갔다. 특히 2월 10일은 아침 9시부터 수만 명의 사람들이 광장을 가득 메웠다.[20] 이날 밤 기대와는 달리 TV 연설에서 무바라크가 사임하지 않겠다고 발표하자 시위대는 국영TV 빌딩을 봉쇄했다. 그리고 다음날인 2월 11일 무바라크가 이집트는 아닐지라도 카이로를 떠났다는 소문이 나돌자 거의 전 국민이 거리로 나왔다.

3-3. 리비아

3-3-1. 폭발적인 대중봉기와 무장투쟁의 확산

리비아는 튀니지나 이집트 등 다른 나라들과는 달리 항쟁의 초반부터 폭발적인 대중봉기와 적극적인 무장투쟁으로 발전하였다. 리비아의 항쟁은 제2의 도시이자 주요 항구인 동부지역(시레나이카)의 벵가지(Benghazi)에서 시작되었다. 리비아의 동부 사람들은 서부보다 더 차별받는다고 생각하였고 카다피에 대한 적개심과 두려움도 컸다. 여기서는 동부의 벵가지에서 시작된 항쟁이 불과 3, 4일 만에 동부는 물론 중부와 서부로 발전하는 과정을 살펴볼 것이다.

20_ "초저녁부터 대통령이 굴복할 것이라는 전망이 늘어갔다. 광장 한편엔 무바라크의 연설을 생방송하는 알자지라를 보여주는 프로젝터가 돌아가고 있었다. 그러는 동안 어떤 시위대들은 군대와 충돌을 일으킬 수도 있는 새로운 지역을 빼앗으려고 하고 있었고, 어떤 그룹들은 정보부를 포위하려고 이동하고 있었고, 다른 그룹은 대통령궁으로 가려고 결정한 것 같았다. 두 곳 모두 군대가 엄중하게 지키고 있는 곳이었고 그들의 행동을 군대가 허용할 것 같지 않았다. 무바라크의 연설 동안 어떤 시위 조직자는 분노한 군중의 감정을 가라앉히려 하였다. 어떤 사람은 '어떠한 도발이 있더라도 내일의 시위는 평화적이어야 합니다'고 메가폰으로 외치고 있었다" Ashraf Khalil, "February 10: 'We Need to Drag Him from His Palace," *ibid.*, pp. 107-109.

3-3-1-1. 벵가지의 시위와 카티바 전투[21]

벤 알리에 이어 이집트에서도 시위가 격화되자 리비아에서도 SNS 상에서 2월 17일 시위하자는 제안이 이루어지고 공유되었다.[22] 시위 예정일 이틀 전인 2월 15일 리비아 보안대가 테르빌(Fathi Terbil)[23]을 비롯한

21_ 벵가지 투쟁에 대하여는 엠네스티의 현장조사가 가장 엄격하고 정확하다. WP에 실린 Paul Schemm의 기사도 이에 부합한다. 여기서는 두 자료를 바탕으로 서술한다. Amnesty International, "The battle for Libya : Killings, disappearances and torture" (13 Sep 2011), https://www.amnesty.org/download/Documents/32000/mde190252011en.pdf; Paul Schemm, "Battle at army base broke Gadhafi hold in Benghazi" (25 Feb 2011), http://www.washingtonpost.com/wp-dyn/content/article/2011/02/25/AR2011022505021.html.

22_ "이웃 나라의 시위에 용기를 얻어 극심한 실업과 치솟는 물가, 고질적인 부패에 괴로워하면서 리비아 활동가들도 리비아의 개혁과 부패의 종식을 요구하는 페이스북 그룹을 만들었다. 대부분의 활동가들은 당연히 실명이 아닌 가명을 사용했다. 그들은 (카다피의 즉각 퇴진이 아닌-인용자 삽입) '개혁'이라는 우산을 쓰고 2월 17일을 '봉기의 날'로 정했다." Nahla Daoud, "Fear and Revolution in Libya," *Perspectives*, #2 (May 2011), pp. 209-210. 이날은 2006년 2월 17일에 있었던 벵가지 학살을 기념한다는 의미가 있는 날이었다. 이 선동은 대략 2월 14일부터는 전 활동가들에게 공유되고 있었다고 한다. 한편 벤 알리의 퇴진 후 알제리, 요르단, 이집트 등 민중들의 투쟁이 일파만파로 번져가고 리비아에서도 선동이 시작되자 "카다피는 2월 8일 트리폴리에서 활동가들과 만나 요구조건을 들어주겠다면서 그들의 페이스북 페이지를 닫아줄 것을 설득했다. 카다피의 요청은 무시되었고 수많은 페이스북 페이지는 우쭐했다." *ibid.* "2006년 2월 17일 벵가지에서 정치변화를 요구한 것이 아니라 단지 유럽에서 인쇄된 선지자 무하마드(를 모욕한-인용자) 만화에 분노를 표시하는 시위가 일어나자 보안대는 12명을 죽였다. 2007년 트리폴리에서 10여 명의 활동가들이 이 비극적인 사건을 기념하기 위하여 평화적 시위를 계획하였다가, '정치체제를 전복하려고 시도하고, 리비아 정권에 대한 헛소문을 퍼뜨리고, 적들과 교류하였다'는 죄목으로 6-25년의 징역형에 처해졌다." Amnesty International, *op. cit.*, p. 13.

23_ 테르빌은 1996년 트리폴리의 아부 살림 교도소에서 학살당한 1,200명의 이슬람주의 운동과 관련된 죄수들의 가족을 대변해온 벵가지 출신의 유명한 변호사이다.

벵가지와 리비아의 유명 활동가 12명을 연행했다.

2월 15일 저녁 이들의 연행 소식이 알려지자 감옥에서 살해당한 사람들의 가족이 '벵가지여 일어나라! 기다렸던 날이 왔다!'를 외치며 테르빌의 체포에 항의하기 위하여 거리로 나섰다.[24] 벵가지 경찰서 앞에서 200명으로 시작된 시위는 500~600명으로 불어났고, 보안요원 10명을 포함한 38명이 부상당하는 충돌 끝에 시위는 경찰에 의해 폭력적으로 분쇄되었다. 다음날 벵가지의 중심지에 수백 명이 모였고 경찰은 물대포로 시위대를 해산하려고 했다.

'분노의 날'인 2월 17일 보안대가 시위대에 발사하여 14명이 죽었다. 시위대는 정부 건물과 경찰서를 방화하였다. 다음날인 2월 18일 수천 명의 장례행렬이 카티바 단지(Katiba compound)[25]를 지나갔다. 조문객들이 먼저 돌을 던졌는지 카티바의 군인들이 먼저 총을 쐈는지는 사람마다 말이 다르다. 결국 24명이 죽었다. 경찰과 군대는 벵가지가 시위대에게 압도되자 카티바 단지로 철수하였다. 군인들 일부는 시위대에 가담했고 그들은 지역방송국을 장악했다. 18일 밤 벵가지에서 카다피 충성파들이 모여 있는 유일한 지역은 카티바 단지뿐이었다. 2월 19일 또 다른 장례행렬이 묘지로 가는 도중에 저항하는 행동으로 카티바 단지를 지나가다가 또다시 단지 안의 카다피 충성파들로부터 총격을 받았다. 장례식에 대한 두 번째 공격에 뒤이어 반정부 시위대는 격심한

학살당한 사람들의 대부분은 벵가지와 동부지역에서 온 사람들이었다.

24_ Alan Woods, "After the death of Gaddafi: Revolution and counterrevolution in Libya" (21 Oct 2011), http://www.marxist.com/gaddafi-dead-revolution-and-counter-revolution-in-libya.htm.

25_ 벵가지 시내에 있는 카티바 단지는 군부대가 있는 곳으로 카다피 충성파 2,000명이 거주하던 곳이었다.

사격에 후퇴를 반복하면서도 불도저를 징발하여 카티바 단지의 벽을 부수려고 하였다. 젊은이들은 돌멩이와 화약을 넣은 깡통으로 사제 폭탄을 만들어 던지기도 하였다. 싸움이 계속되자 한 무리의 군중은 벵가지 외곽의 군부대를 공격하여 군인들이 3대의 작은 탱크를 포함한 무기를 버리게 하였다. 반정부 시위대는 이들 탱크로 카티바 단지의 벽을 들이받았다. 하루 사이에 30명이 더 죽었다. 장례차로 위장한 트럭에 가스통을 실은 자살폭탄 차량이 단지의 입구를 공격하여 폭파하였다. 반정부 세력은 인근 도시인 베이다와 데르나로부터 보강을 받아 기지에 대한 공격을 재개했다. 전투는 20일 아침에 끝났다. 기지에 대한 마지막 공격 동안 42명이 죽었고, 오후에 내무장관인 유니스(Abdul Fatah Younis) 소장이 포위된 보안대를 구출하기 위하여 '벼락'이라고 부르는 특전여단을 데리고 나타났다. 시 외곽에 기지를 둔 그의 군대는 기관총과 대공화기를 장착한 트럭과 함께 카티바 반대편에 도착했다. 2대의 탱크가 뒤따랐다. 유니스는 발포를 하지 않도록 하고 반정부 시위대와 협상 끝에 카다피 충성파들이 도시를 안전하게 빠져나가도록 허용한 후 2월 22일 반군에 가담했다.[26]

3-3-1-2. 동부의 다른 도시들의 봉기

리비아의 북동부 연안에는 벵가지의 왼편에 베이다, 데르나, 토브룩과 같은 연안도시가 연이어 있다. 2월 15일 테르빌의 연행 소식에 베이다에서는 수백 명의 시위대가 '인민은 정권의 퇴진을 요구한다'고 외치며 시위에 나섰다. 트리폴리 서남부에 있는 중부도시인 젠탄에서도 수백

26 Amnesty International, *op. cit.*, p. 42; Paul Schemm, *op. cit.*

명의 시위대가 행진에 나서 보안대와 경찰서 건물을 방화하고 도심에 텐트를 쳤다.[27] 2월 16일 베이다에서는 경찰서와 경찰차 2대를 방화하고 6명이 죽었다. 18일에는 시위대가 비행장을 장악했다.[28] 2월 16일 동부 해안도시인 "데르나에서는 육군 대령이 바르카 이슬람왕국(Islamic Emirate of Barqa)이라는 이슬람주의자 그룹에 가담하여 로켓 추진 수류탄 발사기와 대공화기와 70개의 소총을 제공한 후 병기창을 공격하여 250정의 총기를 획득했다. 이 과정에서 4명이 죽고 16명이 부상당했다. 그들은 2월 18일 베이다에서 2명의 경찰관을 교수형에 처하고, 군인과 시민들을 인질로 잡고 자신들의 동료를 석방하지 않으면 죽이겠다"고 위협했다.[29] 2월 23일 북동부 항구도시인 토브룩에서는 장교와 사병들이 시위대에 가담했다.[30]

3-3-1-3. 중부-미스라타 공방전

27 Amnesty International, *op. cit.,* p. 7; Al Jazeera, "Libyan police stations torched" (16 Feb 2011), http://www.aljazeera.com/news/africa/2011/02/201121670514224444.html.

28 Guardian, "Libya protests: massacres reported as Gaddafi imposes news blackout" (18 Feb 2011), http://www.guardian.co.uk/world/2011/feb/18/libya-protests-massacres-reported. 리비아는 큰 나라이고 도로 사정이 참으로 빈약하기 때문에 봉기를 한 시민들이 정부군을 막기 위해서는 비행장부터 장악해야 한다.

29_ AFP, "Libyan Islamists seize arms, take hostages" (21 Feb 2011), https://www.smh.com.au/world/libyan-islamists-seize-arms-take-hostages-20110221-1b19c.html.

30_ 이집트와의 국경에 근접한 토브룩의 군사령관인 육군소장 마흐무드(Suleiman Mahmoud)는 2월 23일 반군에 가담하여 이탈파 병사(총 6,000명)의 절반을 지휘했고, 유니스 사망 이후 반군 사령관이 되어 트리폴리에 벨하지(LIFG 리더 출신으로 트리폴리 시 반군 사령관이 됨)와 함께 입성하였다. 토브룩은 중요한 석유 수출기지로 4월 초 NTC의 이름으로 석유수출을 재개했다.

북중부의 연안도시이자 제3의 도시인 미스라타에서는 2월 17일 수십 명이 벵가지의 투쟁을 지지하며 시위하다가 연행되자 다음날 더 많은 사람들이 시위에 나섰다. 보안부대의 총격에 70명이 죽자 도시 전체가 분노하여 궐기했다. 시민들이 돌멩이와 화염병을 던지자 보안부대는 탱크와 중화기를 동원했다. 시민들은 탱크의 진입을 막기 위해 모래를 넣은 컨테이너로 주요 도로를 막았다. 나중에는 기름을 묻인 담요를 깔아 탱크의 바퀴에 엉키게 만들고 화염병을 던졌다. 카다피군은 빈 건물에 저격병을 투입하여 도로를 하나씩 장악해왔다. 수백 미터마다 모래산이나 콘크리트, 파이프, 사다리 등으로 바리케이드를 만들었다. 반란군은 중심은 없고 소조로 나뉘어 각 길목을 지키는데 그들은 서로 닉네임으로 불렀고 그 가운데에는 의대를 다니는 학생도 있었다.[31] 2월 18일부터 비행장을 장악한 반군은 2월 24일 공항수비대에서 대공화기를 빼앗았고 나중에는 공군학교 장교들이 반란을 일으켜 반군에 가담하였다.[32] 다음날 카다피군은 탱크로 반격해 왔다. 이때부터 카다피군은 미스라타를 탈환하려고 수없이 시도하였고, 3월 12일에는 자위야를 진압했던 카다피의 정예부대인 카미스(Khamis) 여단이 투입되었다. 하지만 장군을 포함한 32명의 공격군이 반란을 일으키고 반군에 합류하였다. 3월 19일 나토군의 공습이 시작되었고 카다피는 끝내 미스라타를 굴복시키지 못했다.

31_ Xan Rice, "Libyan rebels pay a heavy price for resisting Gaddafi in Misrata" (21 Apr 2011), http://www.guardian.co.uk/world/2011/apr/21/libyan-rebels-heavy-price-misrata.

32_ Feb 17th, "This Just In !!" (February 24, 2011), https://web.archive.org/web/20120724053023/http://feb17.info/news/this-just-in/.

3-3-1-4. 서부-트리폴리의 시위와 자위야 봉기

수도인 트리폴리에서는 2월 20일 AFP가 취재한 목격자에 따르면 시위대에 의해 TV와 라디오 방송국이 파괴되었고 경찰서 한 군데와 혁명위원회 건물 그리고 '인민의 광장'이 불에 탔다.[33] 뉴스에서는 트리폴리 시내를 지키는 수천 명의 용병의 등장부터 시작하여 시내에 검색대의 설치, 이동전화와 인터넷의 단절을 보도했다.[34] 트리폴리는 2월 25일 수천 명의 시위를 마지막으로 반정부 시위가 최종적으로 진압되었다.

한편 트리폴리의 서쪽에 있는 자위야에서는 2월 24일 카다피 충성파와 군대가 며칠 전부터 시위대가 점거 농성을 하고 있는 모스크를 공격하여 10명이 죽고 150명이 부상당했다. 이에 분노하여 수천 명의 시민들이 '떠나라! 떠나라!'고 외치면서 모스크 근처의 '순교자의 광장'으로 행진했다. 이날부터 시위대는 자위야를 장악했다.[35] 2월 26일과 28일 정부군은 중화기로 공격했다. 자위야는 많은 사상자를 내고 3월 10일 최종적으로 진압되었다.

3-3-2. 내전으로의 전화와 제국주의의 개입

2월 20일이 되자 동부는 대부분 해방되었고 반란군은 서부의 반란을

33_ AFP, "Libye de nouveaux morts lors d une operation des forces libyennes" (19 Feb 2011, modified 21 Feb 2011), http://www.ladepeche.fr/article/2011/02/19/1019008-libye-de-nouveaux-morts-lors-d-une-operation-des-forces-libyennes.html.

34_ Nahla Daoud, op. cit., pp. 209-210. "카다피 정권은 2월 18일부터 페이스북과 트위터의 접속을 봉쇄하고 뒤이어 인터넷 접속을 방해했다. 2월 3주째엔 전화통신도 극심하게 방해했다. 트리폴리와 카다피 장악지역에서는 당국이 대화를 감시하는 위성전화를 이용할 수 있었다." Amnesty International, *op. cit.*, p. 19.

35_ AP, "The Associated Press has news from Zawiya, Misrata and Tripoli" (24 Feb 2011), http://feb17.info/news/this-just-in/.

촉구하였다. 미스라타와 자위야, 트리폴리도 합류하였고, 2월 21일 법무장관 잘릴(Mustafa Abdul Jalil)과 22일 내무장관 유니스를 비롯한 수많은 정권 핵심들과 외교관들의 사퇴와 반란군으로의 이탈이 잇따랐고 2월 23-24일에는 항쟁이 피크에 달했다. 누구나 이제 카다피의 시대가 끝나는 것으로 생각하였다. 그러나 이처럼 대중이 스스로를 해방시키는 민중주도의 혁명은 2월 20일이 지나면서 왜곡되기 시작하였고, 끝내 내전과 제국주의 개입전쟁으로 발전하게 되었다. 우리는 이 과정을 추적하여 어떤 힘에 의해 민중들의 자주적 투쟁이 왜곡되었는지를 살필 것이다.

3-3-2-1. 항쟁 초기의 카다피의 대응과 태도

동부가 무장폭동의 양상을 보이고 충성파들이 카티바 단지에서 포위되자 카다피는 2월 18일 '시위대와 협상을 위해' 법무장관인 잘릴과 내무장관인 유니스 소장을 벵가지로 급파하였다.[36] 2월 20일 카다피의 아들 사이프(Saif al-Islam Gaddafi)는 국영 TV에 출연하여 동부에서 희생된 80여 명에 대해 조사기관의 설치와 체제 내의 개혁을 발표했다.[37] 동부

36_ AFP, *op. cit.*

37_ 조사위원회는 위원장은 리비아 판사가 맡되 국내외 인권단체 인사들로 구성된다고 밝혔다. 사이프는 2003년 이후 서방자본의 투자를 유치하는 개방정책과 정치적 반대파에 대한 유화정책을 추진했는데, 이슬람주의자와 협상하여 2006년부터 LIFG를 비롯한 850명의 이슬람주의자들을 석방하였고, 2011년에만 360명을 석방하였다. 2월 16일 테르빌과 함께 이슬람주의자 수감자 110명이 석방되자 이슬람주의자 수감자는 30명만 남게 되었다. Alexander Cockburn, "Libya rebels: Gaddafi could be right about al-Qaeda" (24 Mar 2011), http://www.theweek.co.uk/politics/6801/libya-rebels-gaddafi-could-be-right-about-al-qaeda. 이 기자회견 날짜에 대하여는 매체에 따라 2월 19일부터 21일까지 다양하고, 이 시기에 사이프는 거의 매일 언론과 접촉했는데, 여기서는 일단 발언의 취지로 보아 카티바 협상이 끝난 2월 20일로 판단했다.

에서는 시위대가 군부대를 습격하여 탱크와 총으로 무장을 하고 트리폴리에서도 혁명위원회와 내무부 건물을 방화하는 등 전국이 거의 무장반란에 들어가는 상황에서, 무바라크가 시위 초기에 소극적 대응을 한 것처럼 카다피 역시 적극적인 진압이 역효과를 낼 것을 두려워하여 사태를 수습하기 위한 소극적 대응과 타협을 추구했다는 것은 분명하다. 사이프는 2월 20일 사실상의 내전을 경고하였고 카다피는 2월 22일 시위대의 진압을 명령했지만, 그리고 2월 하순부터 사실상의 내란 상태에 있었음에도 유엔의 결의를 피하고자 혹은 서방언론의 비난을 피하고자 노골적이고 적극적인 대응을 억제하였다. 따라서 2월 21일경 카다피에 의해 트리폴리가 '피바다'가 되고 '집단학살'이 이루어지고 있다는 보도는 말이 안되는 얘기였다.

3-3-2-2. 노골적이고 무책임한 왜곡보도

그럼에도 불구하고 알자지라와 서방언론들은 용병과 중무기, 대량학살, 비행기 등을 운운하며 마치 카다피가 항쟁의 초기부터 대량학살을 자행하고 있는 것처럼 보도하였다. 알자지라의 보도를 보자.

> (2월 21일) 7:56pm: 알자지라 아랍어 방송은 지금 트리폴리의 활동가와 대화하고 있는데, 그는 지금 트리폴리 전체에 공중공격이 행해지고 있다고 말했다. 거기에는 죽음과 두려움과 함께 여성들이 어디에서나 울고 있다. 공격은 가두 시위자들이 많이 나온 지역에 집중되어 있고, 사람들에게 총을 쏘는 외국인 전사로 가득찬 차량들이 있다. 그는 지난 24시간 동안 최소한 250명이 죽었으며 국제적 도움을 요청하고 있다고 말했다. 트리폴리는 외국인 전사들이 장악하고 있으며 물과 전기도 끊어졌고 음식과 의

료품도 부족하다고 말했다. 이것은 '집단학살'이라고 그는 말했다. 트리폴리 동부의 미스라타는 가장 최근에 전투기에 의해 공격받았다. 탱크가 시내로 들어와 중화기가 빌딩을 초토화하고 있다고 목격자들이 알자지라에 말했다.

9:51pm: 트리폴리의 줌후리아 도로에 새로운 공중공격이 가해지고 있다고 목격자들이 알자지라 아랍어 방송에 말했다.

10:49pm: 또 다른 공중공격이 트리폴리 서부의 자위야의 시민들을 지금 목표로 하고 있다고 목격자들이 알자지라에 말했다. 사망자나 부상자의 수에 대하여는 아직 보도가 없다.

(2월 22일)1:20am: 알자지라 아랍어 방송은 기니와 나이지리아에서 용병이 되면 하루에 2,000불을 주겠다는 광고가 나타났다고 보도했다.[38]

그러나 '전투기에 의한 공중공격'과 '대량학살' 주장은 3월 1일 게이츠 미국방장관이 기자회견에서 기자들의 추궁에 "우리도 언론보도를 보고 알았는데, 어떠한 확증도 없다"고 고백한 데서도 사정을 짐작할 수 있지만,[39] 국제위기그룹의 보고서에서도 조작임이 명백하다.

집단학살이란 주장은 2월 21일 다바쉬가 만든 것으로 그는 카다피 체제가 리비아에서 집단학살의 직전에 있는 것 같다고 AP 통신에 말했다. 그런데 AP는 지상에서 보안대의 시위대에 대한 총격을 보도하면서도 주요 해변 도로를 맴도는 헬리콥터와 밤에 트리폴리를 낮게 급강하하는 전투기의

38_ Al Jazeera, "Live Blog – Libya," http://blogs.aljazeera.net/middle-east/2011/02/17/live-blog-libya#feb17.

39_ Maximilian C. Forte, "A Victory for the Libyan People? : The Top Ten Myths in the War Against Libya" (31 Aug 2011), http://www.counterpunch.org/2011/08/31/the-top-ten-myths-in-the-war-against-libya/.

위협효과에 대해서만 보도했다. 동부를 취재하고 돌아온 두 명의 언론인은 반군이 장악한 벵가지나 다른 도시에서 시위 초기에 정권이 항공기를 사용할 것이라는 말을 들어본 적이 없다고 말했다.[40]

결국 알자지라는 익명의 목격자를 빙자하여 무고한 시민들이 전투기와 탱크로 유린되고 있다고 참으로 무책임한 왜곡방송을 하고 있었던 것이다. 그리고 이런 왜곡보도를 BBC를 비롯한 서방언론[41]들은 알자지라의 보도를 운운하며 전 지구인들의 가슴을 졸이게 하고 있었다.

3-3-2-3. 왜곡보도와 이탈파들의 상호동조

2월 21일 유엔 주재 리비아 부대사 다바쉬는 "우리는 트리폴리에서 진정한 '집단학살'(Genocide)을 예상하고 있다. 항공기는 여전히 용병을 공항으로 실어 나르고 있다"고 주장하면서 카다피를 이탈하였다. 같은 날 법무장관 잘릴은 카다피의 '과도한 폭력의 사용'을 비난하면서 사임하였다. 2월 22일 전 인도 대사 이사위(Isawi)도 전투기가 민간인에게 폭격하며 아프리카에서 온 용병들이 인민들을 학살하고 있다는 것을 알자지라에 확언하였고, 이후 외교관들의 이탈이 줄을 이었다.[42] 정권

40_ International Crisis Group, *op. cit.,* p. 5.

41_ 사이프는 알자지라, 알아라비아, BBC 등이 고의적으로 리비아 사태를 왜곡하고 있다고 비난하였다.

42_ 유니스, 다바쉬, 이사위는 모두 NTC의 핵심멤버가 되었다. 잘릴은 NTC를 만들어 그 대표가 되었다. 유니스 소장은 내무장관을 겸하고 있던 서열 제2위의 실력자로 반군 사령관으로 활동하다가 7월 29일 암살당했는데, NTC는 친카다피 측의 암살이라고 발표하고, 주위에서는 이슬람주의자들의 소행이라고 하였지만, 이미 7월 27일 NTC의 국방장관이 사전 상의나 권한도 없이 구속영장을 요청하여 무장호위대를 대동한 사령관인 유니스를 구금한 사실과, 유치장에서 사살된 점 그리고 유기된 시체에서 고문당한 흔적이 있는 것으로 미루어 국방장관을 비롯한 NTC의 내

이 위기에 처했을 때 지배층 내에서의 분열과 이탈은 있을 수 있는 일이지만, 외교관들인 다바쉬나 이사위가 아무런 근거가 없는 '용병'과 '학살'을 확언하는 발언은 '카다피의 악마화'를 조장하는 왜곡보도와 서로 부응하는 행동들이었다. 또한 사이프가 벵가지 희생자들을 위한 조사기관의 설치와 개혁을 약속하면서 무력진압이 아니라 유화적인 해결 자세를 보이던 바로 그 시점에 벵가지의 폭동을 무력이 아닌 협상으로 마무리하라는 카다피의 명령을 받고 유니스와 함께 평화적으로 해결하였던 잘릴이 오히려 과도한 폭력을 운운하며 이탈한 것도 마찬가지 행동이었다.

3-3-2-4. 왜곡보도에 대한 권위있는 당국자들의 무책임한 동조

2월 21일 참으로 무책임한 보도를 하였던 알자지라는 다음날인 2월 22일부터 자신들의 보도에 화답하는 국제적으로 권위있는 당국자들의 분노와 흥분을 보도하였다.

(2월 22일) 11:09am: 영국의 전 외상 데이비드 오웬은 비행금지구역 설정을 통한 군사적 개입이 즉각 필요하다고 알자지라에 말했다.

12:15am: 미 국무장관 힐러리 클린턴은 "지금은 이처럼 받아들일 수 없는 피바다를 막을 때이다"고 말했다.

12:45am: 알자지라의 정규 기고자인 마르크 린치는 리비아에 대한 외국개입의 장단점을 저울질하면서 "지금은 이미 피바다가 된 상황을 더

부에서 유니스를 제거하려는 음모가 있었던 것은 분명하다. Tripolipost, "NTC Confirms General Younis Killed AFTER Interrogation" (31 Jul 2011), http://tripolipost.com/articledetail.asp?c=1&i=6540 참조.

악화되지 않도록 미국과 나토, 유엔, 아랍연합이 강력하게 행동에 나설 때이다"라는 흥미있는 기사를 썼다.

1:40am: 유엔 부대사 다바쉬는 "비행금지구역(No fly zone)이 리비아에 설정되어야만 한다"고 유엔에 말했다.

1:42am: 반기문은 성명을 통해 리비아 당국이 전투기와 헬리콥터로 시위대에 사격했다는 보고에 분노했다면서 "그러한 공격은 국제인권법의 심각한 침해가 될 것"이라고 말했다.[43]

이후 알자지라는 "2월 24일 이슬람공화국 방송은 국제형사재판소(ICC:International Criminal Court)가 사망자를 10,000명으로 평가했다고 보도했다. 3월 2일 WTO는 대략 2,000명이 죽은 것으로 평가했다. 반군은 6,500명이 죽었다고 주장하고, 반군 대변인은 사망자가 8,000명에 달한다고 주장했다"면서 사망자 수의 과장에 앞장섰고,[44] 3월 중순 비아그라 박스와 관련한 강간설을 보도하였다. 하지만 비아그라 박스는 반군들이 카다피군의 불타버린 탱크에서 주웠다고 하는데 박스만 그을리지도 않았다는 것은 있을 수 없는 일이었다. 이에 대해 패트릭 코크번과 맥시밀리안 포르테의 폭로를 들어보자.

비아그라 얘기는 처음에 카타르 정권의 지원을 받는 알자지라가 반군과 협동하여 퍼뜨렸고, 거의 모든 주요 서방언론에서 재분배되었다. 국제형사재판소의 소장인 오캄포는 서방 언론에 "카다피가 강간할 가능성을 높이기 위하여 그의 군대에게 비아그라를 나눠주고 수백 명의 여성을 강간

43_ Al Jazeera, *op. cit.*

44_ Al Jazeera, "Aljazeera Live Blog Libya - Feb 22". (22 Feb 2011, Retrieved 26 Mar 2011), http://blogs.aljazeera.net/africa/2011/02/22/live-blog-libya-feb-22.

하도록 명령한 증거가 있다"고 말했다. 수잔 라이스 유엔주재 미국대사는 "카다피가 대량강간을 고무하기 위하여 비아그라를 나눠주고 있다"고 주장했다. 힐러리 클린턴 미 국무장관은 카다피 군대가 리비아에서 광범한 강간에 참여하고 있다는 점에 대해 깊은 관심을 가지고있으며, "강간과 물리적 위협, 성희롱 심지어 처녀성 검사까지 전국적으로 일어나고 있다"고 말했다.[45]

미 군사당국과 정보당국이 강간설에 대한 어떠한 증거도 없다고 말했다는 것은 이미 NBC 뉴스에서 밝히고 있었고, 엠네스티는 3개월간의 현장조사보고서에서 "강간을 당했다는 단 한사람의 여성이나 강간당한 사람을 보았다는 단 한 명의 의사도 발견할 수 없었고, 용병은 단 한 사람도 확인할 수 없었다. 초기에 죽은 사람은 (초기의 비무장 시위의 희생자 수십 명을 포함하여) 벵가지 100-110명과 베이다 59-64명뿐이다"라고 밝혔다. 아프리카연합(African Union) 의장인 핑(Jean Ping)은 최근에 "NTC는 흑인들을 용병과 혼동하는 것 같다. 모든 흑인들이 용병이라면 리비아 인구의 3분의 1인 흑인이 용병이라는 것을 뜻한다. 그들은 인간 즉 정상적인 노동자를 죽이고 있고 잘못 다루고 있다"고 주장하였다.[46]

결국 서방 언론들은 카다피가 전투기까지 동원하여 자국민을 학살하고 있는 것처럼 그리고 벵가지가 함락되면 피바다가 될 것처럼 보도하였지만, 내란이 시작된 지 일주일이 지난 3월 1일까지 미국방부를 비롯한 아무도 카다피의 전투기가 시민을 무차별로 학살하는 것을 본 사람이

45_ Patrick Cockburn, "Amnesty questions claim that Gaddafi ordered rape as weapon of war" (24 Jun 2011), http://www.independent.co.uk/news/world/africa/amnesty-questions-claim-that-gaddafi-ordered-rape-as-weapon-of-war-2302037.html.

46_ Maximilian C. Forte, *op. cit.*

없고, 3월 중순 벵가지까지 진격한 카다피군이 그동안 재점령한 반군지역 역시 무차별 학살은 없었다.

이처럼 아프리카 용병, 전투기, 공중공격, 대량학살, 강간 등등의 주장은 카다피 이탈파를 포함한 반군과 협동한 알자지라가 앞장서서 조장하고, 서방언론들이 집요하게 퍼뜨리고, 반기문, 힐러리 클린턴, 수잔 라이스, 오캄포 등 국제적으로 책임있는 당국자들이 미국방부의 보고로 이런 보도가 근거가 없는 줄 알면서도 이들 언론의 '카다피 악마화'에 적극 동조하였던 것이다. '인도주의적 개입' 여론은 이렇게 조성되었다.

이런 점에서 "엠네스티의 조사는 카다피 정권이 반대편을 야만적으로 억압해온 역사를 가지고 있을지라도 집단학살에 대한 어떠한 증거도 없다는 권위있는 국제위기그룹의 최근 보고서를 확인시켜주고 있다. 보고서는 '많은 서방 언론들이 사건의 처음부터 시위운동을 전적으로 평화적인 것으로 묘사하고 정권의 보안대가 안보에 대한 어떠한 도전도 보이지 않는 비무장한 시위대를 까닭도 없이 학살하고 있다는 아주 일방적인 시각을 보여 왔다'고 덧붙였다"는 포르테의 지적은 정당하다.[47]

2월 26일 유엔 안보리는 알자지라 등이 만들어낸 이런 왜곡보도를 근거로 '카다피 일가의 자산을 동결하고 국제형사재판소의 조사를 위한 협의'를 회부했다. 그리고 카디피군이 벵가지 근처까지 진격하자 카다피가 들어오면 '피바다'가 될 것이라고 애원하는 NTC와 알자지라 등이 조성한 여론을 바탕으로[48] 3월 17일 '비행금지구역'을 설정하는 유엔결

47 Patrick Cockburn, *op. cit.*에서 재인용.

48_ 카다피는 그의 군대가 벵가지에 진입할 것이며, 저항하는 사람들에게 어떠한 관용도 보이지 않을 것이라고 리비아 반군들에게 경고했다. "더 이상 두려워하지 말고

의안 1973호를 의결하고, 이틀 뒤 프랑스를 필두로[49] 나토와 미군이 공습에 나섰다.

3-3-3. 제국주의 개입전쟁과 카다피의 패전

2월 23일 이후 리비아의 거의 전 지역이 무장반란 상태에 들어가자, 2월 26일 카다피는 충성파 시민들에게 무기를 지급하면서 반정부 시위 봉쇄에 나섰고, 반정부 세력은 2월 27일 벵가지에서 혁명의 정치적 얼굴로서 활동하는 위원회를 출범시키고, 3월 5일 NTC((National Transitional Council: NTC, 국가임시평의회)의 창립선언을 발표하고[50] 유일합법정부를 자처했다.

이로써 리비아 민중의 항쟁은 카다피가 중무기를 사용할 수 있는 명분을 제공하는 공식적인 내전으로 발전하였고 정부군은 3월 초부터 본격적인 반격에 나섰다. 3월 10일에는 프랑스가 NTC를 유일합법정부로 인정하였고, 3월 16일엔 정부군이 벵가지 근처까지 진격하였다. 3월

더 이상 망설이지 마라. 진실의 순간이 왔다"고 선언했다. 동시에 그는 벵가지 주민들에게 "군대는 도시의 모든 집들을 수색할 것이다. (그러나) 무기를 갖지 않은 인민들은 두려워해야 할 아무런 이유가 없다"고 말했다. Guardian, "Libya crisis: Britain, France and US prepare for air strikes against Gaddafi" (17 Mar 2011), http://www.guardian.co.uk/world/2011/mar/17/libya-no-fly-zone-united-nations?INTCMP=SRCH.

49_ 리비아의 석유는 고품질이고 주로 프랑스와 이탈리아에 수출되며, 일반 석유와는 달리 별도의 정유시설이 필요하기 때문에 특히 석유수입의 50% 이상을 리비아로부터 수입하는 프랑스는 리비아에 사활적 이해관계가 있다. 이희수, "아랍 변혁과 이슬람 문화의 이해", (2011.4.8.), <참세상 특강> 강연 내용 중에서

50_ NTC는 출범 기자회견에서 임시정부가 아니며, 외국 정부와 접촉하고 있지 않고 있다고 밝혔다. Al Jazeera, "Libya Opposition Launches Council" (27 February 2011), http://english.aljazeera.net//news/africa/2011/02/2011227175955221853.html.

17일 유엔결의안 1973호가 중국과 러시아, 독일 등이 기권한 가운데 통과되어 비행금지구역이 설정되고, 3월 19일 프랑스의 공습이 시작되었다. 3월 28일 미국 주도 연합군의 공군작전 지휘권이 나토로 이양되었고, 나토는 반군을 무장하지 않겠다고 밝혔다. 4월 1일 반군은 전세가 불리해지자 유엔의 조건부 정전 조건을 수락하였고, 4월 5일엔 카다피가 그리스와 터키를 통해 중재를 요청하였다. 4월 10일 아프리카연합(AU)이 리비아를 방문하여 쌍방의 적대행위 중지 등 중재에 나섰으나 반군이 거부하였다. 이후 나토의 적극적인 공습과 지원 아래 정부군과 반군은 공방을 거듭하였다.

나토의 공습이 계속되었지만 카다피의 잘 훈련되고 잘 무장된 정규군을 민간인과 이탈한 병사로 이루어진 반군이 이길 수는 없었다. 반군은 계속 몰리고 있었고 지상전은 교착상태였다. 그러나 외부로부터 고립된 카다피군이 점차 몰리게 되고 반군이 8월 하순 트리폴리 근처까지 진출하게 되자 8월 20일 트리폴리에서 무장봉기가 일어났다. 8월 22일 시민군이 수도의 80%를 장악하자 반군들은 트리폴리에 무혈 입성할 수 있었다.[51] 트리폴리를 탈출한 카다피는 저항을 계속하다가 자신의

51_ 8월 20일 일몰 후 신도들이 단식을 끝내자 많은 교외에서 모스크가 울린 경종에 반응하였지만, (트리폴리 교외인) 주마(Suq al-Juma) 지역의 봉기의 조직과 규모가 제일 컸다. 몇 분도 안 지나 전 지역이 낡은 냉장고나 불타버린 차량들, 전쟁의 잔해들로 바리케이드를 만들고 입구에 무장한 사람들을 배치했다. 트럭들이 거리를 돌아다니면서 집에서 만든 화염병과 젤라틴이라고 부르는 수류탄을 나누어줬고, 늦은 밤에는 6개월 전에 한 자루에 3,000디나르를 주고 샀던 총을 나눠줬다. 미리 작성한 블랙리스트에 따라 자경단이 100여 명의 정권의 앞잡이 즉 정보원들의 집에 쳐들어가 무장을 해제하고 끌고 갔다. 카다피 지지자들로 득실거릴 것으로 생각했던 아부 살림(Abu Salim)과 같은 지역에서도 전투는 거의 없었다. 지방 은행의 은행원인 칼리드는 저격용 총을 들고 말했다. "우리는 그들이 강할 것이라고 생각했어요. 하지만 전투는 두어 시간도 안 걸렸지요. 많은 사람들이 마지막 순간에 편

출신지인 시르테에서 10월 20일 생포되었다가 사살되었다.

이상을 요약하면, 2011년 2월 15일 벵가지에서 일어난 시위는 보안부대가 총을 쏘자 2월 19일 무장폭동으로 이어지고, 전국적인 무장항쟁과 2월 27일 NTC의 구상으로 이어졌다. 유엔 안보리는 카다피 가족의 재산동결과 국제사법재판소에 제소했다. 3월 5일 NTC는 유일합법정부를 선언했다. 3월 초 카다피군이 동부도시를 탈환하며 동진하여 벵가지 근처에 이르자, 비행금지구역을 설정하고, NATO군의 포격으로 이어졌다. 카다피는 정전을 발표했지만 반군은 카다피의 퇴진이 없다며 거부했다. 8월 반군은 NATO의 광범위한 포격에 힘입어 트리폴리까지 함락시켰다. 9월 16일 NTC는 UN에 의해 새 정부로 승인되고 카다피는 10월 20일 생포되어 죽었다. 10월 23일 NTC는 리비아 해방을 선언했다. 10월 31일 유엔과 NATO의 작전은 NTC의 요청에도 불구하고 종료되었다. NTC는 11월 임시정부로 전환하여 2012년 선출된 의회(GNC)에 권력을 넘겼다.

을 바꾸었지요." … 주마 지역을 책임졌던 이슬람주의자이고 트럭 소유자인 이삼(Issam)은 "그의 동료들은 처음에는 무기도 거의 없었지만, 친카다피 사람들을 집집마다 찾아다니면서 무기를 넘기고 집에 있어라고 당부하여 무기를 갖게 됐는데 아무도 거절하지 않았다"고 말했다. Alan Woods, *op. cit.*

제4장 봉기의 전략적 평가[1]

4-1. 튀니지의 민중혁명

앞서 살펴본 바와 같이 튀니지에서는 2010년 12월 17일 부아지지의 분신에 뒤이은 시위는 1주일 뒤엔 중부 내륙의 다른 도시로 확산되었고, 1월 8일 62명이 학살되면서도 탈라를 최종적으로 방어한 이후인 1월 10일에야 튀니스가 움직이기 시작하여, 도시하층민이 많은 타다몬 지역에서 1월 11일 밤 격렬하게 충돌한 것임을 알 수 있다. 결국 시디부지드에서 혹은 탈라에서 목숨을 걸고 투쟁하면서 학살당하고 있을 때 변호사와 교사들의 파업 등의 움직임이 없었던 것은 아니지만, 튀니스를 비롯한 튀니지 민중들은 숨을 죽이고 지켜만 보았던 것이다.

1980년 공수단의 만행에 분노한 광주시민들이 목숨을 건 투쟁을 통해 광주를 해방시켰지만 1주일간의 고립 끝에 진압당한 역사를 생각할 때, 튀니지 당국의 언론통제가 있었지만 튀니지 민중들의 항쟁은 초반부터 알자지라를 비롯한 위성방송과 인터넷을 통해 튀니지는 물론 전세계적으로 투쟁상황이 공유되고 있었음에도 이 좁은 나라에서 항쟁이 시작된 지 무려 25일 만에야 수도에 도달했다는 것은, 한편에선 시디

1_ 이 장은 저자의 석사학위논문의 4장을 거의 그대로 전재한 것이다. 박석삼, 2012, *op. cit.*, pp. 39-62.

부지드 시나 시디 부지드 도나 탈라에서의 영웅적 항쟁이 고립될 수도 있었고 따라서 패배로 끝날 수도 있었다는 것을 의미한다. 수도와 떨어진 많은 내륙지방에서 경찰력을 압도하자 비로소 튀니스의 시민들이 움직이기 시작한 것이다. 그들이 숨을 죽이고 있었던 것은 그만큼 권력이 잔인했고, 항쟁에 나선다는 것은 잔인한 보복과 죽음을 의미할 수도 있다는 내면화된 두려움과 자기검열이 컸다는 것을 의미한다. 이러한 두려움에도 불구하고 튀니지 민중들이 숨을 죽이고 있었던 것은 SNS의 선동이 없었기 때문이 아니라[2], 본질적으로 수십 년간 지속된 폭력과 억압으로 내면화된 두려움 속에 있었던 튀니지 민중들이 절망만을 강요하는 권력에 의해 마지막 자존심까지 짓밟히자 싸워야만 되고 싸워서 이길 수 있다는 자신감이 생기자 경찰의 무자비한 폭력과 진압 그리고 시위 지역의 고립화와 분리 차단을 뚫고 노도처럼 일어나 체제를 압도한 것이었다.[3] 일단 봉기에 나선 이상 주변이 아무리 침묵하더라도 절망만을 강요하는 그 권력에 대하여 더 이상 물러설 곳이 없다는 것과, 더 이상 참고 고개를 숙이고 살 수 없다는 자각과 분노가 저항을 폭발시키고 확산시켰다. 따라서 항쟁의 고비였던 탈라 전투와 타다몬 전투

2_ "그리고 거기에 소셜미디어가 있었다. 활동가들은 체제가 통제할 수 없는 사이버 공간에서 페이스북을 이용하여 조직했다. 얼마 전만 하더라도 탈라나 카세린과 같은 벽지에서의 시위자나 장례행렬에 대한 발포는 누군가가 숙덕거리는 지역적인 사안이었겠지만, 페이스북은 탈라의 사건을 튀니스로 날랐고 정부가 깰 수 없는 연대를 만드는 데 일조했다." Christopher Alexander, "The Rise and Fall of Ben Ali," *Revolution in the Arab world-A Special Report from Foreign Policy* (2011), p. 52.

3_ 이번 아랍항쟁에서 '고개를 들어라'가 가장 사랑받는 슬로건이 된 것은 내면화된 굴종을 벗어버리는 것이 핵심이었기 때문이다. '고개를 들어라 오 튀니지인이여', '고개를 들어라 오 이집트인이여', '고개를 들어라 오 예멘인이여' Mohammed Ali Atassi, "What the people want…," *Perspectives*, #2 (May 2011), p. 32.

에서 민중들이 권력에 의해 강요된 고립과 잔인한 공격에 맞선 목숨을 건 항전이 최종적인 승리를 가져온 것임을 부인할 수 없다. 결국 이 투쟁은 '지역고립을 극복하고 격전 끝에 승리를 쟁취한 민중혁명'이었다.

항쟁의 참여자들은 학생, 교사, 변호사, 언론인, 인권운동가, 노조 활동가, 야당 정치인 등 다양하였지만,[4] 권력과 맞대결한 투쟁은 탈라와 타다몬이 말해주듯 주로 가난한 지역의 청년들이었고 그들의 대부분은 교육받은 젊은 실업자였다. 그러나 그들의 전투력은 경험 많고 전투적인 지역노조와 결합되었을 때 발휘되었다.[5] 전투적인 지역노조는 청년들과 함께 이 투쟁을 승리로 이끈 핵심세력이었다.

이처럼 지역노조가 큰 역할을 한 점은 부인할 수 없는데, 1월 14일 벤 알리를 몰아낸 결정적 계기는 1월 11일 밤 수도의 타다몬 전투에서 결정되었다. 따라서 UGTT가 14일 오후에 수도권 시위에 결합한 것을

4_ Christopher Alexander, "A Month Made for Drama," *Revolution in the Arab world–A Special Report from Foreign Policy* (2011), p. 45.

5_ "맨 처음 부아지지의 가족과 친척들이 도청 앞에 모였을 때 그들과 결합한 것은 지역노조의 리더들이었고, 그들은 대부분 초등학교와 중등학교의 교사 부문 소속이었으며, 이들은 UGTT 내에서 가장 숫자도 많을 뿐 아니라 기회주의적인 중앙집행부에 대립하는 사람들이었다. 튀니지 남부의 바신(Basin) 광산투쟁 때 지역노조의 리더들을 희생시킨 것도 중앙의 리더들이었다. 최근 2년간 지역노조들이 보다 더 저항적이고 강성이 된 것도 중앙의 유약함 때문이었다. 시위를 조직하고, 시위대의 불분명하고 머뭇거리는 요구를 보다 분명하게 정리하고, 정치적, 사회적 요구를 보다 더 깊은 정치적 맥락에 뿌리내리게 하고, 전국적으로 확산시키고, 더 광범위한 대중들을 촉발시킨 것도 지역노조였다." Mehdi Mabrouk, "The Youth Revolution : A First Reading of the Social and Cultural Conditions Surrounding the Tunisian Revolution," *Perspectives*, #2 (May 2011), p. 144.

주된 계기라고 하기 어렵다. UGTT에 대해서는 5-1절에서 상세히 다루겠다.

4-2. 이집트의 시민혁명

4-2-1. 승패의 갈림길과 승리의 요소

이집트 민중의 항쟁 역시 몇 번의 고비가 있었다. 먼저 1월 25일 첫 집회가 대중의 압도적 참가로 성공한 것과, 뒤이어 흐름을 끊지 않고 1월 28일 집회를 성사시키고 경찰의 발포에도 불구하고 타흐리르 광장을 사수한 것, 2월 1일부터 3일간 친정부 시위대와의 싸움을 이겨낸 것, 그리고 2월 4일 이후 지배계급-술레이만의 회유에 일부 야당인사들의 타협적 태도에도 불구하고 흔들리지 않고 단결을 유지하면서 무바라크가 물러날 때까지 수십만 명이 매일 모여 정권과 끝장투쟁을 벌인 것이다.

그런데 2월 1일부터의 친정부 시위대와의 싸움은 많은 부상자가 난 치열한 싸움이기는 했지만 투석전으로도 해볼 만한 싸움이었고, 2월 4일까지만 버티면 희망이 있다는 확신이 있었고, 무엇보다 군부가 2월 1일부터 무력사용을 않겠다고 발표한 직후였다. 그리고 1월 28일부터 5일간의 300여 명의 희생자는 군대가 진주한 타흐리르 광장이 아니라 카이로를 비롯한 다른 도시에서 경찰에 의해 발생했다. 무바라크는 시위대를 학살하면서도 항쟁의 상징인 타흐리르 광장을 점거하고 있는 농성자들을 살육할 수가 없었다. 승패는 여기에서 결정되었다. 결국 이집트 민중의 승리는 1월 25일 혁명투쟁의 중심이 될 수밖에 없는 수도 카이로에서 15,000명이라는 아주 많다고는 볼 수 없지만 이집트에서는 이례적으로 많은 대중이 경찰의 저지선을 뚫었을 때, 그리고 그 흐름을 깨지 않고 동력을 확산시켜 1월 28일부터 2월 1일까지 5일간 경찰의 학살에도 굴하지 않고 전선을 확보했을 때 결정되었다.[6] 그 이후 지배계급은 반격은 했지만 한 번도 전세를 역전시키지 못했다. 그러므로 이 투쟁은 '중앙집중을 성사시키고 확산하여 승리를 쟁취한 대중혁명' 이었다.

한편 1월 29일 군대가 출동한 상황을 보면 하급병사들과 시민들과의 우호적인 융합으로 인해 군부는 진압명령이라는 강경책을 쓸 경우 하급병사의 이탈과 군대의 와해를 걱정하지 않을 수 없었다. 결국 압도적인 대중의 폭발적 진출과 대중투쟁이 갖는 정당성이 하급병사의 이반을 가져오고 군대를 중립화시킨 것이었다. 이로써 승패는 거의 결정되었지만, 만약 무바라크가 2월 2일부터 친정부 시위대를 동원하여 시위대를 격분시키지 않고 유화책에만 전념했다면 무슬림형제단의 상층부 등 기회주의 세력을 회유할 수 있었을 것이고 전선의 균열을 가져올 수 있었을지도 모른다. 이들 기회주의 세력들은 2월 8일 100만인 행진이 있기 전에 술레이만과 합의에 도달하였다. 1987년 6월 항쟁 당시 자유주의 세력이 직선제 약속만으로 전선을 이탈하여 동력이 와해되었던 것을 생각하면, 무바라크의 어리석은 강경책이 전선의 균열을 막아준 것이었다.

6_ 2008년 촛불항쟁 역시 첫 집회부터 성공적인 동원이 이루어졌지만, 특히 대책회의의 상층부의 기회주의적 태도가 끊임없이 투쟁의 고양을 가로막았기 때문에 분노를 고양시키지 못했고 결국은 패퇴하고 말았다. 그들은 투쟁의 집행위원장이 아니라 투쟁의 관리위원장들이었다. 박석삼, 『2008년 촛불항쟁 : 배반당한 개미 떼들의 꿈』, (타흐리르, 2020), pp. 83-87.

공권력의 노골적인 폭력에는 자위폭력이나 대항폭력이 등장하지 않을 수 없다. 폭압에 맞서 화염병과 돌멩이라도 들고 뚫고 나가느냐 아니면 위축되어 집으로 돌아가느냐 혹은 투쟁파가 소수가 되어 고립되느냐는 당시의 상황과 대중의 의지와 감정에 좌우되겠지만, 이집트 혁명은 대중이 힘을 자각하고 있을 때 즉 압도적인 숫자로 공권력을 압도하고 있고 자신들의 정당성을 확신하고 있을 때 항쟁의 의지는 꺾일 수 없다는 것을 보여주었다.

외신들은 군부가 무바라크에게 등을 돌린 것은 미국의 적극적인 개입이었다고 보도하였다. 그것은 사실이지만 단지 현상적 사실에 불과하다. 그보다 더 중요한 것은 대중의 분노가 폭발할 때, 피지배계급이 노도와 같이 달려들 때, 더 이상 폭력으로 민중의 힘을 억압할 수 없을 때 지배계급들이 분노의 표적을 버릴 수밖에 없었다는 본질적 사실이다. 이것이 현상을 규정하는 본질(현상과 본질의 변증법)이다. 폭발적인 대중의 봉기 앞에서 지배계급과 군부는 무바라크만 피신시킨 것이었다.

혹자는 현상만을 보면서 '페이스북 혁명'이라는 말을 지어내기도 하고, 혹자는 승리의 요인으로 무바라크의 사임 이틀 전 수에즈 운하와 알렉산드리아 등지에서 있었던 강력한 노동계급의 총파업이 결정적이었다고 말하기도 한다.[7] 그러나 후자의 경우 노동자들의 총파업이 승패가 거의 결정난 1월 말 이후인 2월 8일부터였다는 점과 항쟁의 초점이

7_ Blake Hounshell이나 Dina Shehata 등 여러 필자들의 글을 종합해 볼 때, 나중에 독립노총을 만드는 노조 간부들이 1월 말부터 타흐리르 광장에 결합하기는 했지만 타흐리르 광장은 물론 이집트 혁명의 전 과정에서 노동계급의 존재감은 크지 않았다. 이 점에서 노동계급의 결정적 기여를 강조하는 캘리니코스 등의 주장은 현실과도 다르고 이집트 민중의 인식과도 다르다고 생각한다. 알렉스 캘리니코스, 앞의 책, p. 46; 사메 나기브, 앞의 책, pp. 151-152 등 참조.

타흐리르 광장이었다는 점에서, 그리고 전국적으로 200만 명이 참가한 2월 8일의 투쟁이 무바라크에게 최종적인 타격을 가한 것은 분명할지라도, 수많은 대중의 일부로서 몇십만 명이 참가한 지방도시들의 노동자 총파업만으로 승리의 결정적 요인이었다고 말하기는 어려울 것이다. 승리는 타흐리르 광장의 시민들(주로 카이로의 도시하층민들과 청년들)이 목숨을 걸고 쟁취한 것이다.

4-2-2. SNS와 청년들의 민주화 운동

이집트 혁명이 한창일 때 '페이스북 혁명'이란 말이 회자되었다. 여기서는 이 투쟁에서 절반의 승리를 확보한 1월 25일 집회의 동원과 관련된 이집트 청년들의 민주화운동과 SNS에 대하여 살펴볼 것이다.

2004년 무바라크는 5번째 임기에 도전하기 위해 국민투표를 발의했다. 이 시점은 무슬림형제단을 비롯한 야당은 물론 노동운동과 대중운동이 내무부와 정보경찰에 의해 거의 질식당한 상태였다. 이때 정치적인 색깔이나 종교적인 색깔에 개방적인, 즉 반독재 민주화운동을 최우선으로 하는 청년활동가들을 중심으로 '케파야(Kefaya, 이제 그만)'라는 연대체가 꾸려졌다.[8] 이들은 대통령의 임기와 비상조치법을 끝낼 것을 요구하는[9] 주로 200-300명 정도의 기습시위로 언론의 주목을 받았다.

8_ "2004년 민주화 운동에서 케파야는 수천 명의 중간계급 전문직, 학생, 교사, 판사, 언론인을 동원했다. 그들은 비상조치법 폐지, 정치범 석방, 고문 종식, 무바라크의 임기 종식 등을 요구했다. 팔레스타인 연대를 위한 대중위원회의 행동 위에 직접적으로 건설된 이러한 운동은 전통적인 야당과는 다른 대중세력과 작업하는 것을 선택하고 지도부로부터 홍보하는 것이 아니라 거리 속에서 캠페인을 하고 단순히 국제적인 요구보다 지역적 이슈에 집중했다." Asef Bayat, "A New Arab Street in Post-Islamist Times," *Perspectives*, #2 (May 2011), p. 51.

이에 이들을 모방하는 많은 조직들이 생겨났고 서로 연대하였다. 2005년 총선결과를 승인하기를 거부하고 100명이 넘는 판사들이 항거하자 이들의 징계재판에 많은 사람들이 연대하고 시위하였다. 이 투쟁으로 250명 이상이 구속되자 2006년 5월 무슬림형제단이 대중집회에 동참하여 카이로 시내를 마비시켰고 격심한 탄압을 받기도 하였다.[10]

그리고 2006년부터 노동자들의 투쟁이 터져 나왔다. 2008년 초 마할라(El-Mahalla el-Kubra)에 있는 국영 섬유공장 노동자들은 높은 식품 가격과 낮은 임금에 항의하기 위해 4월 첫 일요일(6일)에 파업할 것이라고 밝혔다. 여기에 관심을 보인 젊은이들이 노동자들과 연대하여 4월 6일 항의와 파업을 조직하는 '4.6 청년운동'이라는 페이스북 그룹을 만들었고, 2009년 말에는 7만 명의 지지를 받았다. 경찰은 공장을 점령하고 파업을 막았다. 시위대는 건물에 불을 질렀고, 경찰이 발포하면서 두 명이 죽었다. 이집트 전역의 연대 시위는 경찰에 막혀 흐지부지 되었다.[11] "그들은 파업을 고무하기 위해 페이스북과 트위터, 블로그 등을 사용하여 사건을 알리고, 참가자들에게 위험 상황을 알리고, 보안부대에 둘러싸인 사람들에게 합법적인 도움을 주었다. 이들은 2010년 11월의 국회의원 선거에도 개입하였다."[12]

이처럼 케파야나 4.6 청년운동은 기층 노동운동에도 연대하고 때로

9_ Dina Shehata, *op. cit.*, p. 28.

10_ 라밥 엘 마흐디, "이집트 민주화 운동", 『마르크스21』, 9호, (2011년 봄, 책갈피), pp. 244-245.

11_ Tina Rosenberg, "Revolution U," *Revolution in the Arab world-A Special Report from Foreign Policy* (2011), p. 127.

12_ Maryam Ishani, "The Hopeful Network," *Revolution in the Arab world-A Special Report from Foreign Policy* (2011), pp. 143-144.

는 자유주의자인 엘바라데이에게 지지를 보내기도 하는 한마디로 민주화를 열망하는 활동가들이 주축이 된 광범한 네트워크이고, 페이스북과 인터넷을 활용하는 데도 익숙한 청년들이었다. 또한 그들의 핵심은 다양한 조직이 참여하고 있는 느슨한 연대체였다.[13]

결국 '케파야'와 '4.6 청년운동'은 이미 대중에게 알려지고 신뢰를 얻은 집단이자 페이스북 모임이고, 1월 14일 튀니지의 승리가 전해지자 1월 25일 집회를 제안한 것인데,[14] 여기에 많은 단체들이 인터넷상에서 호응하자 야당을 비롯한 여러 단체들도 호응한 것이다. 이들은 집회를 제안한 뒤 일체의 인터넷 접속을 자제하고 지하로 숨은 뒤 중요활동가들이 전술을 논의하였다. "조직자들은 오래전부터 경찰을 오도하기 위해 내무부 외곽에서 모일 것이라고 밝혔지만, 점심 직후 페이스북과 트위터를 통해 집결장소를 바꾸었다. 인터넷에서는 '#jan25'라는 태그를 사용했고, 대오는 150명부터 1,000명이 넘는 경우까지 다양했다."[15] 이들 여러 대오들이 유동적으로 움직이다가 오후에 기습적으로 일제히 타흐리르 광장으로 쇄도했던 것이다.

이상으로 살펴본 바와 같이 1월 25일의 동원은 단순히 페이스북에서

13_ "2004년 12월 12일 키파야는 첫 (침묵)집회를 열었다. 이 집회는 마르크스주의자, 나세르주의자, 이슬람주의자, 자유주의자 등 고참 활동가 일곱 명이 저녁모임에서 대중운동 단체에 관한 생각과 '키파야'라는 구호를 처음 논의하고 난 뒤 석 달도 안 되어 성사됐다." 키파야 사무국장인 조지 이사크와 한 인터뷰 (2006년 8월 9일, 카이로)- 라밥 엘 마흐디, 앞의 글에서 재인용

14_ 1월 25일 이전에도 이집트에서는 3명이나 분신을 한다든지 산발적인 시위가 있었다.

15_ Ashraf Khalil, "January 25: Tear Gas on the Day of Rage," *Revolution in the Arab world–A Special Report from Foreign Policy* (2011), p. 74.

집회의 제안과 선동이 있었기 때문이 아니라 핵심 활동가들의 긴밀하고 치밀한 작업에 의해 성사된 것이다. 인터넷상에서 9만 명이 넘는 호응을 얻고, 거짓정보를 흘리며 경찰을 혼란시키면서 여러 곳에 모인 대중을 타흐리르로 인도한 것이 결정적이었고, 여기에 체제의 변화를 갈망하는 도시하층민과 청년들이 합류하여 전투력을 형성했다. 따라서 '페이스북 혁명'을 운운하며 동원의 현상적 형태를 물신화하는 것도 우스운 얘기지만, 그렇다고 현대인의 문화적 조건인 인터넷 공간이나 소셜미디어의 역할을 너무 폄하하는 것도 잘못이다.

4-2-3. 'SNS 혁명'에 관한 관점

이번 아랍 민중혁명에서 특이한 점은 페이스북을 비롯한 인터넷 매체의 역할이 컸다는 점이다. 튀니지에서도 항쟁의 초반부터 투쟁상황이 SNS를 통해 공유되었고, 리비아의 경우도 정권의 방해에도 불구하고 투쟁의 선동과 정보의 공유가 SNS를 통해 시도되고 이루어졌다. 그러나 무엇보다도 SNS가 큰 역할을 한 곳은 이집트였다. 혹자는 이러한 점에 착목하여 '페이스북 혁명'이니 'SNS 혁명'이란 말을 지어내기도 하였고, 민주화운동에 대한 SNS의 역할을 강조하는 사람들도 많다. 하지만 이집트 혁명이 승리한 결정적 요인은 수도 카이로에 집중한 첫 집회에서 경찰력을 압도한 대중들의 동원이었고, 여기에 최소한의 집행력을 갖는 청년들의 민주화운동이 있었다는 점은 이미 밝힌 바 있다. 대중의 광범위한 불만을 집중시켜 표출시키는 선동과 경찰의 방해공작 등 예상되는 장애를 극복할 수 있는 전술의 개발과 그러한 전술을 집행할 수 있는 활동가집단의 역량이 첫 집회의 성사를 가져온 것이다. 그런

의미에서 기디언 라쉬만(Gideon Rachman)이,

> 이집트 국민들 중 44%가 문맹 또는 반(半)문맹 상태에 놓여 있고 SNS를 사용할 수 있는 사람들은 상대적으로 교육을 잘 받은 소수에 불과하다. … 이집트 시위에서 SNS의 놀라운 역할에 대한 평가 때문에, 1789년 프랑스 시민들은 트위터의 도움 없이도 바스티유 요새를 점령했으며 1917년 러시아 볼셰비키 당원들이 상트페테르부르크의 겨울궁전을 점령하러 가는 길에 페이스북에 사진을 올리려고 잠시 발걸음을 멈추지 않았다는 사실은 잊혀진 듯 보인다. 이집트 혁명은 단지 인터넷에 의해 일어난 게 아니며, 역사적으로 혁명에 불을 붙인 많은 공통적 요소들에 의해 가능했다. 공통의 요소란 부패한 독재정권과 그 하수인인 비밀경찰에 대한 증오, 부상하는 중산층의 좌절, 빈민들의 절망과 같은 것이다. 중요한 것은, 국제적으로 이집트 혁명의 얼굴이 된 상대적으로 젊고, 잘 교육받았으며 똑똑한 '페이스북 세대'는 전체 이집트 사회의 일부분에 불과하다는 점이다.[16]

라고 지적한 것은 기본적으로 올바르다고 할 수 있다. 즉 시디 부지드나 탈라의 학살이 처음부터 인터넷을 통해 공유되었음에도 항쟁이 시작된 지 무려 25일 만에야 수도 튀니스에서 행동에 나선 것에서 보는 것처럼

16_ Gideon Rachman, "Reflections on the Revolution in Egypt" (14 Feb 2011), http://www.ft.com/cms/s/0/bc459dfc-3880-11e0-959c-00144feabdc0.html#axzz1afE3X2mI. "이집트 혁명은 '인터넷 혁명'이 아니다", <프레시안> (2011.2.15)에서 재인용. 그런데 이러한 기디언 라쉬만의 주장은 취지는 맞는 말이지만, 아랍 사정을 잘 모르는 것 같다. 한국의 청소년들이 피시방을 자주 이용하듯 이집트나 튀니지의 청년들은 인터넷 카페를 자주 이용한다. 그들은 스마트 폰으로 페이스북이나 트위터를 하는 것이 아니라 인터넷 환경이 열악하고 개인용 PC가 고가이기 때문에 값싼 인터넷 카페를 이용하는 것이 하나의 문화다. 칼레드 사이드 역시 그러한 인터넷 카페를 이용하고 있었다.

인터넷과 페이스북이 혁명을 만든 것이 아님을 보여주고, 이집트에서 보듯 실업 등의 심각한 불만이 있는 아랍의 청년들이 그동안 수많은 SNS상의 선동이 없었기 때문이 아니라, 정세에 맞는 적절한 행동지침을 제출할 수 있는 신뢰받고 권위있는 선동과 최소한의 집행력이 있었기 때문에 첫 집회를 성사시킬 수 있었다는 점에서 그렇다. 그러나 기디언 라쉬만의 주장에는 몇 가지 편견이 들어있다.

> 북아프리카와 중동은 전 인구 중 30세 이하의 비중이 북미보다 두 배나 많은 60%이다. 부아지지가 분신한 현장에 있었던 두이비(Dhouibi)(24)는 그 뒤 매일 시위의 선봉에 섰다. 세 아들의 장남인 두이비는 4년 동안 가족의 월수입 210달러의 3분의 1을 대학졸업장을 따기 위해 썼지만 취직이 안 되자 다시 대학원에 입학했다. 3개 국어에 능숙한 그는 카페에서 커피를 나르고 있다. 그는 '청년실업 반대'와 '빈곤 반대'를 외쳤다. 부아지지의 동창생 1,400명 중 4-5%만 취직을 했을 것이라고 부아지지를 가르쳤던 선생님이 말했다.[17]

이러한 엘렌 니크메이어(Ellen Knickmeyer)의 인터뷰 기사를 보면 튀니지 역시 한국처럼 무리를 해서라도 더 높은 학력을 가지려고 하는 것을 알 수 있고, 고학력이 반드시 중상층의 전유물이 아님을 알 수 있다. 일자리가 구조적으로 부족하기 때문에 청년들은 취업이라는 좁은 문을 위해 무리를 해서라도 더 많은 스펙을 쌓아야만 한다. 한국도 최근 고졸자의 86%가 대학을 가는 것과 마찬가지로 고학력 실업자들은 반드시 중산층의 자녀들만이 아니다.

17_ Ellen Knickmeyer, "The Arab World's Youth Army," *Revolution in the Arab world-A Special Report from Foreign Policy* (2011), p. 123.

또한 이미 앞에서 살폈듯이 인터넷이나 페이스북은 교육받은 젊은 이들이나 중산층 젊은이들만이 하는 것이 아니다. 튀니지는 1,038만 명의 인구 중 34%가 인터넷에 접속하고 18% 즉 180만 명이 페이스북 가입자였다.[18] 이 수치는 젊은 층(15~35세)의 거의 대부분이 페이스북 계정을 가졌다는 얘기이다. 이집트에는 6,000명 이상의 활발한 블로거가 있었다. 청년세대의 대부분이 고졸 이상의 학력이기도 하지만, 2011년 초 현대자동차 비정규투쟁에서 젊은 노동자들이 트위터를 일상화하고 있는 예에서 보듯, SNS는 소득이나 교육 수준을 막론하고 현대인 특히 젊은이들의 일상이고 문화가 되었다. 이런 점에서 이집트에서 1월 25일 집회를 선동하였던 케파야나 4.6 청년운동의 활동가와는 별도로 그들의 페이스북에 호응하는 9만 명의 지지자들은 중간계급의 자식들만이 아니라 중류 이하 도시빈민에 이르기까지 폭넓은 계층이라고 할 수 있다. 그리고 탈라 전투와 타다몬 전투에서 결정적 전투력을 발휘하고 타흐리르 광장을 사수하였던 튀니지와 이집트 민중은 젊은 고학력 실업자들과 도시하층민들이 주력이었다. 따라서 기디언 라쉬만의 소극적인 평가보다는,

> 도구는 도구일 뿐, 사람들이 사회적으로 되고 새로운 정보를 나누고, 듣고, 만들어내는 우리들이 없다면 그것들은 단지 도구일 뿐이다. 혁명의 동기는 정치적이고 사회적이고 경제적인 것이지 우리들이 페이스북이나 트위터를 가졌기 때문이 아니다. 이러한 도구는 주류 언론의 관심을 끄는데 도움을 주고 이것은 더욱더 극적으로 사람들이 참여하게 만들고 혁명의

18_ 김정명, "중동의 잠 깨우고 떨쳐 일어난 'R세대'의 돌진", (2011.03.02.), <시사저널>, http://www.sisapress.com/news/articleView.html?idxno=54560.

결정적인 순간까지 밀어붙이는 데 도움을 주는 것이다.[19]

라는 도린 쿠리(Doreen Khoury)의 주장이 훨씬 더 합리적이지만, 이러한 '도구론'만으로는 부족하다. '도구론'이나 '도구적 적극 활용론'과 함께 인터넷과 SNS가 이미 대중의 삶의 일부이고 문화적 특성이라는 데에 주목할 필요가 있다. 현대인들은 상트페테르부르크의 겨울궁전을 점령하러 간 볼셰비키들처럼 어렵게 구할 수 있었던 신문에서가 아니라 인터넷에서 정보를 얻고 학습하고, 나아가 그 공간이 감성을 나누는 공간이 되면서 그 자체가 삶의 일부가 되었다. 2008년 한국의 촛불항쟁 때 인터넷 사이트 '다음'의 <자유토론방>에서 조직되지 않은 대중(네티즌)들이 정보와 전술을 공유하고 학습하면서 대항 헤게모니의 장을 만들어 낸 것이라든지 여러 촛불카페로의 결집에서 보았던 것처럼, 인터넷과 SNS가 이미 삶의 일부인 대중들과 함께 호흡하고 학습하고 실천을 만들어내는 노력은 매우 중요하다.[20]

그리고 기왕의 대중운동이 선호하는 조직적이고 질서 있는 동원만이 아니라, 공권력의 폭압 앞에 굴종이 내면화되어 위축되고 의지나 의식이 낮은 대중에게 '작지만 소중한 실천(애교 섞이고 수줍고 소심한 작은 저항)'을 제안하고 동원하는 훈련을 하여 운동의 저변을 확산하는 것은 전술적으로 고려할 가치가 있다. 케파야가 침묵집회로 시작하였다든지 '월가를 점령하라'는 운동이 초기의 실천은 경찰의 폴리스라인과 마이크 사용금지를 존중하는 '수줍고 소심한 저항'으로 시작한 것은 초

19_ Doreen Khoury. "How the Internet Revived the Arab Public Sphere and Digitalized Activism," *Perspectives*, #2 (May 2011), p. 84.

20_ 박석삼, 앞의 책, pp. 128-133. 참조

기의 대중동원 전술로서 폄하할 일만은 아니다. 대중의 동원에서 중요한 것은 동원의 형태가 아니라 동원의 내용 즉 불만의 내용과 분노의 표적을 명확히 하는 것이다. 승리의 결정적인 힘은 분노의 폭과 깊이에 달려 있다. 따라서 선동의 일차적 목적이 항상적이고 잠재적인 불만을 동원하여 오프라인에서 외화하는 것이라고 할 때, 선동의 주체와 객체 그리고 상황이라는 세 요소를 살필 필요가 있다.

특히 온라인상에서의 선동은 주체가 신뢰받는 존재일 것을 요구한다. 케파야든 4.6 청년운동이든, 혹은 페이스북 운영자 고님이든 이미 신뢰를 쌓은 집단이 선동했다는 점이 중요하다. 그다음으로 선동하는 행동이 객체인 대중이나 네티즌의 상태나 정서에 맞게 적절할 필요가 있다. 현대인의 공권력에 대한 내면화한 굴종은 대체로 거칠거나 위험한 행동의 선동을 제약한다. 또한 선동자가 누구인지 공개되는 온라인상에서는 노골적인 불법행동의 선동도 한계가 있다. 이런 배경하에서 비타협적이고 분명한 투쟁의 선동이 소극적 의지를 갖는 대중이 감당할만한 작은 실천의 형태를 띤다. '월가를 점령하라'나, 촛불항쟁 때의 '광고주 전화걸기' 혹은 '희망버스-김진숙 동지 보러가기' 운동 등도 그런 것이다. 모두 일반 대중이 참여하기에 그다지 부담스럽지 않은 작은 실천들이다. 바로 여기에서 이러한 작은 실천과 의지들을 정세와 대중의 수준에 맞게 목적의식적으로 고양시키고 조직해야 하는 활동가집단의 의무가 발생한다. 이러한 작은 실천은 공권력과 부딪치면서 점차 대담한 실천과 확신과 의지로 바뀐다. 최종적인 승리란 결국 공권력에 대한 두려움을 뛰어넘을 때 쟁취되는 것이고, 대중은 두려움을 극복하고 투쟁에 나설 때까지 오프라인에 참여하여 공권력과 부딪치는 과정을 겪어야만 한다. 위축되지 않고 타협하지 않는 실천과 투쟁으로 대중의 자발성과 투쟁성을 고양하고 조직하는 것이 활동가들의 임무이다. 그 점에서 활동가들은 SNS를 통한 동원이라는 동원의 형태만이 아니라 SNS에 존재하는 대중의 존재의 특질을 고려할 필요가 있다.

4-3. 리비아 국민들의 무장항쟁과 내전

리비아의 경우는 벵가지라는 동부지방의 주요 도시의 폭발적인 항쟁이 불과 3-4일 만에 전국적인 봉기와 적극적인 무장으로 발전하였다. 그러나 트리폴리를 제외한 거의 모든 지역에서 공권력을 몰아내었음에도 정부군에게 중무기를 사용할 수 있는 명분을 주는 공식적인 내전으로 발전하였고, 끝내 제국주의의 개입을 불러왔다. 따라서 무장투쟁과 공식적인 내전과 제국주의의 개입이 어떠한 동인과 배경에 의해 관철되었는지를 먼저 살필 필요가 있다.

4-3-1. 카다피의 패망 이유

리비아의 대다수의 민중들은 카다피를 증오하였지만 카다피는 트리폴리에서 친정부 시위대를 조직할 만큼, 그리고 충성파 시민들에게 총을 나눠줄 만큼, 나아가 내전을 8개월이나 끌 만큼 충성파도 상당수에 달했다. 그러나 9,600번에 달하는 나토의 지독한 공습과 전쟁물자의 결핍을 강요하는 장기에 걸친 국제적인 고립과 내부의 사기저하로 무너졌다.[21] 이것은 카다피의 정부군이 무장반군의 전투력에 의해 무너진 것

21_ "전에 병사였던 어떤 사람은 나토의 비행기가 끊임없이 친카다피 방어지를 공격할 때 나푸사(Nafusa) 산악지대에서 반군의 공격 즉 자위야의 봉기에 직면하여 후퇴명

이 아니라는 의미이다. 모름지기 현대국가에서는 혹은 아무리 무도한 학살정권이라고 하더라도 군사력과 시민의 무장력 간에는 뛰어넘을 수 없는 비대칭성이 존재하기 때문에 이집트 혁명에서 보았던 것처럼 군대가 개입할 명분을 안 주고 중립화시키고 민중의 편으로 끌어당기려는 고려, 즉 목적과 수단의 정당성을 확보하면서 광범한 대중의 지지와 참여로 권력을 무력화시키려는 고려가 참으로 중요하다. 튀니지나 이집트의 군대가 중립을 지킨다든지, 카다피의 군대가 와해되고 패배하거나 보안대와 군대가 총을 버리고 도망가는 것은 대중의 무장력이 그들을 군사력으로 압도했기 때문이 아니다. 공권력이란 최종적으로 민중의 투쟁이 갖는 압도적인 정당성 앞에서 무너지는 것이다.[22]

령을 받았을 때, 어떻게 그가 탱크를 버렸는지 말했다. 게임은 끝났고 탱크 안에서 불에 타기를 기다릴 만한 장소도 없다고 간단히 결정하고 옷을 벗고 도망쳤다. 트리폴리 안의 정권의 지지자들도 끝나버린 명분을 위해 죽을 이유가 없다고 간단히 결론지었다. … 아부 살림의 칼리드는 초여름에 카다피가 미스라타를 장악하는 데 실패하고 나토가 폭격을 강화하자 전쟁은 끝났다고 생각했다. 그 후 카다피측은 후퇴하였고 누가 최종 승리자를 선택하는 것은 쉬운 일이었다고 말했다. 마지막 순간에 정권은 마치 사상누각처럼 무너졌다. 트리폴리 방위군은 카다피의 병사들이 이미 잃어버린 대의를 위해서 싸우고 죽어야 할 이유를 찾을 수 없었기 때문에 무너졌다." Alan Woods, *op. cit.*

22_ "2월 17일 벵가지에서 시위가 일어나자 비무장한 시위대에 발포하여 사망자와 부상자가 발생했다. 경찰들 대부분은 발포를 억제하고 일부는 시위대에 가담하였다. 보안대는 도망가거나 탈영하여 시위대에 가담했다. 일부는 그들의 총구를 군인들 쪽으로 돌렸다." Amnesty International, *op. cit.*, p. 37. 이 점에서 한국의 일부 혁명가들이 무장봉기나 무력양성론을 운운하면서 혁명을 무력이나 폭력의 대립으로 보는 관점은 권력의 타도와 장악을 중심에 놓고 사고하는 맑스주의적 방법론과는 아무런 관련이 없다. 투쟁이 고양되고 격화되는 과정의 특수한 상황에서 나타나는 무장 등의 특정 투쟁형태나 공장위원회나 노동자평의회 등의 조직형태에 대한 집착은 이러한 형태로 발전하게 하는 힘과 조건에 대한 고려가 없는 사고방식으로, 본질의 우월성이 아닌 현상에 매몰되고, 내용의 우월성이 아닌 형식에 대한 집착으로 유물변증법적 사고방식과는 거리가 멀다.

4-3-2. 동부의 특수성과 무장투쟁과의 연관

리비아는 다른 나라들과는 달리 항쟁의 초기부터 이루어진 적극적인 무장과 내전이 특징적이다. 무장투쟁은 어떠한 조건하에서 발전하는가? 공권력의 노골적인 폭력에는 자위무장이나 대항무장이 등장하지 않을 수 없다. 1980년 광주항쟁에서도 시민들은 자위무장을 하고 계엄군을 몰아내었다. 이때의 무장은 무차별적인 학살에 대한 당연한 대응이었다. 그런데 튀니지나 이집트, 시리아도 역시 시위대에 총을 쏘았고 화염병이 등장하였지만 리비아처럼 총기를 든 무장투쟁으로까지 발전하지는 않았다. 즉 공권력의 대응이 비슷했음에도 리비아 인민은 무장투쟁으로 나아갔다. 이것은 시민에 대해 총기의 사용도 불사하는 카다피 통치의 잔인함이라는 특수성도 영향이 있겠지만, 여기에 더하여 리비아 혹은 리비아 동부만의 특수성이 큰 영향을 끼쳤다고 할 수 있다. 다음은 국제위기그룹의 연구보고이다.

> 리비아는 원래 서부의 트리폴리와 동부의 시레나이카 그리고 남부의 페잔(Fezzan)으로 나뉘어 있었는데 1950년대에 처음으로 하나의 국가로 통합되었다. 그리고 그들의 지향이나 정체성은 서로 달랐다. 동부는 보다 전통적이고 보수적인 지향을 갖는 이슬람주의가 강력한 곳이었다. 사누시(Sanussi)적인 질서가 만들어지고 번성한 곳도 동부였다. 사누시는 예언자들의 선조와 초기 이슬람 시대를 사회적 모델로 삼는 종교적 부흥의 요소와 수피(Sufi) 이슬람 전통의 심원한 가르침을 결합시키려는 부흥운동이었다. … 사누시는 19세기 말 시레나이카에서 지배적인 종교적 정치적 세력이 되었다. 최근 수십 년 동안 동부는 다양한 이슬람주의 반대파 운동들

> 온건파인 무슬림형제단의 지부인 LIG(Libyan Islamic Group)[23]나 전투적 지하드 조직인 LIFG(Libyan Islamic Fighting Group)[24] 참가자들의 저수지였다. 1996년 아부 살림 교도소에서 학살당한 사람들도 주로 동부 출신이었다. 최근에 풀려난 무슬림형제단이나 LIFG의 대부분은 동부로 돌아갔다. 이라크에서 싸운 사람들의 대부분도 동부 출신(88명 중 60.2%가 데르나 출신이고 23%가 벵가지 출신이었다)이었고, 2003년 이후 전투적 경향성 때문에 구속된 젊은 사람의 대부분도 동부 출신이었다. … 1980년대 말 보안대는 전투적인 이슬람주의 소조직(cell)들을 적발하고 1989년에는 이슬람주의 용의자 수천 명을 일제 검거했다. 1990년대 중반 군사적 그룹이 반란을 일으킨 후 동부는 중무장한 보안대가 지키는 사실상의 보안구역이 되었다. 이러한 비극적인 역사가 카다피 정권이 반란에 대한 처벌로써 이 지역을 저개발 상태에 묶어 두려고 하고 북서부에만 투자를 집중하려고 한다는 동부인들의 믿음을 설명하는 데 도움을 줄 것이다.[25]

이러한 상황과 연관하여 볼 때 전투적인 이슬람주의자들이 선도한 데

23_ 무슬림형제단의 리더인 알 살라비는 2007년 사이프와 협력하였고, 사이프와 LIFG 간의 대화를 중재하였다. 외국군의 군사개입에 대해서도 반란과 같다면서 처음에는 반대하였다가 나중에 찬성으로 돌아섰다. 그가 처음에 NTC를 찬성하자 그의 동료들은 그를 비난했다. International Crisis Group, *op. cit.*, p. 27.

24_ LIFG는 1998년 빈 라덴이 주도한 성명서에는 참여하기를 거부했지만, 서방 언론에는 알카에다의 일부로 알려져 왔다. 2007년 LIFG는 빈 라덴 운동에 연대하고 있다고 발표했다. 또한 2009년에는 사이프와 자파 조직원들의 석방 협상 후에 국가에 대한 무기 사용을 포기하겠다는 성명을 발표하기도 했다. LIFG는 알카에다의 일부로 알려져 왔으나 알카에다의 대의를 비현실적으로 생각하는 간부들도 많고, 2011년 내전에는 'Libyan Islamic Movement for Change'라는 이름으로 참가하고, 새로운 정치적 과정에 참여하겠다는 뜻을 밝히고 있다. *ibid*, p. 21.

25_ *ibid*, pp. 17-18.

르나에서 보는 것처럼 무장투쟁의 경험과 은익 무기의 존재가 대중의 불만과 분노와 맞물려 적극적인 무장투쟁으로 나아가게 하고 이후 투쟁의 양태를 규정지었다고 할 수 있다. 초기에 리비아에서 무장투쟁으로 발전하지 못한 유일한 지역이 트리폴리였는데 이집트처럼 수도가 중심이 되어 투쟁이 전개되었다면 다른 양상을 띠었을지도 모른다.

4-3-3. 봉기의 추동력과 항쟁의 주체인 리비아 민중의 국민항쟁

이러한 배경을 근거로 혹자는 리비아 항쟁에서 동부의 소외감과 이슬람주의적인 배경을 강조하기도 한다. 카다피 역시 동부의 무장반란에 대하여 알카에다나 제국주의 세력들의 사주에 의한 것이라고 비난해 왔다. 데르나를 비롯한 일부 지역에서 이슬람주의자들이 선동하고 개입한 사실이나 일정한 역할을 한 것은 부인할 수 없다. 그러나 2011년 2월 벵가지의 시위가 동부에서만이 아니라 불과 3~4일 만에 리비아 전역의 폭발적인 항쟁으로 발전한 것은 단순히 이슬람주의자나 외부세력의 선동만으로는 설명될 수가 없다. 거기에는 이미 카다피 체제에 대한 폭발 직전의 불만과 분노가 있었다고 해야 한다. 국제위기그룹과 엠네스티의 보고를 보자.

> 리비아의 봉기에 기름을 끼얹은 불만은 중동이나 북아프리카에서는 친숙한 얘기다. 부패와 그릇된 처리와 결합된 수십 년에 걸친 정치적 억압과 권위주의는 광범위한 계층을 소외시켜 왔고 일단 불꽃이 튀자 인민들은 두려움을 잃고 일제히 도로를 장악하고 정권을 굴복시키려는 목표에 결합하였다. 시위대는 반카다피 슬로건을 외쳤다. '카다피가 아니라 알라를! 카다피는 알라의 적이다! 부패 타도, 부패한 자 타도! 꺼져라! 카다피는

지옥으로!'[26]

북아프리카의 다른 불안정한 나라들과 비교되는 리비아 경제의 상대적 안정성에도 불구하고, 실업 그리고 다른 사회경제적 불만이 '2월 17일 혁명'을 추동했고, 전 리비아인들이 단결하여 투쟁하게 만들었다. 시위자와 반정부 투쟁의 지지자들은 부패와 실업 그리고 불평등이 봉기의 핵심적인 방아쇠였다고 말했다. 많은 사람들이 "국가는 부유하지만 인민은 가난하다. 왜냐하면 카다피 치하에서 국가의 부는 그의 지지자들의 이익으로 분배되어 왔기 때문이다"고 엠네스티에 말했다. 많은 사람들은 또한 석유로 얻는 부와 현저하게 대비되는 지방의 사회기반시설, 교육, 의료 서비스의 빈약한 현실을 지적했다.[27]

결국 극심한 정치적 억압과 실업난 그리고 억눌려진 삶의 질이라는 사회경제적 처지가 항쟁의 배경인 것이지, 단순히 동부의 소외감이나 이슬람주의자들의 반란으로 보아서는 안 된다. 바로 그 때문에 동부의 봉기세력은 서부를 비롯한 전 리비아 민중의 봉기를 호소했던 것이고, 미스라타와 트리폴리, 자위야 등 전국에서 봉기에 나섰던 것이다. 이처럼 리비아 항쟁의 전 국민적이고 전국적인 성격은 명백한데, 이를 인남식이 '부족 기반 내전' 운운한다든지, 정상률이 '친카다피 부족과 반카다피 부족 간의 갈등'[28] 운운하는 것은 사실과도 맞지 않고, 항쟁에 나

26_ *ibid*, p. 1.

27_ Amnesty International, *op. cit.*, p.14.

28_ 인남식, "2011년 중동 민주화 운동의 원인, 현황 및 전망," 「주요국제문제분석」(2011.5.24.), 외교안보연구원.; 정상률, "빵의 혁명, 자유의 혁명, 어디까지 갈 것인가?-중동 민주화 혁명의 배경과 남아있는 문제점," 제43호, 『내일을 여는 역사』, 2011.6, pp. 212-229. 앞서 자마히리야 체제의 분석에서 본 것처럼 카다피는 공식적인 자마히리야 체제를 허구화하고 혁명위원회를 통하여 전 사회를 감시하고 통제

섰던 민중의 정체성에도 맞지 않다. 리비아 민중은 친카다피 부족과 싸운 것이 아니라 카다피 체제와 싸운 것이다. 부족 지도자들은 단지 기회주의적인 낡은 지배계급으로서 NTC라는 이권에 참여했을 뿐이다.

리비아 항쟁의 주체는 누구였을까? 벵가지를 비롯한 동부지역에서 시위에 나서고 투쟁에 앞장선 것은 리비아 민중들이다. 8개월이 넘는 내전에서 카다피의 정규군과 일선에서 싸운 사람들도 바로 그들이다. 반군이 진격하기 전에 스스로를 해방시킨 자위야나 트리폴리의 무장봉기도 리비아 민중들이 일으킨 것이다. 토브룩에서 항구와 지역은행과

했다. 카다피는 모든 정치적 불만층이나 반대자를 암살했지만 사회적 제도화의 수준이 낮기 때문에 사회적 안정을 위해 부족적 지지기반이 필요했다. "카다피는 종족들을 대립시켜 어부지리를 얻고자 했고, 부족적 충성심을 사고자 했다. 카다피의 부족인 카다파(Qadadfa)는 10만 명 정도로 상대적으로 소수이고 주로 시르테(Sirte)에 기반이 있다. 자기 부족의 유약함 때문에 카다피는 자기 부족과 중서부의 샤트(Wadi Al-Shatt)에 기반한 마가라(Magarha) 부족과 주된 기반이 왈리드(Bani Walid)이지만 전국에 흩어져 있는 100만 명이 넘는 와르팔라(Werfella, Warfalla) 부족과 동맹을 맺었다. 카다피는 전통적으로 자신의 보안 세력을 정권에 필수적이고 끝까지 충성할 것으로 여긴 이 두 부족에서 뽑았다." 그리고 이들 부족과 부족의 원로들에게 많은 혜택을 주었다. 결국 카다피는 특정 부족과 부족의 원로들 그리고 각지의 혁명위원회 소속의 멤버들을 친카다피 세력으로 육성하였다. 그러나 2월 20일 반정부 시위가 전국적으로 번지자 '자유 고위성직자 리비아 네트워크'(Network of Free Ulema - Libya)로 잘 알려진 이슬람 원로들과 성직자들은 모든 무슬림은 카다피와 싸워야 한다고 주장했다. 와르팔라, 투아레그Tuareg, 마가라 부족은 시위에 대한 지지를 천명했고, 동부의 주와야Zuwayya 부족은 보안대가 시위대를 계속 공격한다면 석유수출을 끊겠다고 위협했다. 결국 분열과 특혜로 얻은 카다피의 부족동맹 전략은 거대한 민중의 저항 앞에 무너졌다고 할 수 있다. International Crisis Group, *op. cit.*, p. 11; Reuters, "Libyan Islamic scholars issue fatwa for Muslims to rebel" (Feb 21, 2011), http://blogs.reuters.com/faith-world/2011/02/21/libyan-islamic-scholars-issue-fatwa-for-muslims-to-rebel/; Reuters, "Libya tribal chief threatens to block oil exports -Jazeera" (Feb 20, 2011), https://www.reuters.com/article/libya-protests-threat-idUSLDE71J0P320110220.

석유 저장소를 지키고 시위대를 지원한 자원자들이나,[29] 전사들을 위해 매일 8,000개의 피자를 공급한 미스라타의 시민들[30]도 카다피를 죽기보다 싫어하는 민중이다. 그리고 그들 대부분은 청년들이었다.[31] 그러나 이와 같은 민중적 성격은 반군의 지역적/부족적 편제와 정상배와 군벌이 주도하는 내전으로 전화되면서 후퇴하였다. 카다피의 지독한 억압과 경제구조는 시민사회나 노동계급의 성장을 허용하지 않았다. 뿐만 아니라 격렬한 시위와 무장항쟁은 단지 하층민만이 참가한 것이 아니라 중산층과 카다피에서 이탈한 과거의 지배층들도 참여하고 주도했기 때문에, 민중적 성격보다는 국민적 성격을 가졌다. 즉 튀니지의 민중항쟁과 이집트의 시민항쟁에 비교하여 리비아는 국민항쟁이었다.

4-3-4. 내전으로 발전한 이유

29_ Adrian Blomfield, "Libya: protest leaders threaten independence for eastern Libya" (24 Feb 2011), http://www.shabablibya.org/news/libya-protest-leaders-threaten-independence-for-eastern-libya.

30_ Edmonton Journal, "Pizza delivery service caters to Libya's front-line rebels" (4 July 2011), https://web.archive.org/web/20110807191328/http://www.edmontonjournal.com/news/Pizza%2Bdelivery%2Bservice%2Bcaters%2BLibya%2Bfront%2Bline%2Brebels/5044735/story.html.

31_ "나는 병원과 시체 안치소에서 피 묻은 옷을 입은 수많은 젊은이들을 보았다. 그들이 바라는 것은 오직 카다피의 제거뿐이었다. 리비아에 있었던 3주 동안 나는 수많은 용기있는 사람들을 보았다. 젊은 사람들-학생, 예술가, 운동선수, 의사, 법률가, 그리고 약간의 이슬람주의자들-이 카다피 군대와 싸우기 위해 집을 떠났다. 그들의 강함은 카다피의 야만적인 독재의 손아귀에서 벗어나겠다는 정의를 위해 싸우고 죽겠다는 의지와 그들의 다양성에 있는 것으로 생각되었다." Lourdes Garcia-Navarro, "As Tide Turns, Rebels' Dream Of 'Free Libya' Dims" (16 Mar 2011), http://www.npr.org/2011/03/16/134594253/as-tide-turns-rebels-dream-of-free-libya-dims?ft=1&f=1001.

42년에 걸친 장기독재와 지독한 부패와 억압, 신자유주의 정책으로 인한 생활고와 절망적인 실업 등등 리비아 민중이 항쟁에 나선 이유도 다른 아랍국가들과 비슷하다. 문제는 왜 다른 나라와는 달리 내전으로 발전되었고, 서방 제국주의 국가들의 개입전쟁으로 확대되었는가이다. 혹자는 허구화된 자마히리야 체제와 카다피의 비정상적인 억압 때문에 군대가 정권과 시위대를 중재할 위치에 있지 않았다고 말한다. 즉 국가와 정권의 차이에 대한 의식이 형성되지 않았기 때문에, 혹은 체제의 충성파들이 제도라기보다는 개인적으로 카다피에게 포섭되어 있었기 때문에, 즉 자기 집단이나 계급의 수호자로서의 카다피가 아니라 한 개인의 상전으로서의 카다피였기 때문에 카다피를 버릴 수 없었다는 것이다. 혹은 카다피가 그동안 보여준 무자비한 억압과 보복이 사생결단으로 나아가게 할 수밖에 없었고, 따라서 무장반란은 필연적이었다고 주장하기도 한다.[32] 그러나 사생결단의 투쟁이나 무장을 동반한 투쟁이 반드시 군사력과 군사력 간의 정면대결인 공식적인 내전으로 발전할 수밖에 없었는지에 대하여 필자는 회의적이다.

튀니지에서도 지방도시에서 시위가 시작되었을 때 경찰의 발포가 있었고, 시위대는 돌과 화염병 그리고 바리케이드로 저항하였다. 수십 명이 경찰의 총에 맞아 죽은 탈라 전투도 마찬가지이다. 이러한 싸움은 어쨌든 시민과 경찰 혹은 공권력과의 싸움이다. 1980년 광주의 시민군이 아무리 무기를 들어도 그것은 정권에 대한 항쟁이었지 내란은 아니었다. 그런데 리비아에서는 2월 20일 시위가 수도에 도착하기 이전에 이미 벵가지를 비롯한 동부지역에서 방화와 군부대의 이탈과 그로 인

32_ International Crisis Group, *op. cit.,* pp. i–ii.

한 적극적인 무장으로 소요 수준을 넘는 상태에 있었다. 그들은 탈취한 탱크 위에 올라가 구 왕정의 3색기를 흔들었다. 이러한 행동은 4.19혁명 때 반정부 시위대가 독재자 퇴진이나 이승만 타도에 멈추지 않고 북한의 인공기를 흔드는 것과 비슷한 행위이다.

정권의 부정과 체제의 부정 그리고 국가의 부정은 성격이 다르다. 체제의 부정이 혁명이라면 국가의 부정은 내란이다. 영국 제국주의의 꼭두각시였던 구 왕정의 복귀는 대다수 리비아인의 정서나 의식에 부응한 것이 아니었고 결코 바람직하지도 않았다. 3색기는 카다피로 하여금 외부의 사주에 의한 내란이라고 비난할 수 있는 명분을 주었고, 군대를 사용할 명분을 줄 수 있었다. 순수한 내란일 경우 외국은 개입할 권리가 없다. 이런 점에서 보면 분노한 벵가지의 대중들이 군부대를 공격하여 무장을 한 것은 당연하지만 3색기를 흔든 것은 실로 잘못된 일이다. 사망자의 대부분은 15-35세의 청년들이었다. 42년에 걸친 카다피의 집권 동안 이들은 태어나기도 전에 사용되었던 3색기를 본 적도 없고 향수도 없었다. 결국 카다피 체제에 대한 극단적인 반감 때문에 누군가가 흔든 3색기를 반카다피의 상징으로 받아들이게 되었지만 이것은 실로 잘못된 일이었다.[33]

역사는 되돌릴 수 없는 것이지만 혁명은 수도에서 결판이 난다. 만약 수도에서 광범한 대중의 진출로 저항이 시작되었다면, 설령 카다피가

33_ 식민지 시절 반제 정치적 부흥운동으로 출발한 이슬람주의자들은 리비아 내에 동조세력이라도 있었지만, 반동적인 친영 이드리스 왕조의 체제는 대중의 지지를 받은 카다피의 쿠데타로 심판받은 지 오래되어 리비아 내에선 거의 전멸되었다고 할 수 있고, 단지 영국의 맨체스터에 친왕파를 자칭하는 소수의 사람들이 있었을 뿐이었다. 따라서 구왕정의 깃발이 등장한 것으로 리비아 민중들이 왕정복고의 지향을 가지고 있었다든지 의미있는 왕정복고파가 존재했다고 판단해서는 안 된다.

무차별 사격으로 잔인한 진압을 시도했을지라도 미스라타나 벵가지에서 보는 것처럼 대중도 무장하여 싸웠을 것이다. 그리고 그것은 내전이 아니라 항쟁이었을 것이고, 제국주의의 개입 없이 카다피를 타도할 수 있었을 것이다. 왜냐하면 지방도시가 아닌 수도는 폭격의 대상이 될 수 없고, 총으로 시가전을 하더라도 시위대와 일반시민에 대한 중무장한 군사작전은 한계가 있기 때문이다.[34] 카다피의 무장대가 아무리 총을 쏘더라도 벵가지나 베이다나 미스라타, 트리폴리에서 보는 것처럼 대중들이 폭발하면 공권력을 몰아내고 스스로를 해방시킬 수 있다.

불과 2-3일도 안되어 동부 전역을 포함한 폭발적인 대중항쟁으로 발전한 시기에 리비아 인민들은 무엇을 해야 했을까? 그것은 각 지역 세력의 연결/연합과 수도로의 집중 그리고 항쟁의 중심을 만드는 것이었다. 공권력을 몰아내거나 무력화시킨 공간에서는 파리코뮌이나 소비에트처럼 자발적인 대중의 투쟁조직과 자치조직이 생기기 마련이다. 이런 자생적인 대중의 투쟁체가 서로 연대하여 항쟁의 중심부나 지도부를 만들고 카다피를 몰아냈어야 했을 것이다.[35] 그 중심부는 임시정부를 자칭할 것이 아니라 이집트에서 보았듯이 '혁명방어위원회'나 '민중

34_ 2011년 3월초 카다피군은 미스라타 공방전에서 북쪽의 항구를 제외한 3면을 포위했다. 이때에 카다피군은 많은 비난을 받으면서도 항구를 로켓포로 공격했지만 미스라타 시내 혹은 시민들의 거주지를 공격하지는 못했다.

35_ 항쟁 초기 데르나나 미스라타, 벵가지 등 카다피 세력을 몰아내고 해방된 지역에서는 자생적인 자치기구와 투쟁조직이 만들어지고 다른 도시와 연대하였지만, 카다피의 악랄한 분할통치로 인하여 시민사회보다 부족적 질서가 강하게 작용한데다, 전투가 우선인 상황에서 군사 경험과 행정 경험이 있는 전직 군인이나 경찰이나 보안대 등 카다피 이탈파들이 반군에 대거 합류하여 골간을 장악했기 때문에, 러시아 혁명 때처럼 대중의 자기지배 기구이자 투쟁기구인 소비에트로 발전하지 못했다. 일부 지역에서는 전투 경험이 있는 이슬람주의자들이 전투를 지휘했다.

위원회' 혹은 '카다피퇴진운동본부' 정도면 충분했다. 임시정부를 자칭하는 순간 공식적인 내전이 된다는 것을 법무장관이나 내무장관은 잘 알고 있었다. 그리고 내전으로 인정되는 순간 카다피에게 군대와 중화기를 사용할 명분을 주게 된다는 것도 잘 알고 있었다.

카다피에 대한 항쟁이 절정에 달했던 2월 24일 반정부 정치인, 이탈한 군 간부, 부족 지도자, 학자, 경제인들은 베이다에서 회합을 가졌다. 며칠 전 정부에서 사임한 잘릴이 의장이 된 이 회의에서 대표자들은 리비아 국가의 통일성의 중요성을 강조하고 리비아에 대한 국제사회의 개입을 요청할 많은 대표자들로 이루어진 과도행정부에 대한 제안을 토의하였다.[36]

로이터에 따르면 2월 27일(일) 벵가지에서 있었던 리비아전국위원회(National Libyan Council) 출범 기자회견에서 대변인은 "카다피 정부와 협상할 여지가 없고, 리비아의 지도자를 축출할 운동을 지원하려는 위원회이고, 혁명의 얼굴이지만 임시정부가 아니다"고 밝혔고, 전 법무장관 잘릴이 발언한 임시정부는 그의 개인적 견해라고 밝혔다.[37] 알자리라에 따르면, 새로운 위원회는 "외국 정부와 접촉하지 않고 있으며, 개입하길 원하지 않는다"고 밝혔다. 이 발언은 그 전날 힐러리 클린턴 미국무장관이 "동부의 많은 반대 그룹과 접촉하고 있고, 정권을 전복하려는 리비아인들에게 모든 지원을 할 준비가 되어 있다"고 밝힌 것과

36_ Malta Star, "Discussions under way for provisional government in Libya" (2011-02-25), https://web.archive.org/web/20111003071612/http://maltastar.com/pages/r1/ms10dart.asp?a=14356.

37_ Reuters, "Anti-Gaddafi figures say form national council" (2011.2.27.), http://www.reuters.com/article/2011/02/27/libya-council-revolution-idUSWEB194120110227.

다르다.[38] 이처럼 초기의 반정부 세력은 미국의 개입 의지에도 불구하고 혁명과 내전의 차이에 대해 알고 있었고, 내전으로 규정되는 것을 신중하게 피했다.

그러나 이들은 3월 5일 국가과도협의회(NTC: National Transitional Council of Libya) 창립선언을 공표하면서 "리비아의 유일한 대표체"이고, "국제사회가 리비아 영토에 대한 직접적 군사개입 없이 집단학살과 반인도적 범죄로부터 리비아인을 보호할 의무를 수행할 것을 요청"했다.[39]

이제 리비아 민중의 항쟁은 카다피의 정부군과 구왕정의 깃발을 든 과도정부와의 공식적인 내전이 되었고 카다피는 중무기를 사용할 명분을 갖게 되었다. 이것이 리비아 민중을 학살의 위험에 빠뜨린 NTC가 저지른 가장 큰 범죄이다.

트리폴리를 제외한 리비아 전역에서 공권력을 몰아내고 민중들이 트리폴리에서 마지막 결전을 벌이고 있던 즉 항쟁이 피크에 달했던 그 순간에 왜 이들은 NTC를 서둘러서 출범시켜야만 했던가? 그들의 출범 이유인 유엔 개입을 요청해야 할 아무런 필요성도 없던 바로 그 시점에서 NTC의 출범을 서두른 것은 이들이 민중의 승리가 아닌 다른 목적을 가졌다고밖에 볼 수 없다. 제국주의자들은 튀니지와 이집트 혁명에서 군부를 통해 개입할 수 있었지만 리비아에서는 개입할 고리가 없었다. 이 부족한 고리를 NTC는 참으로 훌륭하게 제공했다. 결국 잘릴을 비롯

38_ Al Jazeera, "Libya Opposition Launches Council" (27 February 2011), http://english.aljazeera.net//news/africa/2011/02/2011227175955221853.html.

39_ NTC, "Founding statement of the Interim Transitional National Council," http://ntclibya.org/english/founding-statement-of-the-interim-transitional-national-council/.

한 카다피 정권의 이탈파들과 낡은 지배계급들은 제국주의자들이 개입할 수 있는 고리가 되기 위해 그리고 카다피의 유혈진압을 유도하여 제국주의자들이 개입할 명분을 주기 위해 유일합법정부를 자칭하면서 나토의 충실한 도구가 되었다고 해도 부당하지는 않을 것이다.

2011년 10월 제국주의 세력의 적극적인 공습과 개입으로 카다피가 무너지기는 했지만, 3월 중순 카다피군의 벵가지 진격에서 보는 것처럼 제국주의 세력의 도움이 없었다면 무장반란은 한 달도 못 되어 진압당할 운명에 있었다. 진정 NTC와 나토가 '피바다'를 두려워하고 피하려고 하였다면 카다피가 진지하게 정전과 중재를 제안했을 때 받아들였으면 된다. 하지만 NTC는 혼자 힘으로는 도저히 이길 수 없음에도 제국주의에 기대기 위해서 휴전을 거부했다. 이런 측면에서 이 항쟁은 기회주의 세력들에 의해 첫 단추가 잘못 꿰어진 것이다. 그리고 이러한 잘못이 끝내 제국주의의 개입으로까지 발전하게 되었다. 따라서 리비아 민중의 투쟁이 항쟁이 아니라 내전이 되게 한 가장 큰 과오는 NTC를 만들어 유일합법정부를 자칭한 것과 구왕정의 3색기를 흔든 데서 연유한다. 그리고 이러한 과오 때문에 군사력으로 대결하는 내전이 되었던 것이고 잘 짜여진 각본처럼 제국주의의 개입전쟁으로 발전하게 된 것이다.

4-3-5. 제국주의자들의 개입 이유와 공작 의혹

서방이 왜 개입하였는가에 대하여는 많은 사람들이 석유이권 때문이라고 주장한다. 제임스 페트라스(James Petras)와 졸탄 지게디(Zoltan Zigedy)의 글을 비교해 보자.

그들의 안전에 어떠한 위협도 보이지 않고 있고, 그들은 이미 석유와 우호적인 투자환경에 충분히 접근하고 있기 때문에 석유보다는 군사적인 이유에 주목해야 하며, … 아프리카와 중동에서 새로운 시장과 천연자원의 착취에 의존하는 독일, 중국, 러시아, 브라질과 같은 나라들은 전쟁보다는 시장의 안정을 바라면서 개입에 반대했는데, 미국, 프랑스, 영국, 이탈리아 등 개입에 앞장선 나라들은 자신들의 더 많은 몫을 위해서 이 구도를 깰 필요가 있었다.[40]

2003년 이후 서방자본이 리비아로 열광적으로 쏟아져 들어왔지만, 카다피가 강요한 'EPSA-4'라는 새로운 규칙에 의하여 생산량의 90% 이상을 리비아 국영석유회사에 주어야 했기 때문에 많은 석유자본들이 계약연장을 포기하였고, 특히 이탈리아의 Eni-SpA가 냉대를 받아 불만이 컸기 때문에 나토의 공격을 행운이라고 했고, 8월 중순에는 임시정부와 리비아의 모든 가스와 석유수요를 충당하는 계약을 했다.[41]

40_ James Petras and Robin E. Abaya, "The Euro-US War on Libya: Official Lies and Misconceptions of Critics" (3.25.2011), http://petras.lahaine.org/?p=1847. "카다피는 1990년대 초반부터 지금까지 최대의 다국적기업들이 리비아의 석유를 채굴하는 것을 환영해왔다. 전 세계의 대부분의 석유생산 지역에서보다 리비아에서 영업하는 거대석유회사가 더 많다. 여기에는 7년간 두 개의 채굴권과 10억 달러를 투자하기로 한 BP가 있다. BP의 거대한 지역에 대한 채굴권은 하나는 쿠웨이트보다 크고 하나는 벨기에보다 크다. 여기에 미쓰비시와 니폰 석유를 포함한 일본의 5대 회사, 이탈리아의 Eni Gas, British Gas, 미국의 엑슨 모빌이 2010년 10월에 채굴계약을 했다. 2010년 1월에 체결된 석유계약은 주로 미국계 석유회사 특히 Occidental Petroleum에 이익이 되었다. 리비아에서 활동하는 다른 다국적 기업에는 Royal Dutch Shell, Total(프랑스), Oil India, CNBC(중국), 인도네시아의 Pertamina 그리고 노르웨이의 Norsk Hydro가 있다." *ibid.*

41_ Zoltan Zigedy, "Imperialism Unmasked" (7 Sep 2011), http://mltoday.com/subject-areas/commentary/imperialism-unmasked-1206-2.html. 졸탄 지게디, 채주현 번역, "가

이처럼 페트라스는 군사적 이유가 우선이고 제국주의 간의 경쟁도 작용했다고 주장하고, 지게디는 석유를 둘러싼 이권을 강조한다. 석유나 군사적 이익 모두 제국주의 개입의 동기임은 분명하다. 그러나 이러한 주장에 의문이 남는 것은 2월 22일 리비아 국영방송이 카다피가 "사퇴하거나 떠나지 않고 순교자로서 죽겠다"고 연설한 후에 베를루스코니에게 전화를 걸어 깊은 우정을 나눈 사실[42]을 보도한 것에서도 알 수 있는 것처럼, 설령 카다피가 불만스러웠다고 할지라도 서방자본의 특별이윤을 어느 정도는 보장하였고 테러와의 전쟁에 적극 협력해오고 아프리카인들의 불법이민에 대한 나토국들의 고민을 해결해 주고 있는 상황에서[43] 왜 그 시점에 군사적 개입까지 불사했는가이다. 그 이유는

면을 벗은 제국주의", 『정세와 노동』, 제73호 (노동사회과학연구소, 2011년 11월), pp. 65-71.

42_ Guardian, "Gaddafi speech and Libya unrest – as it happened" (22 Feb 2011), http://www.guardian.co.uk/world/blog/2011/feb/22/libya-gaddafi-speech-reaction-live-updates.

43_ "불량국가라는 이미지와는 달리 리비아는 2000년부터 유럽국가와 협력하기 시작했다. 이탈리아가 특히 카다피 정권을 포용하는 선봉에 섰다. 2008년 베를루스코니는 카다피와 양국 간 우호 동반 협력 조약을 체결했다. 이 조약에서 이탈리아는 50억 불을 향후 20년 동안 주요 기반시설계획에 식민지 지배에 대한 배상으로 기금을 마련할 것을 약속했다. 이 조약으로 카다피는 도덕적 승리를 얻었고 이탈리아에게는 분명한 전략적, 경제적 이익을 주었다. 기반시설 투자계획은 이탈리아 계약자에 의해 수행될 뿐만 아니라 베를루스코니가 말했듯이 불법 이민자의 감소와 더 많은 석유를 보장할 것이다. 국제 엠네스티는 양국의 조약과 리비아가 구금하고 있는 이민자 수의 증가에는 직접적인 연관이 존재한다고 말했다. 이민자들이 EU국가에서 리비아로 추방되면 그들이 박해받아 도망나왔던 나라로 강제송환될 운명에 처해진다. 카다피의 관리들은 리비아의 목적은 이탈리아로부터 받은 모든 불법이민자들의 송환이라고 분명히 밝혔다. 리비아가 말타나 프랑스 등 EU 개별국가나 유럽위원회와 맺은 조약들은 이탈리아와 맺은 조약처럼 이민자들의 억류와 강제송환을 받아들이고 있다." Urs Fruehauf, "EU-Libya Agreements on Refugees and

미국을 비롯한 제국주의자들은 튀니지와 이집트에서는 민중들의 투쟁을 친제국주의적이고 친미적인 군부를 통하여 어느 정도 통제할 수 있었지만, 리비아의 경우는 카다피에 의해 모든 정치세력이 압살되어서 민중들의 투쟁을 방치할 경우 제국주의의 이익에 도전할 수밖에 없고 반제적인 이슬람주의 강경파들의 성장도 용인할 수 없기 때문에, 이미 원성의 대상이 된 카다피를 적극적으로 버림으로써 리비아를 제국주의의 영향력하에 두는 것이 필요했다. 리비아는 결코 리비아 민중의 것이 아니라 제국주의자들을 위해서 존재해야 했다. 이것이 어제까지만 해도 서방 지도자들과 깊은 우정을 나누었고 그다지 불만스럽지 않았던 카다피에게 안면을 바꾸고 군사적 개입을 결정하게 된 가장 큰 이유이다. 또한 잘릴과 유니스를 비롯한 낡은 지배계급 역시 민중들의 성장과 전투적 이슬람주의자들의 성장이 두렵기는 마찬가지였기 때문에 제국주의자들에게 적극적으로 야합했다고 해야 할 것이다.

그리고 튀니지와 이집트 등에서 반제 반이스라엘의 정서가 강한 민중들의 눈치를 보아야 하기 때문에 노골적으로 제국주의를 편들 수 없는 정부가 들어설 가능성이 있는 상황에서 서방 특히 미국은 리비아만이라도 군사동맹으로 만들거나 군사기지로 사용하는 것이 매우 중요하다. 따라서 카다피를 지원하여 이 지역에서 반미나 반제 감정을 악화시

Asylum Seekers : The Need for a Reassessment," *Perspectives*, #2 (May 2011), pp. 244-245. "카다피는 오래전에 그의 혁명적 유산(1969-1988)을 포기했고, 최소한 2003년에는(사실상 1990년대 후반부터) 미국이 이끈 테러와의 전쟁에 그 자신을 받쳤다. 카다피의 감옥은 CIA와 유럽 정보기관과 이집트 정보부가 이용한 중요한 고문 센터였다." Vijay Prashad, "NATO's Agenda for Libya : Qaddafi, From Beginning to End," <Counterpunch> (October 21-23, 2011), http://www.counterpunch.org/2011/10/21/qaddafi-from-beginning-to-end/.

키는 것보다는 분노의 표적을 버림으로써 친서방체제를 유지하는 것이 훨씬 더 나은 선택이기 때문에, 그리고 카다피는 언제든지 중국이나 인도, 러시아 등과도 거래를 할 수 있기 때문에, 미국과 서방은 석유와 군사적 영향력의 배타적 확보를 위해 바레인의 억압이나 시리아의 학살에는 눈감으면서도 '인도주의적 개입'[44]을 운운하며 또 다른 꼭두각시 정권의 창출에 나선 것이다. 더불어서 군사적 개입으로 카다피보다 더욱 고분고분한 친제국주의 정권을 만들 수 있다면 전쟁으로 인한 불안정과 비용에도 불구하고 장기적으로는 제국주의에 이익이 된다고 판단하고, 이른 시기부터 CIA 등이 개입의 시나리오를 준비하고 있었다고 보아야 하고, 바로 그 최초의 행동이 다바쉬의 인터뷰로 나타났다고 해야 할 것이다.

제국주의자들은 벤 알리와 무바라크의 몰락으로 중동의 질서가 흔들리고 있을 때 개입할 수 없었다. 패권이 흔들릴 때 반드시 무력을 시위해야만 하는 제국주의자들은 카다피를 버리기로 하고 그를 제물로 삼았지만 주권국가 내의 항쟁에 개입하는 데에는 고리와 명분이 필요했다. 그런데 지상전이 부담스러우니까 '비행금지구역' 설정을 목표로, '비행기를 동원한 공중공격'과 '아프리카 용병을 나르는 비행기'가 필요했던 것이다. 그리고 잘 짜여진 각본처럼 2월 21일 유엔 부대사는 용병을 나르는 비행기와 집단학살을 운운하며 비행금지구역의 설정을 주장

44_ 이들의 인도주의적 수사의 허구성은 엠네스티의 비난에도 불구하고 유럽 쪽으로 탈출하려는 리비아 난민을 거부하여 1,500명 이상이 지중해에서 빠져 죽게 만든 사실에서도 잘 알 수 있다. Amnesty International, *op. cit.*, p. 9. '시민의 안전을 위한 인도주의적 개입'에 한정한다는 유엔의 결의는 군사적 목표물을 빙자한 나토의 공습으로 시작부터 휴지조각이나 마찬가지였다. 나토의 공습은 보스니아처럼 수십만 명의 실향민과 수많은 사상자와 사회기반시설의 파괴로 나타났다.

하고, 알자지라는 전투기에 의해 트리폴리가 피바다가 되고 있는 것처럼 보도했다. 잘릴 또한 시민에 대한 과도한 폭력을 운운하고 피바다가 될 것이라면서 재빠르게 NTC를 만들어 국제사회의 개입을 호소했다.

돌이켜보면 알자지라나 서방언론 그리고 제국주의의 책임있는 당국자들의 발언은 사전음모에서가 아니라 지나친 편견에서 나온 발언이라고 할 수도 있겠지만,[45] 2월 20일 무렵 카다피측이 유화적인 수습책을 발표하고 사태를 대화로 풀려고 노력하고 있던 시점에서 전투기에 의한 집단학살이나 과도한 폭력을 운운한다든지, 항쟁이 피크에 달해 누구나 카다피 체제가 끝났다고 생각하고 있던 바로 그 시점에 유엔개입을 요청할 유일합법정부를 자칭하고 NTC의 출범을 서두른 것은 일반인의 상식으로는 도저히 납득할 수 없는 행동들이고, 이 행동들은 오직 리비아 혁명에 개입할 명분과 고리를 찾고 있는 제국주의자들에게 커다란 기쁨을 주는 맞춤행동이었다. 따라서 내전과 제국주의 개입전쟁으로의 발전은 제국주의자들의 주도면밀한 공작에 의한 것이라는 의혹을 벗어날 수 없다고 해야 할 것이다. 이 점에서 포르테가 2월 중순부터 벵가지에 파견된 CIA의 공작의혹을 제기하고 있는 것은 정당하다고 할 수 있다.[46]

45_ 코크번은 수잔 라이스와 힐러리 클린턴 등이 편견 때문에 카다피의 악마화에 앞장섰다고 주장한다. Alexander Cockburn, *op. cit.*

46_ "3월 30일 뉴욕 타임즈는 수 주 동안 CIA 작업팀이 리비아 내부에서 활동하였고, 이것은 2월 중순 즉 시위가 시작된 때부터 거기에 있었다는 것을 의미하며, 수십 명의 영국 특수부대와 MI6(영국 정보기관-인용자) 정보원들과 함께 작업하였다는 것을 보도하였다. NYT는 같은 기사에서 수 주 전에(2월 중순경) 오바마 대통령이 가능한 비밀공작을 위한 다른 지원과 함께 CIA가 리비아인들에게 무기와 다른 지원을 제공할 수 있도록 하는 첩보활동에 서명하였다고 보도하였다." Maximilian C. Forte, *op. cit.*

4-3-6. 제국주의 개입을 둘러싼 좌파의 분열

제국주의의 군사개입이 시도되고 있을 때 많은 논쟁들이 벌어졌다. 전투기까지 동원하여 민중을 학살하고 있는 상황에서 서방의 군사개입은 필요하다는 주장과, 제국주의의 군사개입은 또 다른 예속과 비극을 낳을 것이기 때문에 결코 있어서는 안 된다는 주장이 있었다. 어떤 좌파에선 비행금지구역 설정은 필요하다고 말하는 사람도 있었고, 어떤 좌파는 비행금지구역이 아니라 '리비아 인민을 무장시켜라'는 구호를 내세우기도 하였다.[47] 여기서는 가장 정교한 개입찬성론이라고 할 수 있는 타스님 쿼테트(Tasnim Qutait)의 주장을 살펴본다.

> 리비아에 대한 국제적인 군사개입은 특히 좌파진영을 둘로 분열시켰다. 개입찬성론자들은 이러한 개입이 없다면 봉기가 궤멸될 것이라고 주장하고, 개입반대론자들은 이러한 개입을 이라크 전쟁과 똑같은 군사적 공격이라고 주장한다. … 개입반대론자들이 가장 즐겨 드는 것은 서방측의 두 개의 잣대에서 보이는 위선이다. 똑같이 살인적 폭력에 시달리고 있는 예멘이나 바레인이 아니라 왜 리비아냐는 것이다. … 이러한 위선은 개입에 대한 반대를 위해 리비아 시민들에게 카다피가 저지른 죄악을 간과하거나 최소화하여 어떠한 희생에도 불구하고 그들의 입장을 정당화하려는 개입반대론자들에 의해 악화되고 있다. … '외국간섭 반대, 리비아 인민은 스스

47_ Internationalviewpoint 홈페이지의 <Libya, the resistance, the no-fly zone>라는 토론방에서 진행된 여러 논쟁들(http://www.internationalviewpoint.org/spip.php?rubrique169)과, 국내의 관련 글로는, 임필수, "리비아 공격을 둘러 싼 국제좌파의 분열에 대한 우리의 시각", 『사회운동』, 통권 100호, (사회진보연대, 2011, 5·6), pp. 98-109, 김하영, 앞의 책, pp.143-164, 등을 참고하라.

로 해결할 수 있다'는 벵가지에 걸려있는 현수막에는 외국개입 반대는 전면적인 지상군과 리비아 점령을 반대한다는 의미에서 비행금지구역과 국제공동체로부터의 지원 요청이 함께 있었다.[48] … 리비아인들이 보다 나은 미래를 위해 서방의 개입을 받아들이기보다 최근까지 서방에 의해 옹호되었던 야만적인 체제에 의해 그들의 순수한 혁명이 박살이 나도록 허용해야 한다는 생각은 망각이 심한 것 같다. 몇몇 좌파들은 서방은 그들 자신의 이해관계를 가지고 있다고 경고하면서 많은 서방국가들이 카다피 체제를 도와왔다고 지적한다. 명백하게 그들의 사악한 이해관계는 개입과 함께 마법처럼 나타난 것이 아니고 그것들은 개입 후에도 마법처럼 사라지지 않을 것이다. 개입에 의하여 이들 국가들은 그들 자신의 전략적 이해관계들 속에서 행동하고 있고, 새로운 거래를 하고 있지만 진실은 많은 서방정부들이 쉽게 다른 길을 찾을 수 있었고, 카다피와의 거래를 통해 계속 이득을 볼 수 있었다는 점이다. … 만약에 카다피가 리비아의 봉기를 짓밟는 데 성공한다면 그것은 아랍의 봄에 어떤 영향을 가져올까? 보다 더 큰 자유를 위한 그들 인민의 커져가는 요구에 대처하는 방법을 찾고 있는 아랍의 독재자들은 카다피의 미친 행동 속에서 몇 가지 방법을 찾을 것이

48_ 이 주장은 퀴테트의 주관적인 해석인 것 같다. "중요한 것은 군사개입의 요청이 리비아 내에서는 거의 들리지 않고 있는데, 이것은 민족적 주권을 보호할 필요에 가득찬 반정부 운동에 대한 제국주의적 영향력의 결여를 보여준다." John Riddell, *op. cit.* "벵가지의 NTC는 나토의 개입을 촉구하였다. NTC는 그들을 초기에는 의심스럽고 적대적으로 간주했던 반군세력에 대한 어떠한 장악력도 없다. 반군의 태도를 바꾼 것은 카다피의 끝장 공격이라는 즉각적인 위협이었다. 카다피의 아들 사이프는 항쟁의 초반 '리비아는 튀니지나 이집트가 아니다. 거리는 피로 물들 것이다'고 말했다. 카다피 자신도 집집마다 골목마다 반군을 쥐새끼처럼 쫓을 것이라고 말했다. 카다피의 연설로 인한 학살의 두려움 때문에 대중들과 처음에는 반대했던 사람들도 NTC가 요청한 제국주의의 무장개입에 반응을 보이게 된 것이다." Alan Woods, *op. cit.*

다.[49]

결국 이 주장의 요지는 서방 제국주의자들은 그들의 사악한 이익에 따라 개입하는 것이 분명하지만, 그리고 과거에도 그래왔고 미래에도 그러할 것이지만, 당장 인민의 혁명이 카다피에 의해 짓밟힌다면 그 결과는 어떤 선택보다 참혹하다는 것이다. 따라서 혁명의 궤멸을 막을 수 있는 국제사회의의 개입은 필요하다는 주장이다. 비록 그 개입이 비행금지구역의 설정에 멈추지 않고 공습으로까지 이어졌지만 이것은 카다피를 저지하기 위해 개입한 이상 필연적인 수순이었다.

카다피 체제는 결코 반제적 입장에 충실한 진보적인 사회가 아니라 참으로 가혹한 체제였다. 그러나 그 때문에 개입을 정당화할 수 있는 것이 아니다. 결국 이러한 쿼테트의 주장은, 일국의 혁명이 제국주의에 의해 간섭받지 않아야 한다는 이상은 봉기에 나선 인민이 학살당할 위험에 처해있기 때문에 어떠한 경우에도 혁명이 압살되는 것은 막아야 한다는 당위 앞에 무릎을 꿇어야 한다는 것이다. 제국주의의 개입 없이 혹은 프랑스와 미국의 무자비한 공습이 없었다면 NTC와 반군은 군사력의 대결인 내전에서 격파당하고 보복당했을 것임은 분명하다. 앞서 살펴본 바와 같이 유엔결의안을 빙자한 '인도주의적 개입'은 날조된 이유에 기반한 것이고, 그 날조마저도 내전인 이상 결의안을 통과시킬 명분이 못 되는 것이지만, 설령 서방 언론이 퍼뜨린 카다피의 학살만행이 사실이고 현지의 리비아인들이 집단학살의 두려움을 느꼈다고 할지라도, 제국주의자의 개입을 요청하고 지지할 수는 없다.

49_ Tasnim Qutait, "The Price of the Divide on Libya : Why I support the No Fly Zone," *Perspectives*, #2 (May 2011), pp. 248-250.

혁명은 이길 수도 있고 질 수도 있다. 하지만 혁명이란 민중들이 외세의 힘을 빌어서가 아니라 스스로의 힘으로 해야 한다. 카다피가 아무리 악랄하고 무자비하다고 하여도 지구상의 어떤 민중도 학살을 그냥 당하고만 있지는 않는다. 민중은 창조적인 지혜와 단결된 힘으로 끝내는 극복할 수 있다. 퀴테트가 제기한 고민은 어려운 문제이기는 하지만 군사력 대 군사력의 대립으로 생각한다면 답이 없다. 그러나 튀니지의 탈라 전투나 미스라타 봉기에서 대중이 총을 가졌거나 무장력으로 압도했기 때문에 공권력을 몰아낼 수 있었던 것이 아니다. 지상군이 총 25,000명인 나라에서 이미 전 국민적인 항쟁이 시작되었고, 군대의 상당수도 이탈하여 최소한의 무장은 있는 상황이고, 무엇보다도 카다피가 아무리 전투기와 탱크가 있다고 하여도 석유기지나 시내 중심가나 민간인 지역을 폭격할 수는 없고, 더구나 지상요원이 부족하기 때문에 도시를 점령하여 주둔군을 배치할 수도 없는 상황이었다. 사실 3월 중순 카다피의 공습에도 불구하고 토브룩과 데르나에서 반군은 전면대결이 아니라 밤에 활동하면서 공습의 대상이 될 수 없는 석유기지를 볼모로 삼아 슬기롭게 저항하고 있었다.[50] 미스라타 투쟁에서 보듯 고립되어 각개격파를 당하지만 않고 전선에 집착하거나 진지전에 매몰되지 않는다면, 그리고 카다피를 후방에서 교란한다면 저항이 불가능한 것은 아니었을 것이다. 분명 어려운 문제이지만 이 상황에서 좌파가 해야 할 일은 카다피의 잔인한 심성과 우월한 군사력을 걱정하여 논쟁할 것이 아니라 최선을 다하여 카다피의 약점을 찾아 대중과 함께 저항하는

50_ Ryan Lucas and Zeina Karam, "Gadhafi's government controls the skies by day; sundown brings rebels out in" (14 Mar 2011), http://www.washingtonpost.com/wp-dyn/content/article/2011/03/14/AR2011031403415.html.

길을 찾는 것이다. 그런데 무엇보다도 퀴테트의 주장에는 대중노선의 관점이 결여되어 있다. 혁명은 이길 수도 있고 질 수도 있다. 퀴테트의 주장대로 만약 외부의 도움이 없으면 학살당할 수밖에 없고 혁명이 궤멸될 수밖에 없다면 수천 명이 학살당하고 있는 시리아의 대중은 스스로의 힘으로 해방될 수 없다는 것을 뜻하는 것이다. 역사는 되돌릴 수 없는 문제이기도 하고 혁명은 패배할 수도 있지만, 민중은 어떠한 억압과 고난도 그들의 단결된 힘으로 종국에는 극복할 수 있다는 믿음이 없을 때 그것은 이미 혁명이 아니고 민중적이지 않다고 해야 할 것이다.

제5장 국민국가의 혁명과 반혁명

정권과 체제에 대한 항쟁은 국민국가 내의 혁명과 반혁명으로 귀결된다. 이에 비하면 내전은 국민국가의 파열이나 붕괴다. 이 장에서는 국민국가 내의 항쟁으로 민주화에 성공한 튀니지와 요르단 그리고 반혁명을 허용한 바레인과 이집트의 사례를 분석할 것이다.

5-1. 튀니지-민주화 이행

5-1-1. 과도정부

이미 70명을 학살하고 117명이 희생되었음에도 거세어지는 민중의 항쟁을 더 이상 억압할 수 없게 되자, 미국과 군부를 비롯한 지배계급은 이용가치가 없어진 벤 알리를 버렸다. 2011년 1월 14일 벤 알리가 사우디로 떠나자 비상사태가 선포되었고, 벤 알리의 심복이고 공군장성 출신이자 총리였던 모하메드 간누치(Mohamed Ghannouch)가 대통령 권한대행으로 취임했다. 다음날 헌법재판소의 발표에 따라 간누치는 총리로 남고 국회의장인 메바자(Fouad Mebazaa)가 60일 이내에 선거를 실시할 대통령 권한대행이 되었다. 메바자는 국민통합정부를 구성할 것이라고 밝혔다. 공공장소에서의 히잡 금지규정이 철폐되고, 항쟁기간 중 20%의 주민들만 페이스북에 접속할 수 있었던 인터넷 접속이 새 정부에서는 익명접속이 활발하게 되었다.

야당은 6-7개월의 선거 연기와 국제적 감시를 요구했다. 폭동과 약탈이 뒤따랐고, 교도소는 습격을 받거나 폭동으로 죄수들이 탈출했다. 전국에 널리 배치된 군대에는 벤 알리 추종세력이 있었고, 25만 명의 경찰과 내무부의 보안부대 그리고 벤 알리를 추종하는 비정규 민병대가 있었다.

1월 17일 간누치 내각은 23인의 새 내각 구성안을 발표하였는데, 집권당인 입헌민주회(RCD: Constitutional Democratic Rally) 12명, 야당 3명, 노총(UGTT) 3명, 기타 시민사회 대표로 되어 있고, 새로운 장관들 대부분은 은행과 사기업의 전 경영자, 임원 그리고 매니저 등 신자유주의적인 '골든 보이즈'들이었고, 벤 알리 시절의 구정부에 있던 6명의 장관이 포함된 반면, 주요 세력인 엔나흐다당, 노동자공산당(Tunisian Workers' Communist Party), 세속적이고 개혁주의적인 '공화국을 위한 의회'(Congress for the Republic)는 포함되지 않았다.[1] 이에 내각에 들어간 UGTT 소속 3명의 장관은 헌법개정, 집권당(RCD) 해체 등을 요구하며 과도내각에 반발해 사퇴하였다.

다음날 여러 도시에서 수천 명의 시위가 있었고 메바자와 간누치는 RCD에서 탈당했다. 1월 20일 RCD는 자진 해산했다. 정부는 정치범 석방과 모든 정당의 합법화를 발표했다. 간누치는 6개월 내 깨끗하고 자유로운 선거 후 사임하겠다고 발표했다. 1월 23일 경찰은 시위를 지

1_ BBC, "Tunisia: Key players" (27 February 2011), https://www.bbc.com/news/world-africa-12225856.

지하며 봉급인상을 요구했고 군부는 혁명을 지지한다고 밝혔다. 1월 27일 간누치는 6명의 RCD 멤버를 사임시키고 구내각 출신으로는 자신과 산업부, 국제협력부 장관만 유임했다. UGTT는 재편된 내각을 지지했다.[2] 정부는 2월 3일 24개 주지사를 해임하고 새로운 지사에 대해 UGTT와 합의에 도달했다고 밝혔고,[3] 고위 보안장교 34명을 교체했다.

2월 18일 벤 알리가 뇌졸중으로 중태인 것이 알려지고 사면 계획이 발표되었다. 2월 19일 4만 명의 시위대가 구정권과 관계없는 새로운 정부 구성을 요구하고, 새로운 선거가 7월 중으로 발표되자 10만 명이 간누치의 배제를 요구하다가 충돌했고, 5명이 죽자 2월 27일 간누치가 사임했다. 이 사건은 민중의 의사를 수렴하는 책임정치라는 측면에서 중요하다.

다음날 메바자는 1980년대에 벤 알리 밑에서 외무장관을 지낸 세속주의자인 에셉시(Béji Caïd Essebsi)를 새 수상으로 임명했지만, 일방적 선임이라며 시위가 계속되었고, 다른 구정권 인사들도 사임했다. UGTT는 선출된 제헌의회가 새 헌법을 만들어야 한다고 주장했고, 메바자는 이를 수용했다. 3월 초 임시정부는 비밀경찰의 해산을 발표했고, 법원은 RCD의 해산과 자산몰수를 결정했다. 정부는 3월 3일 제헌의회 선거일을 7월 24일로 밝혔지만, 6월 9일에 10월 23일로 연기한다고 밝혔다.

2_ David D. Kirkpatrick, "Most Members of Old Cabinet in Tunisia Step Down" (27 January 2011), https://www.nytimes.com/2011/01/28/world/africa/28tunisia.html.

3_ People's Daily, "Tunisian gov't reaches agreement with labor union on governor nomination" (February 09, 2011), http://en.people.cn/90001/90777/90855/7281826.html.

5-1-2. 엔나흐다 정부의 이슬람화 시도와 대중의 저항

2011년 10월 23일 남녀 동수의 광역별 정당명부 비례대표제로 치러진 제헌의회 선거에서 3월에 합법화된 라체드 간누치(Rached Ghannouchi)가 이끄는 엔나흐다당(Ennahda)이 47%의 지지로 217석 중 89석을 얻고, 세속주의 정당인 에타카톨(Ettakatol, 13석)과 공화국을 위한 의회(Congress for the Republic, 16석)와 3자연합(트로이카)하여 공동정부를 꾸렸다.

2012년 3월 엔나흐다가 이슬람을 국가의 공식종교로[4] 그리고 여성을 보충적인 존재로 하는 헌법초안을 제안하자[5] 3월 30일 항의시위가 일어났다. 이에 엔나흐다는 3월 21일 샤리아를 새 헌법의 입법원천으로 지지하지 않으며 국가의 세속적 성격 즉 1956년 헌법 1조를 유지하겠다고 밝혔다. 헌법 1조에는 종교와 국가의 분리 및 "자유롭고 민주적인 주권국가이며 종교는 이슬람이고, 언어는 아랍어이며, 공화국이다"라고 명시되어 있다. 이에 다음날 강경 이슬람주의자들은 엔나흐다당을 투표한 지지자들에 대한 배반이라며 8,000명이 항의시위를 벌였다.[6]

2012년 6월 18일 튀니지 노총인 UGTT는 엔나흐다당과 2012년 4월 창립된 세속주의 정당인 니다 투(Nidaa Tounes, Call of Tunisia, 튀니지의 호소)을 국가화해를 위한 정치회담에 초대했지만 거절당했다. 엔

4_ Safwan M. Masri, *Tunisia: An Arab Anomaly,* (New York City: Columbia University Press, First ed. September 2017), p. 60.

5_ Gabriele Wilde, Annette Zimmer, Katharina Obuch, and Isabelle-Christine Panreck (eds), *Civil Society and Gender Relations in Authoritarian and Hybrid Regimes: New Theoretical Approaches and Empirical Case Studies*. (Verlag Barbara Budrich, 2018).

6_ Al Arabiya, "Tunisia's constitution will not be based on Sharia: Islamist party" (18 February 2013), https://www.alarabiya.net/articles/2012/03/27/203529.html.

나흐다는 역사적으로 노동운동과 친하지 않았고, 니다 툰을 배제하려 했기 때문에 제안을 거부했다. 2012년 10월 UGTT의 주도로 기업연합(Tunisian Confederation of Industry, Trade and Handicrafts: UTICA), 인권연맹(Tunisian Human Rights League)과 법률가연맹(Tunisian Order of Lawyers)을 포함하는 4자 협의체가 만들어졌다. 엔나흐다 지지자들도 포함된 인권연맹은 벤 알리 정권과 가까웠다. 즉 4자 협의체는 주요 정치세력이 수용할 수 있는 구성이었다. UGTT는 조합원이 80만 명이 넘고, 2006-07년 국영기업 노동자의 임금삭감에 반대하는 총파업을 벌였지만, 2008년 인산염 광산 반란에는 실패했다. 부아지지의 분신 후 시디 부지드와 인근지역의 파업을 조직하고, 2011년 1월 14일에는 총파업을 조직하고, 과도내각에 참여할 만큼 대중적으로나 사회적으로 위신이 있는 세력이었다

2013년 2월 6일 이슬람주의자들에 의해 진보적인 와타드(Watad)당의 리더가 암살되자 수상이 사임하고 내각은 통합정부로 바뀌었다. 6월 25일 아랍민족주의적인 인민운동당(Mouvement du Peuple)의 당수가 암살되자, 다음날 수천 명이 내무부에 몰려가 시위를 벌였고 장례식에는 수만 명이 참가했다. 야당 연합인 구국전선(National Salvation Front)이 2013년 7월부터 한 달 이상 엔나흐다 정부의 퇴진을 요구하는 시위를 벌였다. 2013년 7월 26일 UGTT는 총파업을 선언했고, 42명의 의원이 제헌의회에서 철수하고, 국가통합정부로의 교체를 요구하고, 새로운 선거를 이끌어냈다. 7월 27일 시위 중 1명이 최루탄에 머리를 맞아 숨졌다. 8월 6일 수십만 명이 이슬람주의자들이 주도하는 정부의 퇴진을 요구했다. 9월 28일 여야 간 3주간의 협상을 제시한 UGTT의 중재로

정부가 사임에 동의했다. 10월 23일 정부는 새로운 헌법과 선거기구가 구성되면 사임하겠다고 밝혔다. 이슬람주의 민병대와 보안부대 간의 연이은 충돌로 6명의 경찰이 죽었다. 11월 27일 3개 지역에서 경제적 어려움을 이유로 파업에 들어갔고 경찰과 충돌했다.

5-1-3. 정권교체와 세속주의당의 승리

2013년 12월 14일 UGTT의 주도로 엔나흐다와 야당을 포함한 21개 당이 모여 새로운 수상에 합의했고, 2014년 1월 26일 새 헌법안이 완성되어 216표 중 200표의 찬성으로 채택되었다. 2014년 10월 26일 총선이 있었고, 구국전선의 다수파인 세속주의 정당인 니다 툰이 다수당이 되었다. 11월 24일 니다 툰의 당수 에셉시가 트로이카의 멤버였던 CPR 당수를 꺾고 대통령에 선출되었다. 엔나흐다당은 연립내각에 참여했다.

5-1-4. 여러 평가들

튀니지는 석유에 의존하지 않고 상대적으로 현대적이고 안정적인 경제를 가지고 있고 서방의 많은 투자를 받아왔다. 튀니지는 가장 동질적인 나라다. 98%가 아랍 베르베르(Arab-Berber)족이고, 거의 대부분이 수니 무슬림이다. 온건 이슬람인 엔나흐다당은 샤리아를 명시적으로 거부하고 세속주의 야당과 함께 해왔을지라도 강경 이슬람주의적 요구에 굴복해왔다고 비난받아왔다. 엔나흐다당은 실현가능한 헌법을 만들거나 경제적 문제를 해결하는데 실패했기 때문에 대중성이 하락했다.[7]

7_ Midwest Diplomacy, "Tunisia Today and Hope for Tomorrow" (November 3, 2013), http://egiuliani.wordpress.com/2013/11/03/tunisia-today-and-hope-for-tomorrow/.

다음은 로렌조 펠트린(Lorenzo Feltrin)의 분석이다. 2011년 봉기 무렵의 모로코와 튀지니 노동계급의 힘을 비교분석한 펠트린에 따르면,[8] 두 나라 모두 식민통치에 반대하여 반제 민족주의적 투쟁 속에서 성장했다. 모로코의 경우 노동계급이 왕정을 위협한다고 생각했기 때문에 투자가 적었고, 노동계급의 비중도 낮고 노조 가입율도 낮은 반면 다수의 노조가 각각 정당과 연계되어 안주하고 있었다. 석유가 없는 튀니지는 부르기바가 수입대체 공업화와 사회보장을 추진했기 때문에 단일노조였고, 2011년 직전에 피고용인이 68.3%, 공공부문 고용이 22%, 상업 고용이 28.4%, 제조업 고용이 18.3%, 100인 이상 사업장이 40%였고, 노조가입률이 높고(23%) 단체협약이 비가입원에게도 적용되기 때문에 적용률이 90%나 되었다. 80년대 재정위기에 따른 IMF의 요구에 의한 구조조정을 받아들였고, 거센 저항을 낳았다. 1983-84년의 빵 폭동은 유혈진압되었고 1985-88년까지 정권은 UGTT를 억압해야 했지만 이슬람주의자들의 등장과 살쾡이 파업으로 불안정했다. 1987년 11월 정권을 잡은 벤 알리는 이슬람주의자들을 억압하면서 노조에 부분적 양보를 하는 신자유주의적 포스트 포퓰리스트 형태의 조합주의적 동맹을 재구축했고, 부패한 노조를 통해 실현되었다. 노조 상층부는 신자유주의와 벤 알리의 정치적 지지를 수용했고, 내부투쟁을 가져왔다.

1990년대 이후 추진된 신자유주의는 일자리와 복지의 축소로 나타났다. UGTT 상층부는 친정부적이지는 않았지만 전투적이지도 않았고, 단일노조 내에 UGTT 좌파가 동원력과 위신이 있었다. UGTT 상층부

8_ Lorenzo Feltrin, "Labour and democracy in the Maghreb: The Moroccan and Tunisian trade unions in the 2011 Arab Uprisings," *Economic and Industrial Democracy*, Vol. 40(1) (2019), pp. 42–64.

는 비정규직의 반발과 지역파업을 호소하는 내부 분파에 의해 압박받았다. 2008년 1월 가스파(Gafsa) 광산 봉기는 고용보장과 지역발전을 요구하는 비정규직 청년들에 의해 시작되었는데, 지역의 공공부문의 UGTT 좌파가 지원했고, 노조 상층부의 억압을 받았고, 노조민주화를 요구하는 RSDM(Rencontre Syndical Démocratique Militant)의 결성으로 이어졌다. 2010년 12월 부아지지의 분신 후 고용과 지역발전을 요구하는 대부분 비정규직 청년들과 경찰의 충돌에 시디 부지드의 RSDM 대변인이 공공부문(주로 교사노조) 활동가들과 함께 지원했다.

2010년 12월 25일 RSDM은 UGTT 본부 앞에서 연대시위를 호소했고, 경찰에 의해 분쇄됐다. 이에 UGTT의 5개 부문노조가 12월 27일 새로운 시위를 호소했고 역시 진압되었다. UGTT 전국집행위는 연행자 석방에 노력하지만 시위가 정치적이기 때문에 지지하지 않는다면서 정치적이거나 폭력적인 시위를 억압하려고 했다. 2011년 1월 8일 경찰이 비무장 시위대에 총을 쏘자 광범한 분노를 낳았고, UGTT 전투파에게 기회를 주었다. 1월 11일 UGTT 전국행정위원회는 시위대의 요구를 지지하는 지역파업을 결정했다. 스팍스(Sfax) 산업지역 총파업은 1월 12일 시작되었고, 수만 명이 참가했고 주요지역에서의 최초의 대규모 동원이었다. 1월 13일 시디 부지드 지역파업이 있었고, 1월 14일 수도권(Greater Tunis)에서 총파업이 있었고, 애초에 2시간 파업 예정이었지만 거대한 시위로 변했고, 내무부 근처의 충돌로 이어졌다. 이날 오후 늦게 시위가 계속되고 있는 가운데 벤 알리는 사우디로 떠났다.

2011년 2월 11일 UGTT는 가장 큰 시민사회조직으로서 새로운 정치체를 위한 협상의 중심에 섰다. UGTT가 참가하는 혁명방어위원회

(National Council for the Protection of the Revolution: NCPR)가 만들어졌다. 3월에 NCPR은 해산된 의회를 대체하는 고위혁명과제실현위원회(Higher Committee for the Realisation of the Objectives of the Revolution)를 위해 해산에 동의했다.

협상결과로 자유롭고 공정한 선거로 2011년 10월 23일 엔나흐다가 승리했다. 엔나흐다와 UGTT 간의 적대가 생겨났다. 새로운 사무총장인 아바시(Houcine Abbassi)의 UGTT는 보수적이고 반노동자적인 정부의 위협하에 있다고 받아들였다. 엔나흐다는 UGTT가 정부를 전복하려는 정치적 이유로 파업을 선동한다고 비난했다. 2012년 2월 UGTT 본부는 친정부 시위대에게 공격받았다. 계속된 좌파 정치지도자에 대한 암살이 정치적 위기를 고조시켰다. 이런 맥락에서 UGTT는 4자협의체의 리더로서 정부와 야당의 전국대화를 중재했다. 2014년 12월 새로운 헌법이 승인되고, 엔나흐다 정부가 사임하고 선거일이 정해졌다. 니다툰이 승리하고 엔나흐다가 참여하는 대통합정부가 세워졌다.[9]

로버트 워스(Robert F. Worth)는 엔나흐다의 당수인 라체드 간누치와 야당지도자인 에셉시의 상호신뢰와 협상이 정권이양과 대통합정부로 이어졌다고 주장한다. 특히 이슬람주의자들의 압력은 물론 당내 반발을 설득하고 억제한 점을 높이 평가한다.[10]

노아 펠드만도 이를 인정하면서 특히 라체드 간누치가 민주적 이슬람의 입장에서 헌법을 존중하고 세속주의와 공존하려는 혜안과 신념을

9_ *ibid.*

10_ Robert F. Worth, *A Rage for Order: The Middle East in Turmoil, from Tahrir Square to ISIS* (Macmillan, 2016).

가지고 당 내외의 압력을 극복한 점을 민주적 이행의 가장 중요한 요소로 평가한다.[11]

살펴본 것처럼 튀니지는 요르단과 함께 2011년 아랍의 봉기 이후 민주화에 성공한 유이한 나라다. 그 이유에 대해 펠트린처럼 UGTT와 같은 강력한 민중운동세력에 주목하는 사람이 있고, 워스나 펠드만처럼 라체드 간누치의 신념과 지도력에 주목하는 시각이 있다.

노조가 기득권 세력의 저항에도 불구하고 과도정부에 입각할 만큼의 사회적 역량과 위신을 갖는 경우는 드물다. 또한 4자 협의체를 주도하면서 정치적 타협을 끌어낸 점도 평가할 만하다. 한편으론 온건 이슬람 정당인 엔나흐다당의 당수로서 이슬람화를 추진하라는 내외의 압력을 이겨내고 민주적 이슬람이라는 신념을 가지고 세속주의자와의 공존을 이끌어낸 라체드 간누치의 지도력도 다른 아랍국가에서는 유례를 찾기 힘든 경우이다.

동질적인 산업사회였기 때문에 내전의 물적 토대가 없었다는 점을 감안하더라도, 반혁명을 허용한 이집트의 사례나 4.19혁명 후 무능한 민주당 정권이 쿠데타를 허용한 사례를 고려할 때 다른 나라와 달리 내전은 물론 무력충돌이나 군부의 등장을 허용하지 않고 민주화를 이룬 사실은 높이 평가할 만하다. 이 점은 여러 주체들이 시대적 과제와 현실을 냉정하게 판단한 결과라 할 수 있다. 따라서 민주화를 추진시킨 주된 동력은 분명 강력한 조직노동에서 나왔지만, 민주화가 커다란 충돌 없이 진행된 것은 간누치와 같은 지도자의 역할도 기여했다고 보아

11_ Noah Feldman, *The Arab Winter: A Tragedy* (Princeton University Press, 2020).

야 할 것이다. 민주적 전투파가 현실안주적인 관료적 노조상층부를 극복한 것도 중요하다. 자원빈국인 튀니지에서 노동계급을 포함한 민중은 민주화의 토대 위에서 비로소 반신자유주의의 과제에 맞부딪칠 수 있는 여건을 갖추게 되었다.

또 하나 중요한 점은 벤 알리가 떠난 다음 구세력과의 힘겨루기에서 즉 구세력의 위신이 가장 떨어진 상황에서 야당세력도 참여하는 거국내각이 먼저 성립하여 제헌의회의 선출로 이어진 점이다. RCD와 RCD 출신 인사는 초기에 정리되었다. 이것은 구체제에 타격을 가한 대중항쟁의 폭발이 그만큼 컸다는 것을 의미한다. 그리고 그 항쟁은 민중적이었고, 그들을 대변할 사회적 세력이 성장해 있었다. 이런 각각의 점들을 이집트와 요르단의 사례에 대비시켜 볼 필요가 있다.

5-2. 요르단의 민주개혁

5-2-1. 요르단의 시민저항과 왕정의 양보

왕정국가인 요르단은 인구가 650만 명이고 92%가 수니파이고, 인구의 70%가 도시에 거주하고, 170만 명의 팔레스타인인이 있다. 2009년 GDP는 4,700달러, 고용은 서비스 34%, 제조업 20%, 공공 19%, 교육 12%, 의료와 사회서비스 11%, 농업은 3%이다. 석유와 물이 부족한 자원빈국인 요르단은 2000년대부터 경제 자유화에 착수하고 대부분의 연료와 농업보조금을 없애고, WTO에 가입하고, EU와 미국과 자유무역협정을 체결하고 관세를 축소하거나 철폐하고 경제를 개방했다. 공식 실업률은 13%이지만 비공식적으로는 30%에 이른다. 2008년 경제위

기로 관광과 부동산 부문이 타격을 받았다.[12]

2011년 1월부터 시작된 요르단의 시위는 각료들의 해임으로 이어졌다. 초기 국면에서 시위대는 실업, 인플레이션, 부패에 반대하면서 입헌군주정과 선출에 의한 개혁을 요구했다. 압둘라왕은 독립적인 선거위원회의 설치 등 헌법을 개정하고, 18개월 동안 3명의 수상을 경질하고, 2013년엔 조기선거를 실시했다. 2016년 선거에선 하원 선거에 비례대표제를 도입하고, 2017년 지방선거에서 탈집중화(선출된 지방의회에 상당한 권한을 이양함)와 사법부의 개혁을 도입했다.

요르단은 평화적인 의사표시를 처벌해왔고 인테넷 의사표시도 억압하고 고문했다. 팔레스타인인은 억압되었다. 왕정을 지지했던 요르단인들은 수십 년간 지속된 신자유주의 정책으로 불만이 쌓여갔다.[13] 2010년 말 실업(12%)과 빈곤(25%) 그리고 식량가격 인상으로 이어지는 인플레(1.5%-> 6%)가 걷잡을 수 없었다.

2011년 1월 14일 수상의 사임을 요구하는 시위가 있었고, 무슬림형제단은 1월 28일 시위를 호소했다. 1월 28일 금요기도 후 무슬림형제단, 노조, 공산주의자와 좌파 활동가들 3,500명이 수상의 사임과, 인플레이션(식량 및 연료가격 인상), 실업에 항의하는 시위했다. 시위는 평화적으로 끝났다. 2월 2일 새로 지명된 수상의 사임을 요구하는 시위가

12_ U.S. Department of State, "Jordan (12/30/11)," https://2009-2017.state.gov/outofdate/bgn/jordan/192420.htm.

13_ Risk and Forecast, "East Bank Jordanians demonstrate as King announces plans for reforms" (17/06/11), https://www.riskandforecast.com/post/jordan/east-bank-jordanians-demonstrate-as-king-announces-plans-for-reforms_715.html.

있었다. 국왕은 무슬림형제단 대표와 대화했다.

2월 15일 허가제였던 집회법이 바뀌고 표현의 자유가 허용되었다. 의회선거법과 정당법 위원회에 무슬림형제단은 참여를 거부했다.

2월 25일 7,000-10,000명이 모인 시위가 있었다. 시위대는 입헌군주정과 정치적 자유를 요구했다.

3월 25일 경찰이 방관하는 가운데 광장에서 농성 중인 2,000명의 시위대를 친왕 시위대가 돌을 던지며 난입했고, 1명이 깔려 죽고 100여 명이 부상당했다. 같은 날 수천 명의 친왕파가 시위했다. 3월 28일 정부는 친왕파 시위를 금지하고 제한된 지역의 반정부 시위를 허용했다.

4월 1일 경찰은 친왕파와 시위대의 충돌을 막았다. 4월 15일 수도 아만의 1,000여 명을 포함한 2,000명의 시위대가 시위했고, 수백 명의 친왕파와 충돌하여 많은 사람들이 다쳤다.

6월 12일 국왕은 수상과 내각 선임권을 포기하고 선출된 의회에 맡기겠다고 밝혔다 7월 16일 보안부대는 집회를 존중하면서 친왕파와 시위대의 충돌을 효과적으로 막았다. 7월 29일 무슬림형제단과 활동가들은 평화적 시위를 계속할 것이라고 맹세했다. 시위는 소강상태였는데, 10월 15일 북부 소도시에서 점거농성이 있었고, 친왕파가 돌을 던지고 하늘을 향해 총을 쏘며 행진을 공격하여 35명이 다치고 27대의 차량이 부서졌다. 다음날 의회에서 120명 중 70명이 수상 해임과 내각 해산을 요구하는 양해안을 채택했다. 국왕이 이를 받아들여 다음날 새 정부가 구성됐다. 11월 중순 북동부 여러 도시에서 폭동이 일어나고 3년간 계속되었다. 100명의 시위대에 대한 재판이 시작되고 부패한 공무원들이 체포되었다.

2012년 수천 명이 죽은 시리아의 상황은 요르단 활동가들을 억제했다. 2012년 9월 1일 연료가격 10% 인상에 항의하여 수상 사임을 요구하는 무슬림형제단과 활동가들의 시위가 있었다. 다음날 택시 운전사들이 주요 도로에 차를 놓고 교통부로 행진했고, 북부의 도시에서는 점거농성이 있었고, 다음날 왕은 인상계획을 보류했다.

9월 8일 남부도시 타필레(Tafileh)에서 국왕을 비난하는 구호를 외치자 폭동진압부대가 최루가스와 실탄을 쏘며 해산시키고 15명을 체포했고, 보안부대는 '체제전복과 폭동 선동'죄라고 밝혔다. 다음날 타필레 주민들이 항의행진을 했다. 9월 14일 금요일 연료 가격과 물 가격을 인상한 수상의 사임을 요구하며 대부분의 지방에서 시위가 있었고 충돌이 일어났다.[14]

10월 5일 아만에서 정치개혁을 요구하는 수천 명의 시위대가 "우리는 인민이 반란에 나서기 전에 헌법개혁을 요구한다. 인민은 정권을 개혁하길 원한다"고 외쳤다. 10월 4일 국왕은 새로운 선거를 위해 의회를 해산하고 새로운 수상을 임명했다.

2012년 11월 13일(화) 가격인상에 항의하고 수상사임을 요구하는 전국적인 시위가 있었고, 시위대는 타이어를 불태웠고 경찰은 최루가스로 해산시켰다. 아만에서는 중심가를 점령하고 각료들의 집을 둘러쌌다. 친왕적인 베두인족이 사는 몇몇 남부도시에서도 시위가 있었다. 마자라프(Mazarp)에서는 법원을 불지르고 서류를 탈취했다. 일부 도시에서는 돌을 던지고, 타이어를 불태우고, 주유소를 불지르는 등의 시위가 있었고, 경찰은 최루가스를 쏘았다. 시위는 다음날에도 계속되었고, 교

14_ The Hindu, "Clashes, arrests after protesters criticise Jordan King" (8 September 2012), http://www.thehindu.com/news/international/article3873993.ece.

사들은 파업을 계속했고, 다른 노조들도 일요일 2시간의 파업을 하겠다고 밝혔다. 이르비드(Irbid)에서는 경찰서가 무장 시위대에 의해 공격받았고 경찰이 1명 죽고 12명의 경찰과 4명의 시위대가 다쳤다. 정부는 2013년 1월로 예정된 선거를 위해 독립적인 선거위원회와 헌법재판소의 설치를 발표했다.

11월 16일 수천 명의 시위대가 "인민은 체제의 전복을 원한다"는 슬로건과 국왕퇴진을 요구하는 시위를 벌였고, 무장하지 않은 경찰은 친왕 시위대를 막았다. 늦은 밤 시내 중심가에서 친왕파가 시위대와 충돌하여 수십 명을 구타했다.[15] 아만 외곽의 팔레스타인 난민캠프와 아만 북부의 여러 도시(Tafilah, Karak, Ma'an, Irbid, Jerash)에서도 시위가 있었다.[16] 11월 18일 일요일 간호사 노조를 제외한 15개 노조가 11시부터 2시까지 파업했다.

5-2-2. 개혁의 성공 요인

자원빈국이자 강대국에 둘러싸인 요르단은 주변의 이슬람국들만이 아니라 이스라엘과 미국과도 원만한 관계를 유지하면서 정치적 안정을 도모했다. 170만 명의 팔레스타인 난민은 물론 200만 명에 달하는 시리아 난민의 유입에도 불구하고 사회불안으로 이어지지 않은 점은 특기할 만하다.

자원빈국이 택한 개방정책은 2008년 경제위기로 타격을 받았고, 정

15_ BBC, "Jordan unrest: Clashes after fuel protest" (16 November 2012), https://www.bbc.com/news/av/world-middle-east-20373932.

16_ Suleiman Al-Khalidi, "Jordan protesters call for 'downfall of the regime'" (16 November 2012), https://www.reuters.com/article/us-jordan-protest-idUSBRE8AF0LK20121116.

부의 지출능력을 감소시켰다. 인플레와 보조금의 삭감은 하층민의 불만과 반발의 핵심이었고, 대중의 반발과 수상 해임이 반복되었다. 이 과정에서 국왕의 권한을 제약하는 헌법과 선거법의 개정이 있었다. 국왕이 수상 지명권을 갖지만 다른 왕족의 정치관여 금지와 정당명부 비례대표제, 여성할당제, 소수층(기독교 등) 할당제는 사회적 불만을 제도 내로 수렴하는 기능을 한다.

다른 나라들과 달리 요르단의 시위대는 압둘라왕의 정부구성에 관한 헌법적 권한을 인민에게 이양할 것을 요구하면서 정권교체보다 체제개혁을 요구해왔다.

요르단이 다른 나라들과 달리 사회적 세력의 격렬한 대치를 거쳐 내전으로 발전하지 않은 데에는 인구의 92%가 수니파라는 높은 동질성이 있고, 수출주도 정책으로 인한 산업발전과 높은 도시화를 배경으로 한 시민사회의 성장이 있고, 정치적 이슬람(무슬림형제단)은 물론 이슬람주의자들의 지지가 크지 않다는 점뿐만 아니라, 지배계급과 야당이 내전으로 발전할 수 있는 극단적 대립을 피했기 때문이다. 즉 국왕의 특권을 인정하면서 제약하는 개혁을 요구하고, 국왕이 이를 계속 수용한 것이 파국을 막았다고 할 수 있다.

5-3. 바레인-낭만적인 시민항쟁과 반동왕정의 진압[17]

17_ 바레인 시위는 친정부 입장에서 작성된 '조사보고서'가 해석과 평가는 편파적인 측면이 있지만, 사실관계의 기록은 비교적 충실하므로 많이 참고했다. Bahrain Independent Commission of Inquiry, *Report of the Bahrain Independent Commission of Inquiry* (PDF) (23 November 2011).

5-3-1. 시민항쟁과 진압

바레인은 사우디의 동쪽에 있는 도서국가이고, 서울보다 조금 큰 면적에 123만 명(2010년)이 살고, 국민소득이 20,000달러가 넘는 중진국이다. 1971년 영국으로부터 독립하고 1973년 의회가 선출되었지만 헌법이 정지되고 의회가 해산되었다. 1994년 대규모 시위가 있었고, 40명 이상 죽었다. 1999년 왕위 계승이 있었고, 2001년 시위를 진압한 후 일부 개혁이 있었지만 큰 변화는 없었다. 야당은 2002년 선거를 거부했다. 2010년에는 고문이 일상화되었다.

바레인은 선출된 의회보다 왕이 지명하는 자문위원회의 권한이 크고, 수상과 내각은 왕이 지명하고, 대권을 행사하는 절대왕정이고, 시아파 주민이 60-70%를 차지하는 세속주의적 후견독재 국가이다.

2010년 GDP는 20,475달러이고, 석유수입은 GDP의 25%, 정부 수입의 76%이다.[18] 2011년 초 실업률은 15%에 달했고,[19] 이주노동자가 83%를 차지하고, 대학을 포함한 모든 교육이 무료이고, 여성 최고위원회가 있고, 대학생의 70%가 여성이고, 취업률은 35%이다.[20]

2000년대에 들어 국영기업의 사유화가 진행되었고, 인플레와 공공주택의 공급부족은 하층민(주로 시아파)의 불만을 샀다. 방위군이나 보안부대에는 외국인을 고용하면서 시아파 주민의 채용이 억제되었다.

18_ U.S. Department of State, "Bahrain (01/13/12)," https://2009-2017.state.gov/outofdate/bgn/bahrain/195941.htm.

19_ Elizabeth Broomhall, "Bahrain and Oman have highest Gulf unemployment rates" (7 July 2011), https://www.arabianbusiness.com/bahrain-oman-have-highest-gulf-unemployment-rates-409116.html#:~:text=Bahrain%20and%20Oman%20have%20the,management%20firm%20Al%20Masah%20Capital.

20_ Bahrain Independent Commission of Inquiry, *op. cit.*, pp. 18-20.

40년 동안 수상을 맡고 있는 왕자는 금융지구(Bahrain Financial Harbour) 전체를 1디나르로 불하받아 부패의 상징이었다. 이외 인구의 60-70%를 차지하는 다수파인 시아파 주민은 상대적으로 차별받는다고 느꼈고, 실업률이 매우 높았고, 인구구성을 바꿀 수 있는 외국인 노동자(약 7만 명)의 수입과 동화정책 그리고 선거구의 게리맨더링도 비난의 대상이었다.

헌법개정과 의회 직접선출을 바라는 젊은 층을 중심으로 SNS를 통한 국민투표 기념일인 2011년 2월 14일(월) 평화시위 선동이 있었다. 의회 내 야당을 제외한 반대파들은 이를 지지했다. 2월 4일 수백 명이 이집트 대사관 앞에서 연대를 표시했다. 2월 11일 집회에서는 고문과 차별 종식, 정치범 석방, 헌법개정 등을 요구했다. 왕은 가구당 1,000 디나르(2,650달러)의 지급을 발표했다. 2월 14일 '분노의 날' 새벽부터 바레인 전국에서 여러 시위가 시작되었고, 수도 마나마의 중심지인 펄 로타리(GCC 로타리)를 향했다.[21] 경찰은 최루가스와 고무탄, 산탄총, 섬광탄을 사용했고, 1명이 죽었다. 다음날 장례식에서 경찰의 발포로 1명이 죽고 여러 명이 다쳤다. 수천 명의 시위대가 펄 로타리로 행진하여 천막을 쳤다.

2월 17일 새벽 시위대가 점거하고 있는 펄 로터리를 진압하면서 4명

21_ 알자지라에 따르면, 수도 마나마 근처의 시아 거주지에서 충돌이 일어나고 1명이 죽고 3명이 중상이고, 20명 이상 다쳤고, 인권단체는 "정치개혁과 정치적 참가의 권리, 인권존중과 시아에 대한 체계적인 차별 중지"를 요구한다고 밝혔고, 왕가와 체제와는 관련 없는 인권의 문제라고 주장했다. Al Jazeera, "Bahrain Activists in 'Day of Rage'" (14 February 2011), http://www.aljazeera.com/news/middleeast/2011/02/2011214925802473.html.

이 죽고 300명 이상이 부상당하는 유혈진압(피의 목요일)이 있었다. 수도 마나마에는 탱크와 무장군인이 배치되었다. 다음날 아침 5만 명이 장례식에 참여했다. 오후에 수백 명이 행진하여 펄 로타리에 도달하자 발포했고 여러 사람이 다쳤다. 19일 펄 로타리에서 군대가 철수하자 천막이 다시 세워졌다. 왕세자는 펄 로타리의 안전을 발표했다. 22일 수만 명이 참여한 대규모 친정부 시위가 있었고, 펄 로타리에는 15만 명이 참가했다. 2월 25일 전국 애도의 날이 선언되고 2월 22일의 두 배 혹은 바레인 시민의 40%가 참가하는 시위가 있었다. 월말까지 시위가 확대되자 왕은 정치범 석방과 3명의 각료 해임을 제안했다.[22] 시위는 3월에도 계속되었고 3월 2일 대규모 친정부 시위가 있었다. 3월 3일 두 그룹의 시위대가 마나마와 국영방송을 향했다. 3월 6일 시위대는 1971년부터 재임한 수상의 해임을 요구했다. 7일에는 미대사관, 내무부, 금융지구에서 시위가 있었다. 8일 인구의 70%를 차지하는 시아파의 일부 지도자는 평화적 수단에 의한 왕정종식과 민주공화국 수립을 주장했고, 제1야당인 알웨파크(Al Wefaq) 그룹은 선출된 정부와 입헌군주정 요구를 계속했다. 3월 9일 수천 명의 시위대가 이민국 앞에서 외국인의 내국인화 작업과 비밀경찰의 모집에 반대하는 시위를 벌였다. 3월 11일 강경파는 왕궁으로 갔고, 많은 사람들이 꽃과 깃발을 가져갔지만 보안부대에게 막혔다. 수만 명이 마나마에서 알웨파크가 조직한 시위에 참가했다. 3월 12일 수만 명의 시위대가 또 다른 왕궁으로 갔다가 평화적으로 끝났다.

다음날인 3월 13일 미국방장관이 방문했다. 정부가 강경으로 돌아서

22_ Bahrain Independent Commission of Inquiry, *op. cit.*, pp. 75-83.

고 보안부대가 최루가스와 고무탄을 사용하여 펄 로타리와 금융지구에 있는 캠프를 해산을 시도했고 수천 명의 시위대가 충돌하여 퇴각시켰다. 150명의 정부 지지자들이 5,000명이 반정부 시위를 하고 있는 바레인 대학에 쇄도하여 충돌했고, 경찰이 최루가스와 고무탄을 쏘며 개입했다. 왕세자는 충분한 권한을 갖는 의회와 민의를 대변하는 정부를 포함하는 정치 대담 계획을 발표했다.

시위가 한 달 동안 계속되고, 경찰이 도로를 점령한 시위대에 압도되자, 정부는 GCC의 군대와 경찰의 개입을 요청했다. 3월 14일 1,000명의 사우디 근왕부대와 500명의 UAE 군대가 들어왔다. 개입의 공개적 이유는 주요시설의 보호였다. 바레인에는 미5함대가 있고, 인접국인 사우디는 석유산업과 금융에 많은 투자를 하고 있었다. 사우디군은 주요 시설만 경계하고 시위에 직접 개입하지는 않았다.

3월 15일 왕은 계엄령과 3개월의 비상사태를 선포했다. 수천 명의 시위대는 사우디 대사관 앞에서 GCC 개입을 항의했다. 보안부대는 산탄총을 쏘았고, 시위대는 여러 곳을 장악했다. 시트라(Sitra) 섬에서 충돌했고 경찰과 시위대가 각 1명씩 죽고 200명 이상이 부상당했다. 미국무부 부장관이 야당과 정부를 중재했고, 야당은 받아들이고 정부는 거부했다.

3월 16일 새벽 5,000명의 보안부대가 탱크와 헬리콥터를 동원하여 펄 로타리를 2시간 만에 진압했다. 보안부대는 곤봉과 방패를 들고 살마니아 의료단지(Salmaniya Medical Complex: SMC)에도 침입했다. 시위대는 모스크로 피신하여 야전병원으로 사용했다. 알웨파크는 충돌을 피하고 야간 통금을 지키라고 발표했다. 이날 5명이 총에, 1명은 산탄총에 그리고 2명의 경찰관이 차량에 치여 죽었다. 3월 17일 아침 야당 지도자를 포함한 1,000명이 연행되었다. 시아파의 두 명의 장관과 국회의원, 판사들이 사임했다. 수술의사가 체포되고 4월에는 47명의 의료노동자들이 체포되었다. 환자들은 병원에서 보안경찰에게 구타당했다. 3월 18일 펄 로타리의 기념비가 철거되었고, 전국의 수많은 도로에 검문소를 세워 오가는 시민과 차량을 검문하여 시위혐의가 있는 시민과 학생들을 연행했다. 시위 포스터나 인쇄물, 휴대폰에 시위와 관련 있는 사진이나 노래가 저장되어 있는 경우 연행되었고, 경찰에게 구타당하고 고무 호스로 맞았다. 3월 20일 무기한 총파업을 발표했던 알웨파크의 지지를 받았던 노총은 3월 22일 총파업을 보류했다. 100명 이상이 마나마 진압에서 희생된 여성의 장례식에 참석했고, 활동가들에 대한 야간 습격이 계속되었다. 지역에서 매일 열리는 시위를 주요 도로로 모으려는 3월 25일 전국적인 분노의 날이 계획되었지만 장례식을 제외하고는 군대에 의해 진압되었다. 3월 28일 알웨파크의 동의를 받은 쿠웨이트의 중재안을 정부가 거부했다. 3월의 희생자는 19명에 달했다.[23]

4월 정부는 35개의 모스크를 포함한 시아파 기도장소를 파괴했다. 4월에만 언론인을 포함한 4명의 시위대가 고문으로 죽었다. 4월 14일 법무부는 알웨파크와 이슬람행동협회(Islamic Action Society)를 금지했다가 미국의 항의로 철회했다. 4월 28일 특별군사법정은 3월 16일 2명의 경찰이 죽은 것과 관련하여 4명에게 사형, 3명에게 무기징역을 선고했다. 3월부터 5월 사이 노조 지도자들 그리고 5,000명 이상의 노동자들이 시위나 파업에 참가하여 무단결근했다는 이유로 정부의 요청으로

23_ *ibid.*, pp. 31-50, 143-145. 카다피와 아사드의 악마화에 열을 올렸던 알자지라는 바레인 왕정의 억압에는 관심을 두지 않았다.

해고되었다. 5월 2일 정부는 두 명의 사임한 국회의원을 체포했고, 6월 1일 비상사태가 끝날 것이라고 밝혔다. 5월 31일 왕은 전국대화를 발표했지만, 2010년 선거에서 55%를 얻은 야당에게 297석 중 15석을 배분하는 안이었고 야당은 거부했다.[24]

비상사태 기간 중 시아파 거주지에서 소규모의 간헐적인 시위가 있었지만 경찰에 의해 해산되었고, 수천 명이 모이는 기도회는 금지되지 않았지만 시위로 발전하지 않았다. 알웨파크는 시위와 거리를 두었다.[25] 비상사태가 해제된 후 몇 차례 소규모의 시위가 있었지만 해산되었고, 6월 11일 마나마 변두리인 시아파 거주지에서 당국이 허가하고 알웨파크가 조직한 집회가 있었고 10,000명이 참석했지만 시위는 평화적으로 끝났다. 알웨파크는 평화를 강조했고, 시위대는 바레인 국기를 들고 참석했고, 집회장엔 헬기가 감시하고 있었다.[26]

2012년 3월 9일 바렌인 시아파 최고 성직자의 호소로 10만 명 이상이 모여 국왕퇴진과 정치범 석방을 요구했고, 시위는 평화적이었다.[27]

2013년 6월에 이집트에서 전개된 모르시의 취임을 반대하는 대규모 서명운동인 타마로드(반란이란 뜻) 운동에 자극받아 7월 초부터 "자유

24_ Human Rights Watch, "Bahrain's Human Rights Crisis" (5 July 2011), https://www.hrw.org/news/2011/07/05/bahrains-human-rights-crisis.

25_ Independent. "Bahrain forces quash protests" (25 March 2011), https://www.independent.co.uk/news/world/middle-east/bahrain-forces-quash-protests-2253207.html.

26_ Reuters, "Thousands of Bahrainis attended a rally for political reform on Saturday in the Gulf Arab state that crushed a pro-democracy protest movement in March" (2011.7.11.), http://www.reuters.com/article/2011/06/11/us-bahrain-idUSTRE75A19G20110611.

27_ Simeon Kerr, "Bahrain protesters march in huge rally" (9 March 2012), https://www.ft.com/content/dd416cdc-69ff-11e1-a26e-00144feabdc0#axzz1ofXPlmwk.

롭고 민주적인 바레인"을 요구하는 대규모 집회(Bahrain Tamarod, 8월 14일의 반란)가 SNS를 통해 호소되었다. 활동가들은 자신들의 운동이 평화적이고 민족적이며 비분파적이라고 주장했다. 그들은 점진적이고 평화적인 시민불복종을 독립기념일인 8월 14일부터 전개하자고 주장했고, 정부의 경고에도 불구하고 반대진영의 지지를 받았다. 7월 하순 왕은 테러범의 국적을 박탈하고 거의 대부분의 시위를 불법으로 하는 규정을 통과시켰다. 활동가들은 8월 14일 시위에 대한 수만 명의 지지 성명을 받았다고 밝혔다.[28]

8월 14일 최루가스와 산탄총으로 중무장한 보안부대가 배치되고, 전국적으로 수백 명, 수천 명이 모인 시위가 60군데에 달했고 지방의 많은 상점이 문을 닫았다. 정부는 일부 지역의 인터넷과 웹사이트를 차단하고 인터넷 메신저인 WhatsApp을 봉쇄했지만 활동가들은 SNS나 Anonymous를 통해 실시간으로 시위 상황을 공유했다. 마나마 시내에는 압도적인 진압병력이 전개되었고, 헬리콥터가 동원되었고, 마나마로 통하는 길목은 통제되었다.[29] 8월 15 오전과 오후 시내 주요도로의 점거와 농성이 있었고 경찰과 충돌했다. 타마로드는 16일 시위를 호소했다가 보안부대가 막대하게 배치되자 시위를 취소했다. 시위는 3일간 계속되고 20여 명이 연행되었지만 대규모 시위는 억제되었다. 경찰은 곳곳에 철조망으로 저지선을 치고 최루가스와 산탄총을 사용하고 구타

28_ AFP, "Opposition slams Bahrain warning on Egypt-inspired demos" (14 July 2013), https://www.philstar.com/world/2013/07/14/968881/bahrain-steps-security-ahead-rebellion-movement-call.

29_ Rahul Radhakrishnan, "Bahraini forces arrest opposition activists" (14 August 2013), https://www.aljazeera.com/news/2013/8/14/bahraini-forces-arrest-opposition-activists.

했다. 시위는 대부분 평화적이었다. 다음날 시내 주요 도로가 봉쇄되었고 시아파 거주지 몇 곳에서 밤에 농성과 충돌이 있었지만 진압되었다.[30] 연말까지 작은 시위들이 계속되었고, 12월에만 745회의 소규모 시위가 있었지만 보안경찰에 의해 진압되었다.

2014년 3월 3일 시아파 시위대에 의해 폭탄이 터지고 GCC 국가의 군대로 이루어진 반도방어군(Peninsula Shield Force) 소속의 UAE 경찰 1명을 포함해서 3명이 죽었고, 정부는 테러범으로 규정하여 25명을 체포했다.[31] 11월 의회 선거가 있었고 시아파는 거부했다. 2014년에 5,000명의 사우디군이 주둔하고 있었다. 알웨파크는 2014년 선거를 보이코트했고, 2016년 7월 해산되고, 아랍사회주의당인 와드당(Wa'ad: National Democratic Action Society)은 2017년 7월 불법화되고 자산이 몰수되었다.

이처럼 2011년 2월 14일부터 시작된 바레인의 시위는 평화적이었고, 3월 15일에 피크에 달하고, 왕정은 GCC에 군대 파견을 요청하고 계엄령을 선포하고 군대를 동원하여 진압했다.

시위가 시작된 2011년 2월 14일 2명이 죽고, 2월 17일 강제진압이 있었고, 5명이 죽었다. 희생자의 수나 경위로 보아 우발적 사고로 보인

30_ Gianluca Mezzofiore, "Bahrain Security Forces Fire Teargas against Tamarod Protesters" (14 August 2013), https://www.ibtimes.co.uk/bahrain-security-forces-fire-tear-gas-against-tamarod-499122.

31_ Bahrain News.Net, "Bahrain arrests 25 after death of 3 policemen in bomb attack" (4 March 2014), https://web.archive.org/web/20141006161917/http://www.bahrainnews.net/index.php/sid/220330839/scat/48fcf33f9aeb6130/ht/Bahrain-arrests-25-after-death-of-3-policemen-in-bomb-attack

다. 시위는 수도인 마나마의 펄 로타리를 중심으로 진행되었고, 다양한 그룹의 텐트가 있었다. 이외 희생자들의 영안실이 있는 살마니아 의료 단지의 주차장에도 텐트가 있었고, 수상이 불하받은 금융지구(Financial Harbour), 왕족 거주지 등에서 시위가 있었다. 시위는 평화로웠고, 야당이나 종교 지도자 등이 연설했다.

2월 19일 이후 왕세자의 강제진압을 하지 않겠다는 발표에 따라 펄 로타리 집회에 참가하는 시위대는 늘어났다. 많은 정치/종교 지도자들이 사면되거나 석방되었고, 그들도 시위대에 와서 발언했다. 시위는 조직적이라기 보다는 자발적인 참가로 보이고, 야당이 지도하거나 장악하지는 않았다. 지방에서도 시위가 확산되었고, 교사협의회, 노총이 참여했다. 고등학생들도 점차 참가했고, 교사파업 때 임시직을 고용한 교육부 장관의 해임 등을 요구했다. 시위대의 요구는 수상 사임과 내각 해산, 입헌군주정을 위한 제헌의회 선출, 모든 정치범 석방이 주를 이루었고, 점차 국왕사임과 왕정철폐와 같은 구호와 요구가 나왔지만, 주된 구호는 아니었다.

6월 계엄령 해제 후에도 집회가 계속되었지만 큰 충돌은 없었다. 2012년 6월에 큰 규모의 시위가 있었고, 2013년 8월 14일에 타마로드 집회가 있었다.

5-3-2. 바레인: 두려움을 이기지 못한 전략상의 과오

왕세자는 야당과의 대화를 제안했고, 여러 번 예비교섭이 있었지만 결실을 거두지 못했다. 야당은 시아파만이 아니라 수니파, 무슬림형제단, 아랍민족주의, 아랍사회주의를 기치로 하는 다양한 세력이었고, 알웨파크(시아파)가 리더였다.[32] 집단적 성명을 자주 발표했고, 이들의 주장은 완전한 입헌군주정을 위한 공정한 제헌의회 선거였다. 3월 12일 왕세자의 최종 제안은 완전한 입헌군주정을 논의하되 의회의 2/3의 동의로 국민투표에 부치고, 70%의 참가와 2/3의 동의로 통과시키되, 이견이 있을 경우 각각을 병기하여 투표에 부치겠다는 것이었다. 왕과 왕족의 특권을 내려놓을 의지가 없는 이런 제안은 야당이 받아들일 수 없는 것이고, 이때부터 지방에서는 시아파와 수니파 주민 간의 충돌이 보고되었다. 시위대는 또한 주요 도로에 바리케이트를 쌓아 막고 있었다. 3월 14일 사우디와 UAE의 군대가 들어오고, 다음날 비상사태가 선포되고, 3월 16일 새벽부터 펄 로타리와 SMC 등이 경찰을 앞세운 군대에 의해 장악되었고, 일부 희생자가 났지만 큰 저항은 없었고, 통행금지가 시행되었다.

평가: 2011년 2월 14일 시위가 발생하자 왕정은 시위를 허용하고, 정치범을 사면하고, 야당과의 대화를 제의했다. 한 달 동안 계속된 시위는 평화적이었지만, 구호는 점차 왕과 정권의 사임을 의미하는 "떠나라"는 구호와 왕정폐지의 구호가 나왔다. 바레인 시민의 시위는 정권의 억압, 무능, 부패에 대한 시민항쟁이라 할 수 있다. 신자유주의 개방정책과 주택 정책 등의 무능은 신자유주의에 대한 반발이라 할 수 있지만, 체제

32_ 7개 야당은 Al Wefaq 시아파; Wa'ad(National Democratic Action Society), 아랍사회주의; the Islamic Action Society, 시아파, 이슬람주의; National Democratic Assemblage, 이라크 바티스트; the Nationalist Democratic Society, 아랍민족주의; Al Menbar Progressive Democratic Society, 아랍민족주의, Al Ikha National Society(?)이다. 알웨파크는 2010년 선거에서 40명의 민선의회에서 18석을 차지했다. 이외에 알웨파그 출신들이 만든 세속주의적이고 민족주의적인 HAQ movement가 있었다.

에 대한 정면 도전이라기보다 개혁요구의 성격이 컸다. 시위는 자발적이고 비조직적이었지만 7개 야당 협의체는 위신을 가지고 있었다. 그들이 평화적 시위를 호소하고, 시아와 수니의 대립이라는 분파주의적 선동에 빠지지 않도록 끊임없이 강조한 것은 평가할 만하다. 다만 왕세자와의 대화를 통해 완전한 입헌군주정을 추구하면서 제헌의회의 선출을 앞세운 것은 전술적으로 문제가 있는 것으로 보인다. 대화를 거부할 명분은 약하겠지만, 수상 해임과 내각 해산 및 거국적인 과도정부의 구성에 먼저 집중하고, 과도정부가 제헌의회 선거를 실시하고 제헌의회의 안이 국민투표로 가는 경로와 각 기간을 짧게 설정할 필요가 있었다. 즉 의회보다 위에 있는 정부의 교체 없이는 이후의 과정이 보장되지 않는다. 왕세자를 비롯한 왕가는 부차적인 문제에 양보할 생각은 있지만 입헌군주정을 받아들일 의지도 없고 처지도 아니었다. 거국내각과 입헌군주정은 대화와 협상으로 이루어질 수 있는 것이 아니고, 따라서 슬로건을 단순화하고 대중의 힘으로 밀어붙여야 했다. 이것은 운동의 헤게모니와 관련된 문제다. 헤게모니를 주도할 수 없다면 최소한 대립을 분명히 하고 키워가야 한다. 결국 대화에 대한 야당의 희망은 왕세자의 측에서는 대화 노력에도 불구하고 야당이 거부했으며, 분파주의적 충돌이 일어나고 주요 도로가 마비되어 어쩔 수 없는 진압이라는 명분 쌓기에 동원되었다.

미국무부의 자료에 따르면, 바레인의 군대는 13,000명 경찰은 2,000명이다. GCC의 군대 파견이 있었지만, 3월 16일 새벽 진압에 동원된 군대는 5,000명이었다. 튀니지와 이집트는 모두 수도에서의 폭발적인 대중봉기로 결판났다. 지배계급의 후퇴나 양보가 대화를 통해 결실을 맺을 수 있다는 것은 환상에 불과하고, 평화적인 시위일지라도 대화가 아니라 일단 거국내각과 입헌군주정을 전면에 내세우고 이 요구는 대화나 협상의 대상이 될 수 없다는 점을 분명히 하고 대결을 키워가야 했다. 왕권의 거대함에 대한 두려움을 극복하지 못한 채 즉 왕권의 기득권을 인정한 토대 위에서 대화에 대한 환상을 지속적으로 심어준 것은 투쟁의지를 갉아먹는 것이었다. 3월 12일 이후 지방도시에서 신원을 알 수 없는 사람들에 의한 분파적 폭력충돌이 확대될 때 내무부의 공작이라고 비난에 그칠 것이 아니라, 정부가 이를 명분으로 한 진압경로를 준비하고 있다는 점을 인식하고, 비상조치와 군대를 동원한 진압에 대처한 행동지침을 제시했어야 했다. 3월 16일 큰 충돌 없이 진압된 것은 야당의 과오다. 어느 순간 대화를 포기하고 결전을 준비하고 선동했어야 맞다. 야당과 시민은 왕정의 두려움을 이기지 못했고, 결전의 의지를 키우지 못했기 때문에 평화적으로 진압되었다.

5-4. 이집트: 이슬람주의자의 퇴행과 군부의 반혁명

5-4-1. 군부(SCAF)가 주도하는 이행(2011.1.14.-2012.6.30.)

2011년 1월 14일 무바라크가 물러난 뒤 군사최고위원회(SCAF)는 의회를 해산하고 헌법을 정지하면서, “자유롭고 민주적이며 시민적인 당국에 권력을 넘겨주는 작업을 계속할 것이다. 군부는 모든 지역적, 국제적 협정은 존중될 것”이라고 밝혔다. 심층국가이자 낡은 기득권 세력인 군부의 이러한 발언은 피지배계급의 봉기라는 변화된 상황에 맞춰 정권이양 과정을 주도하면서 민중의 혁명을 형식적 민주화로 수렴하고 민중들의 고통의 근원이었던 지구화된 신자유주의 정책과 제국주의 패권주의에 야합하는 이스라엘과의 '차가운 평화'(Cold Peace) 정책을 계속하겠다는 것을 의미한다.[33] 반동적인 군부는 새정부 구성을 지연시키고 국가비상조치법을 재가동하면서 노동계급을 비롯한 기층 민중들의 요구와 운동을 철저히 짓밟았다. 군부가 내무, 주택, 관광 장관 등 구정권의 일부 핵심과 철강재벌을 구속하고 6개월 이내에 선거를 통하여 권력을 이양한다고 밝히자 시위대의 대부분은 타흐리르 광장을 청소하고 집으로 돌아갔지만 소수의 시위는 계속되었다. 하지만 구체제 인사의 철저한 처벌과 청산 그리고 군부에 대한 비판을 중심으로 한 시위가 3월부터 다시 성장하였고 그 흐름은 이슬람주의자들의 타협적 태도와 상관없이 계속되었다.

무바라크 사퇴 후 SCAF는 선출된 민간정부에 권력을 이양할 것이라고 밝히면서 새로운 대통령과 의회가 선출될 때까지 헌법을 정지했다. 2월

33_ 1979년 이집트는 미국의 주선으로 이스라엘과의 평화협정을 체결하였다. 이제 이스라엘은 배후의 이집트의 군사력에 대한 불안 없이 주변 아랍국들을 유린하고 팔레스타인을 억압할 수 있게 되었다. 이 사건은 이스라엘과 제국주의에 반대하는 아랍 민중의 대의를 배반한 것이었다. 1981년 사다트의 정책을 그대로 이어받은 무바라크는 미국으로부터 막대한 군사원조를 받았고, 1993년과 2000년 미국이 일으킨 이라크 침략전쟁에 적극 협력하였다. 심지어 이라크 포로들의 고문까지 대리하였다. 이때의 내무부장관이 무바라크의 뒤를 이어 과도정부를 맡았던 술레이만이다. 이스라엘은 이집트와의 평화협상으로 군사비 부담을 GDP의 25%에서 7%로 줄일 수 있었다. "1979년 이후 미국은 해마다 이집트에 군사원조 13억 달러, 군사원조 8억 1,500만 달러씩을 제공했다. 1975년 이후 이집트가 미국에서 받은 돈은 모두 합쳐 500억 달러가 넘는다" Chales Levinson, "$50 billion later, taking stock of U.S. aid to Egypt" (4 Apr 2004), http://www.csmonitor.com/2004/0412/p07s01-wome.html.

13일 경찰 수백 명이 봉급인상 등을 요구하며 타흐리르 광장에 행진했다. 경찰, 운송, 앰뷸런스 기사 등 수천 명의 국영기업 노동자들이 시위했다. SCAF는 파업과 시위를 멈출 것을 요구하고 타흐리르에 남아있는 시위대를 비웠다. 2월 14일 고님을 포함한 8명의 시위대 대표들이 군부와 만난 후 2개월 내에 새로운 헌법에 대한 양해안이 마련될 것이라고 밝혔다. 2월 15일 전 아랍연맹 사무총장(Amr Moussa)이 대선출마를 선언했고, 무슬림형제단은 자유정의당(Freedom and Justice Party)을 창당했다. 2월 17일 네 명의 장관이 구금되었다. 2월 18일 카타르에 망명했다 돌아온 무슬림 성직자(Yusuf al-Qaradawi)의 타흐리르 기도회에 수십만 명이 참가했다. 2월 20일 영국 수상이 이집트를 비롯한 중동 순방에 나섰다. 2월 22일 개각이 발표되었지만, 국방, 내무, 외무, 재무, 법무 장관은 유임되고 임시정부의 사임을 요구하는 시위가 다시 시작되었다. 수상과 여러 명의 장관이 교체되었다. 3월 5일 시위대가 비밀경찰 본부를 침입하고 고문증거를 확보했고, 비밀경찰은 해산되고 새로운 보안부대로 대체되었다.

3월 19일 군부가 마련한 헌법 9개 조항 수정 국민투표가 시행되자 41%가 참가하여 77.2%가 찬성. 22.8%가 반대했다. 많은 야당들은 대통령의 권한이 제한되지 않았고 대의적이 아니라는 이유로 반대했지만, 무슬림형제단과 와사트(Wasat)당, 노동당은 찬성했다. 이들은 나중에 본격적으로 헌법을 바꾸면 된다는 것이었다.[34]

4월 1일 금요기도일 '혁명수호의 날' 집회에 수십만 명이 참가했고, 군부에 구체제의 조속한 청산을 요구했다. 무슬림형제단은 4월 8일 집

34_ BBC, "Q&A: Egypt's constitutional referendum" (17 March 2011), https://www.bbc.com/news/world-middle-east-12763313.

회에 최대한 참여를 독려했다. 4월 8일 '처벌과 추방의 금요일' 집회에 100만 명이 참석했다. 4월 9일 군부는 타흐리르 광장의 천막을 폭력으로 부셨다. 4월 12일 무바라크가 병원에서 취조받고 다음 날 두 아들과 함께 영장이 발부되었다. 4월 15일 콥트교도를 위한 수천 명의 시위가 있었다. 4월 16일 집권당이었던 민족민주당(National Democratic Party: NDP)이 해산되고 재산이 국가로 이전되었다. 4월 23일 에너지 장관이 이스라엘과의 거래로 기소되고 사흘 뒤 이스라엘과 요르단으로 가는 파이프라인이 공격받았다. 5월 24일 무바라크와 두 아들에게 사형이 선고되고 3,400만 달러의 벌금이 부과되었다. 이집트는 가자지구로 가는 국경 봉쇄를 완화했고, 이스라엘의 항의를 받았다. 6월 6일 경찰에 맞아 죽은 칼레드 사이드(Khaled Said)의 1주기를 맞아 수백 명의 시위가 있었다. 6월 20일 무바라크는 위암으로 병원에 입원했다. 6월 22일 반무바라크 시위에 앞장섰던 무슬림형제단의 청년 지도자들이 세속주의를 내걸며 떨어져나와 새로운 당을 만들었다. 6월 28일 희생자 가족을 포함한 5,000명의 시위대가 타흐리르 광장을 두고 쟁탈전을 벌였고, 군부정권의 퇴진을 외치며 다음 날까지 충돌이 계속되었고, 1,000명이 넘는 부상자가 발생했다.

SCAF를 비난하는 '제2차 이집트 분노의 혁명'이라는 페이스북 선동이 있었고, 7월 1일 카이로, 알렉산드리아, 수에즈에서 '혁명의 금요일'에 수만 명이 참가하고, 7월 8일에는 '결정의 금요일' 혹은 '백만 행진'에 수십만이 참가하고, 타흐리르에서는 다시 농성이 시작되었다. 대부분의 정당들은 시위를 지지했고, 주된 요구는 시민의 군사재판 금지, 최저임금, 무바라크 가족과 고위 관료들의 신속한 처벌, 구집권당의 해산과 5년간 정치활동 금지, 정치범 석방, 이스라엘에 대한 가스 수출 금지, 학살 책임 경찰의 처벌, 내무부의 재편, 구체제의 상징인 SCAF의 수반인 탄타위의 퇴진 등이었다.[35] 정부는 학살경찰이 해고될 것이고, 내각과 주지사들이 교체될 것으로 발표했고, 무슬림형제단은 다른 당들과는 달리 타흐리르 캠핑 농성에서 철수했고, 일부는 단식에 돌입했다. 7월 10일에는 이스라엘로 보내는 가스 라인이 폭발되었다. 네 번째였다. 7월 13일 700명의 경찰간부가 해고되고 37명이 살인죄로 재판받고, 505명의 장군이 해임되었다. 7월 14일 무바라크는 총기사용을 금지했다고 주장하고 검사는 이를 인정한 내용이 폭로되었다. 7월 17일 새로운 내각이 발표되었다. 7월 21일 SCAF는 다가올 선거에 외국감시단을 허용하지 않겠다고 밝혔다. 7월 23일 전날 SCAF가 4월 6일 청년운동과 케파야를 반역이라고 비난한 데 대하여 수천 명의 시위대가 국방부로 행진하다가 칼과 몽둥이와 화염병을 든 사람들에게 습격을 받았고, 군대의 바리케이드에 막혔다. 시위대는 돌을 던졌고 군사경찰은 테이저건과 곤봉을 사용했고, 231명이 다쳤다.

8월 1일 보안부대는 전기봉을 휘드르며 타흐리르 광장에서 7월 8일부터 농성하고 있던 시위대를 몰아내고 텐트를 찢었고 66명을 연행했다. 8월 3일 무바라크와 두 아들 및 내무 장관 등에 대한 부패와 시위대에 대한 살인혐의에 대한 재판이 열렸고, TV로 생중계되었다. 8월 6일 2백 명의 시위대가 7월 23일 충돌로 죽은 시위대의 장례식을 진행했으나 경찰과 군인경찰에 의해 타르리르에서 쫓겨났다.

9월 9일 '경로 교정의 금요일' 시위에 주요 도시에서 수만 명이 참가

35_ Al Jazeera, "New protests rage across Egypt - Middle East" (8 Jul 2011), https://www.aljazeera.com/news/2011/7/8/new-protests-rage-across-egypt.

했지만 이슬람 정치운동은 참가하지 않았다. 주된 요구는 사법부의 독립과 이스라엘 대사관 폐쇄, 시위대에 대한 군사재판의 반대였다. 3,000명의 시위대가 이스라엘 대사관으로 가서 벽을 깨부수었고, 대사는 도망갔다. 군부는 비상사태를 다시 발동했다.

9월 30일 아스완(Aswan)의 마스피로(Maspiro)에서 콥트족 교회당 건설이 불법이라는 발표에 항의하여 10월 9일 평화적인 시위대가 SCAF의 해산, 탄타위 사임을 요구하다가 보안부대와 군사경찰이 사용하는 총에 맞아 25명이 죽고 200명이 부상당했다. 1월 25일 이후 군부에 장악된 국영방송은 시위대가 콥트교도만은 아니었음에도 이집트인은 콥트 시위대에 대한 군대의 공격을 옹호해야 한다고 방송했다.

11월 2일 특히 9월로 예정되었던 선거를 연기한 군부가 기성정당과 군부에 유리한 선출방식과 "민선정부가 헌법 원칙을 위배할 경우 군이 헌법을 수호하는 기관의 역할을 하도록 하고, 의회는 군에 영향을 미칠 수 있는 법률을 발의하기 전에 군의 승인"을 받도록 하는 헌법원칙을 발표하자 대대적인 반정부 시위가 폭발하였다.

2011년 11월 대부분의 정당은 헌법개정과 선거에 대한 군부의 개입을 반대했다. 세속주의 세력은 무슬림형제단에 유리한 조기선거를 반대했다. 특히 군부는 헌법기초위원회의 80%를 선출하고 내치와 외교를 통제하려고 했다.

11월 18일 수만 명으로 시작된 시위는 11월 19일(토) 군사정부에 반대하는 타흐리르 광장의 시위에서 2명이 죽고 600명이 부상당했다. 2박 3일간 계속된 시위에서 전국적으로 33명이 죽고 1,500명이 부상당하고, 임시정부는 SCAF에 사임을 제안했다. 11월 22일 군부와 정계 리더들은 회합을 갖고 새로운 임시정부의 구성과 11월 28일로 예정된 의회 선거 그리고 2012년 6월 말 이전에 대통령 선출이라는 일정에 합의했다. 11월 25일에는 전국적으로 100만 명이 참여하였다. 이날 10명이 죽고 1,000명이 부상당했다.

12월 16일 타흐리르 광장 옆 정부청사 밖에서 농성하던 시위대를 군대가 해산하면서 7명이 죽었다. 12월 20일 수천 명의 이집트 여성이 군사경찰의 여성 인권유린에 항의하는 시위를 벌였다. 2012년 1월 5일 무바라크의 교수형이 구형됐다.

2011년 11월 28일부터 1월 11일 시행된 의회선거에서 무슬림형제단의 자유정의당이 이끄는 선거연합인 민주동맹이 37.5%(235석), 알누르당이 이끄는 이슬람주의 블록이 27.8%(123석), 엘바라데이가 이끄는 자유주의당인 뉴와프드(New Wafd)당이 9.2%(38석), 중도좌파인 이집트 블록이 8.9%(35석)를 얻었다. 1월 25일 수십 년간 지속된 비상사태의 일부가 해제되었다.

2012년 2월 1일 포트 사이드 경기장에서 마스리(Masry)팀의 팬이 3:1로 지자 아흘리(Ahly)팀의 팬들을 공격했고, 경찰이 방관하고 문을 열어주지 않아 74명이 죽고 500여 명이 다쳤다. 2월 11일까지 격심한 충돌이 계속되었고, 카이로, 알렉산드리아, 수에즈, 루존에서 폭동이 일어났고, 경찰은 최루가스로 진압했고, 총파업은 13일 끝났다. 포트 사이드 폭력은 2011년의 낙타 전투 기념일 전날에 일어났고, 활동가들은 공포감을 주기 위한 의도된 공격으로 주장한다.

다음날부터 카이로에서 시위가 계속되었고 경찰은 최루가스를 사용했다. 3월 24일 마스리팀의 두 시즌 동안의 경기금지가 발표되자 시위가 있었고, 1명이 죽고 18명이 부상당했다. 4월 20일 타흐리르에서 군부의 정권 이양과 탄타위의 퇴진을 요구하는 1,000여 명의 시위가 있었다. 4월 14일 많은 대선 후보들의 자격이 박탈되었다. 5월 23-24일 대선 1차 투표가 있었고, 무슬림형제단의 모하메드 모르시(Mohamed Morsi)와 무바라크 정권의 마지막 수상인 샤피크(Ahmed Shafik)가 대결을 벌였다. 5월 31일 비상사태가 완전히 해제되었다. 6월 2일 무바라크에게 시위대의 살인공모죄로 무기가 선고되고 부패는 무죄가 선고되었고, 즉각적인 시위로 이어졌다.

5-4-2. 사법부의 저항 및 모르시 정부의 이슬람화 시도와 세속주의 세력과의 충돌(2012.6.30.-2013.7.3.)

2012년 5월 23-24일 1차 투표와 6월 16-17일 결선투표를 통해 2012년 6월 24일 51.7% 대 48.3%로 모르시의 승리가 발표되었고, 군사정부는 대통령의 권한을 극심하게 제한하는 성명을 발표했고, 이는 타흐리르 광장의 거대한 시위로 이어졌다. 모르시는 6월 30일 취임했고, 타흐리르에서는 거대한 축제가 벌어졌다.

그런데 결선투표 직전인 6월 14일 헌법재판소는 구정부 인사들의 대선 입후보를 막는 것은 위헌이고, 따라서 그에 따라 선출된 의회도 비헌법적이라고 선고했고, 시위로 이어졌다.

7월 8일 모르시는 이슬람주의자들이 다수인 해산된 의회를 재소집하고 새로운 헌법이 채택된 이후 60일 이내에 새로운 의회선거를 한다는 명령을 발표했다. 7월 9일 군부는 군부에 의해 해산된 의회나 헌법기초위원회의 재소집은 위헌이며, SCAF의 모든 결정은 합법이며, 헌법기초위원회를 지명할 권리가 있다고 선언했다. 7월 10일 모르시의 결정을 동결하는 헌법재판소의 결정에 수천 명의 시위대가 항의했다. 모르시는 그의 결정을 봉쇄한 헌법재판소의 결정을 존중하고 대화하겠다고 밝혔다. 7월 16일 2만 명이 넘는 석유산업 노동자들이 임금인상과 투자증액을 요구하며 파업했다. 7월 19일 행정법원은 모르시의 결정을 동결하고 헌법재판소에 넘겼다. 모르시는 군부에 체포된 572명의 시위대를 석방하고 16명의 종신형을 7년형으로 감형했다. 7월 30일 행정법원은 헌법기초위원회가 초안을 만들 수 있도록 해산을 연기했다.

8월 5일 무장괴한들이 이집트-이스라엘 국경에서 이집트 부대를 공격하고 이스라엘 쪽으로 넘어가다가 이스라엘군과 총격전을 벌였다. 모르시는 책임있는 고위급 장교들을 해임했다. 8월 8일 이집트군은 이스라엘 국경 근처의 마스크를 쓴 이슬람주의 무장세력을 공습했다. 8월 12일 모르시는 탄타위와 참모총장의 사임을 요구했고, 입법권을 장악했다. 정부는 탄타위가 대통령의 특별자문관이 되었다고 발표했고, 군정보부대장으로 있던 엘시시(Abdul Fatah al-Sisi)를 국방장관에 임명하고 참모총장을 교체하고, 공군과 해군 및 방공부대 총장을 퇴임시켰다. 모르시는 특정한 인물이나 군부를 모욕하는 것이 아니고 나라를 위한 결정이라고 TV에서 밝혔다. 또한 그의 권위를 훼손하는 SCAF가 통과시킨 헌법수정안을 새 의회가 선출될 때까지 그에게 광범위한 입법권과 행정권 및 새로운 의회선거의 감독과 헌법초안에 결정적 역할을 부여하는 새로운 헌법선언으로 대체했다. 모르시의 결정에 대한 지지와 반대 시위가 일어났다. 8월 23일 모르시는 무바라크 시대의 공공모욕 및 대통령 모욕에 의한 언론인 임시억류법을 폐기했다.

9월 11일 수백 명의 보수적 살리피스트들이 미대사관에 가서 모하메드의 처형 필름의 유통에 항의하고, 일부는 담을 훼손하고 진입했다. 9월 22일 이집트 최고행정법원은 선거법의 일부 조항이 위헌이므로 그에 의해 선출된 하원은 무효라고 결정했다. 10월 1일 의사들이 수주간의 파업을 시작했다. 10월 8일 모르시는 2011년 1월 25일부터 2012년 6월 30일까지 일급살인을 제외한 혁명과 관련한 모든 행동과 사람들을 사면했다. 2011년 2월 2일 타흐리르 광장을 습격한 낙타를 탄 폭력배들에게 2011년 10월 12일에도 무죄가 선고되어 전국적인 시위가 있었는데, 2012년 10월 10일 다시 무죄가 선고되자, 모르시는 법무장관을 해임했지만 대통령에게 해임권이 없다며 장관이 거부했다.

10월 12일 모르시가 헌법기초위원들의 다양성을 부정하는 것에 항의하는 반모르시와 친모르시 무슬림형제단 간의 충돌이 타흐리르에서 있었다. 10월 13일 모르시가 법무장관 해임결정을 철회하고 법무장관은 바티간 대사로 떠났다. 10월 23일 최고행정법원은 제헌의회(Constituent Assembly)에 관한 법을 헌법재판소로 회부했다. 원고측은 제헌의회가 다양한 부문을 대표하지 않는다며 해산을 요구했다. 무바라크 사임 후 이집트를 지배한 군부가 만든 헌법선언은 제헌의회의 면책권이 있었는데, 의회가 해산되기 이틀 전 이 법을 승인했고, 모르시는 이 법을 인정했었다.

2012년 11월 22일 모르시가 그에게 무제한의 권력을 주는 새로운 헌법선언을 발표하자 친모르시와 반모르시 시위대 간에 충돌이 일어났고, 알렉산드리아를 비롯한 여러 곳의 집권당 건물이 불에 탔다. 모르시는 무바라크 시대에 임명된 판사들이 해산하려는 선출된 제헌의회를 지키려고 한다고 치부했다. 시위는 주로 자유주의, 좌파, 세속주의, 기독교 계열의 야당과 개인에 의해 주도되었고 친모르시 시위대와 충돌하여 수십 명이 죽고 수백 명이 다쳤다. 20만 명의 시위대가 대통령궁을 감싸고 10만 명의 친모르시 시위대가 있었다.

11월 18-21일 헌법기초의회에서 엄격한 이슬람주의를 강요한다며 세속주의자들이 철수했다. 수천 명의 시위대가 정치개혁, 살인자 처벌, 무슬림형제단의 커진 영향력에 반대하며 시위했다.[36] 11월 22일 모르시는 헌법선언을 발표하고 검찰총장을 해임했고, 많은 비난을 받았다. 헌법선언은 시위대 살인자들에 대한 재조사, 신속한 재판을 위한 '혁명의 보호' 법정의 설치, 하급경찰의 재재판 금지, 모르시가 만든 모든 헌법선언과 법률, 법령의 쟁송금지, 제헌의회의 두 달간 활동 연장, 제헌의회나 상원의 해산 금지, 혁명수호, 국가통일, 국가안보보호를 위해 대통령이 모든 조치를 취할 권리를 담고 있다.[37] 최고법원은 헌법선언이 사법부의 침해라고 비난했다. 판사클럽이 시위에 나설 것을 호소했다. 시위대와 보안부대, 반모르시와 친모르시 시위간에 충돌이 일어났다. 무슬림형제단은 11월 25일 전국적인 시위를 호소했다.

11월 27일 수만 명의 시위대가 헌법선언을 철회하거나 사임하라며 시위했다. 무슬림형제단의 중앙당사와 지방당사가 습격당했다. 모르시

36_ Liam Stack, "Anger in Egypt Over Power Grab by President Morsi" (23 November 2012), https://thelede.blogs.nytimes.com/2012/11/23/anger-in-egypt-over-power-grab-by-president-morsi/?src=recg.

37_ Egypt Independent. "Morsy issues new constitutional declaration" (22 November 2012, https://www.egyptindependent.com/morsy-issues-new-constitutional-declaration/.

는 새 헌법이 마련되면 헌법선언이 취소된다면서 헌법안 기초에 박차를 가했고, 제헌의회의 많은 야당 인사들이 국가에서 광범위한 종교의 역할, 여성의 지위, 군대에 부여된 특권을 강요하는 안에 반대하여 사임했다. 11월 29-30 헌법초안에 대한 투표가 시행되었고, 헌법초안은 샤리아를 법률의 원천으로 하고 이집트를 이슬람 국가로 하는 안이 통과되었다. 자유주의자와 좌파, 기독교주의자들은 보이코트했고, 11월 29일 헌법초안이 결정되었다. 수천 명이 헌법선언과 헌법초안에 반대하여 시위했다.

2012년 12월 1일 모르시는 12월 15일 헌법초안의 국민투표를 발표했고, 이슬람주의자들의 친모르시 시위와 반모르시 시위가 있었다. 12월 2일 헌법재판소는 제헌의회에 대한 판결을 연기했다. 판사클럽은 선거감독관의 역할을 않을 것으로 밝혔다. 12월 4일 시위대가 대통령궁의 철조망을 뚫자 최루가스를 쏘았고 모르시가 도망갔다. 자유정의당의 건물도 부서졌다. 검찰총장은 전 대선후보들을 간첩혐의와 국가전복 선동혐의로 기소했다. 12월 5일 약 10만 명의 시위대가 정권타도를 외치며 타흐리르와 대통령궁 앞에서 시위했고, 친모르시 시위대가 농성중인 시위대를 공격했고, 이날 4명이 죽고 271명이 부상당했다. 다음날도 충돌하여 7명이 죽고 650명이 다쳤다. 모르시는 엘시시 참모총장과 장관 등을 만나 상황을 논의하고 통행금지와 함께 탱크와 장갑차가 출동했다. 7일에도 충돌은 계속되고 시위대는 형제단과 살라피 반대 및 '이집트는 시민국가'라고 외쳤다. 8일 군부는 공공제도와 선량한 시민을 보호할 것이라고 밝혔다. 야당은 헌법초안의 철회를 요구하는 시위를 호소했다. 모르시의 무슬림형제단을 포함한 이슬람세력 동맹은 지지 시위를 호소했다. 12월 8일 모르시는 임시헌법선언을 철회했다. 12월 22일 모르시가 지지하는 헌법이 33%의 참가와 64%의 지지로 통과되었다. 야당은 투표가 사기라며 조사를 요구했다. 여러 도시의 무슬림형제당 당사가 습격을 당했다. 모르시 자문단의 여러 명이 사임했다. 모르시는 최고법원과 만나 그의 권한을 주권적인 것에만 한정하고 법률행위의 사면을 유지했다. 여러 법정과 검사들이 시위했다. 4.6운동 활동가가 친모르시 시위대와 충돌하여 고무탄에 맞아 죽었다.

2013년 1월 초부터 전국적으로 시위가 격화되고 수만 명의 시위대가 경찰과 충돌했다. 1월 25일까지 280명의 시위대와 보안부대 55명이 다쳤다. 포트 사이드에서는 1월 26일 충돌로 33명이 죽고 다음날 장례식에서도 7명이 죽었고 도시는 시위대에게 장악되었다.

모르시는 비상사태를 선포하고 수에즈 도시들에 통행금지를 실시하면서 11개 야당을 대화에 초대했으나 야당의 리더인 구국전선(National Salvation Front)이 거부했다. 포트 사이드에서 충돌이 이어졌고 경찰은 최루가스와 실탄을 쏘고 1월에만 이 도시에서 50명이 죽었다. 1월 29일 엘시시는 친정부 시위대와 반정부 시위대 모두에게 국가를 위협에 빠뜨린다고 경고했다.

2월 초 시위대는 대통령궁에 모여 경찰과 충돌했고, 1명이 죽었다. 3월 3일 포트 사이드에서 시위대와 경찰이 충돌했고 5명이 죽고, 500명 이상 다쳤다. 3월 9일 시위대가 경찰의 충돌로 3명이 죽었다.

모르시 재임기간 중 북부 시나이는 이슬람 전사들의 공격을 받았다. 이집트 무슬림형제단의 가장 큰 동맹인 하마스는 반무바라크 시위가 한창이던 2011년 1월 28일 전국의 감옥을 공격하여 모르시를 포함한

30명 이상의 형제단 리더들이 탈옥했다. 2013년 6월 23일 시아파 무슬림이 기도하는 중에 살라피주의자들에게 화염병 등을 공격받았다. 6월 28일 알렉산드리아에서 친모르시와 반모르시 시위대 간에 충돌이 일어나 3명이 죽었다. 6월 29일 수천 명이 타흐리르에서 인민은 정권의 퇴진을 원한다는 구호를 외쳤다.

2013년 6월 30일 모르시 취임 기념식 날 수백만 명의 반대파들은 타흐리르 광장과 대통령궁을 포함한 시내의 여러 곳 그리고 여러 주요 도시에서 모르시의 사임을 요구했다. 모르시의 사임을 위한 22만 명의 서명을 받았다는 타마로드(Tamarod) 운동을 비롯하여 야당은 시위를 지지했다. 친모르시 채널인 알자지라는 이날 시위대의 숫자는 카이로에 80만 명 전국적으로 400만 명이 넘지 않는다고 방송했다. 7월 1일 시위대는 무슬림형제단 본부를 공격하고 약탈했고, 8명이 죽었다.

5-4-3. 군부 쿠데타와 친모르시 세력의 학살(2013.7.3.-2014.5.28.)

2013년 7월 1일 이집트 군부는 모르시의 대통령직이 끝났으며 48시간 내에 사임을 수용하고, 헌법이 정지된다는 것과 새로운 선거가 실시된다는 성명을 발표했다. 7월 3일 친모르시 시위대가 총격을 받아 16명이 죽고 200명이 다쳤다. 모르시는 사임을 거부하다가 7월 3일 공동정부를 제안했다. 이날 밤 엘시시는 성명을 발표했고, 콥트교 수장과 야당 리더인 엘 바라데이(El Baradei) 그리고 타마로드의 멤버가 참가하여 쿠데타를 지지했다. 임시정부의 수반은 헌법재판소장이 맡았다. 친모르시 세력도 여러 도시에서 시위를 벌였고 군부와 충돌이 일어나 수십 명이 죽었다. 헌법재판소장이던 만수르(Adly Mansour)가 새로운 임시

정부의 대통령 권한대행이 되었다. 임시정부는 무슬림형제단, 이슬람주의 지지자들을 진압했다.

7월 6일 야당들이 서로 수상직을 두고 경쟁하다가 알누르당의 지지로 베블라위(Al Beblawi)가 수상이 되었다. 7월 8일 연좌 중이던 친모르시 시위대가 경찰의 총격으로 54명이 죽었다. 알누르당은 학살을 이유로 정권이양에 참가하지 않겠다고 밝혔고 야당은 만수르의 사임을 요구했고 만수르는 6개월 내의 선거를 발표했다. 시리아에 있었던 많은 전사들이 무슬림형제단을 위해 이집트로 들어오고 있었다. 2013년 7월 쿠데타 후 시나이반도에서는 지하디스트의 반란이 그리고 중부와 서부에서는 친 무슬림형제단의 전사들이 군대와 경찰을 공격하였다. 다음 달에는 이집트에 이슬람 규율을 강요하려는 새로운 이슬람 무장그룹이 만들어졌고, 저강도의 테러로 이어졌다. 이슬람주의 전사들은 주로 콥트교도, 경찰, 외국인 여행객을 자살폭탄이나 총으로 공격했다.

7월 10일 무슬림형제단의 지도자들에게 체포영장이 발부되고 재산이 임시동결되었다. 다음날 무슬림형제단은 평화적인 방법으로 쿠데타에 반대하겠다고 밝혔다.[38] 7월 22일 미국무부 부장관이 이집트를 방문하여 임시정부 대표와 만났고, 알누르당과 타마로드는 내정간섭이라며 거부했다. 7월 24일 엘시시는 테러리즘을 박멸하는 그의 군대를 지지하는 대규모 시위를 호소했고, 이는 정권의 민간이양과 모순되었다. 엘시시의 발표에 타마로드는 지지했지만 무슬림형제단만이 아니라 알누르당, 혁명적 4.6청년운동, 휴먼 라이트 등은 반대했다.[39] 엘시시의 호

38_ Al Jazeera, "Egypt's Brotherhood vows to keep defying coup" (11 July 2013), https://www.aljazeera.com/news/2013/7/11/egypts-brotherhood-vows-to-keep-defying-coup.

39_ Al-Ahram, "Egypt rights groups voice misgiving about army's call for rallies" (26 July 201

소에 카이로에 수만 명 전국적으로 백만 명이 시위에 참여했다. 알렉산드리아에서는 친군부 시위대가 친모르시 시위대와 충돌하여 9명이 죽었다.

7월 27일 보안부대가 실탄을 사용하여 아다위야(Rabaa Al-Adawiya) 모스크의 친모르시 시위대를 공격하여 82명이 죽고 299명이 부상당했다. 하마스는 임시정부가 엘시시와 결탁하고 있다고 밝혔다.

2013년 8월 14일 모르시 퇴임 후 친모르시 세력이 카이로의 또 다른 광장인 알나흐다(al-Nahda) 광장과 라바 알아다위야(Rabaa al-Adawiya) 광장에서 2달 동안 계속된 평화적인 농성을 보안부대와 군대가 진압하면서 900여 명이 죽고 4,000명 가까이 다쳤다(라바 학살). 이에 항의하여 부통령 엘바라데이가 사임했다. 군부는 야간 통금을 발표했다. 8월 15일 전국 36개의 교회당이 공격당하고 파괴되었다. 이슬람주의자들은 전국의 경찰서에 불을 지르고 카이로의 재무부 빌딩을 방화했다. 임시정부는 한 달 동안 비상사태와 통금을 발표했다. 군대가 주요 도로와 광장을 봉쇄했고 전국적으로 100여 명이 죽었다. 8월 16일 친모르시 분노의 날 시위에서 173명이 죽었다. 8월 19일 이슬람주의자들에 의해 시나이에서 25명의 경찰이 죽었다. 8월 14일부터 18일 사이에 친모르시와 보안부대 간의 충돌로 1,000여 명이 죽었다.

2013년 10월 6일 중동전쟁 기념일에 반쿠데타 시위대와 보안부대가 충돌하여 57명이 죽고 393명이 부상당했다. 충돌은 다음날에도 계속되었고, 시나이에 있는 군부대에 대한 자살공격으로 3명이 죽고 55명이 부상당하고 로켓추진 수류탄이 카이로의 위성기지를 공격했다. 11월

3), http://english.ahram.org.eg/NewsContent/1/64/77394/Egypt/Politics-/Egypt-rights-groups-voice-misgiving-about-armys-ca.aspx.

19일 군부 지지자들과 충돌하여 2명이 산탄총에 죽었다. 11월 21일 이슬람 대학생이 경찰의 산탄총에 죽었다. 28일 금요일에도 이슬람 대학생과 경찰이 충돌했다(금요충돌). 12월 13일 금요충돌로 2명이 죽고 55명이 체포되었다. 차량 폭발 공격으로 보안부대에서 16명이 죽었고 5명이 죽고 무슬림형제단은 테러 그룹으로 선언되었다. 무슬림형제단이 공식적으로 금지되자 12월 27일 금요충돌로 265명이 체포되었고, 경찰은 실탄을 사용했다. 2014년 1월 3일 이슬람주의자와 반대파 및 보안부대 간의 충돌로 13명이 죽었다. 1월 10일 4명, 1월 14일 11명이 죽었다. 1월 24일 4개의 폭탄이 터져 21명이 죽고 카이로의 경찰본부를 날렸다. 1월 25일 혁명 3주년 기념일에 친-반 군부 시위대의 충돌로 64명이 죽었다. 경찰은 실탄을 사용했다. 1월 31일 1명이 죽고 35명이 부상당했다. 2월 7일과 14일에도 금요충돌이 있었다.

3월 19일 반쿠데타 시위에서 5명이 죽었다. 3월 24일 경찰을 죽이거나 공격한 529명에게 사형이 선고되었다. 4월 9일 보안부대가 전국적인 학생시위대를 공격했고, 25일 금요시위에서 2명이 죽었다. 5월 23일 여러 지역의 시위에서 2명이 죽고 23명이 부상당했다.

5-4-4. 엘시시의 집권(2014.5.28.-)

2014년 5월 26-28 국방장관 엘시시(Abdel Fattah el-Sisi)가 47% 참가 97%의 찬성으로 대통령에 당선되고, 2018년 재선되었다. 엘시시는 취임하자 세속주의 정책을 취하고 연말엔 콥트 교회당에 가서 크리스마스를 축하했다. 정치적 반대파에 대한 고문, 실종, 살인이 잇달았다.

2014년 시나이반도에서 ISIL의 일부를 주장하는 반란이 있었고, 군대가 대부분 진압했고, 소수의 차량폭파, 유괴, 살인 등은 끊이지 않았다. 6월 20일 2명이 죽고 7월에도 3명이 죽고 100명이 체포되었다. 11월 17일 시위에서도 2명이 죽었다. 2015년 1월 24일 사망자를 기리는 꽃을 든 수백 명의 시위대에 경찰이 발포했다. 혁명 4주년인 2015년 1월 25일 전국적인 시위에서 18명이 죽고 수백 명이 체포되었다.

엘시시는 인구의 절반이 빈곤선 이하이고 정부예산의 4분의 1이 식량과 연료 보조금으로 지원되는 상황에서 연료 보조금을 삭감하고 술과 담배에 대한 세금을 올렸고, 적자를 줄였다. 경제가 안정됨에 따라 엘시시의 지지는 2014년 80%의 지지를 보였고, 2016년 10월에도 58%의 지지에 달한다는 여론 조사가 있다.[40] 2019년 9월 엘시시의 부패를 폭로하는 동영상이 유포되고, 2019년 9월 20일 부패, 억압, 자유의 결여에 항의하는 대규모 시위가 일어났고, 최루가스로 진압되고 4,300명이 체포되었다.

5-4-5. 요약과 평가

무바라크 사임 후 군부는 헌법을 정지하고 헌법 위에 군림하면서 헌법원칙을 만들어 군부의 우월권을 지키고자 했고, 이에 세속주의 세력과 이슬람주의 세력은 반발했고 군부는 억압했다. 이 과정에서 무슬림형제단은 군부와 타협한 후 모르시가 당선되었다. 2012년 6월 30일 취임한 모르시는 군부의 영향력을 벗어나려고 했고, 사법부의 저항을 받으면서 무바라크가 선임한 헌법재판소가 해산한 의회와 헌법위원회를 헌법명령을 통해 재소집했다. 대통령의 권한을 확장하는 헌법선언이 발표되고

40_ Rory Truex and Daniel L. Tavana, "Implicit Attitudes toward an Authoritarian Regime," *The Journal of Politics* 81, no. 3 (2019), pp. 1014-1027.

샤리아를 관철하려는 헌법초안이 통과되자 세속주의자들의 격렬한 반발에 부딪혔다. 군부는 중립을 지키다가 친모르시와 반모르시 세력의 충돌이 격화되자 2013년 7월 3일 모르시를 해임하는 쿠데타를 일으켰다. 쿠데타는 이슬람주의 세력을 제외한 반무바라크 세력 즉 자유주의 세력만이 아니라 무바라크에 반대했던 진보적 세력들의 지지를 받았다. 군사과도정부는 무슬림형제단을 포함한 이슬람주의자들을 극심하게 탄압하고 학살했다. 엘바라데이와 타마로드와 같은 중간계급에 기반한 자유주의적인 세속주의 세력은 대부분 엘시시와 결탁하고 친모르시 세력은 주변화되었다.

오랜 군부독재 국가에서 이집트 민중의 시대적 과제는 민주화와 군부의 청산이었고, 이행의 과정에서 무바라크와 집권당 세력은 일부 청산되었지만, 군부는 우월적 지위를 가지고 있었고, 사법부의 구세력은 온존되었다. 정치적 세력으로는 사회적 기반이 있는 무슬림형제단과 세속주의의 깃발 하에 무바라크 잔당까지 모인 잡다한 정치세력이 있었다. 조직노동은 약했고, 약간의 사회운동 세력이 성장하고 있었다. 무바라크 퇴진 후 첫 번째 과제는 SCAF로 상징되는 군부의 청산이었다. 따라서 반혁명을 허용한 첫 번째 과오는 무바라크 사임 후 이행과정에서 SCAF의 군림을 용인한 것이었다. 군부의 우월권을 인정하지 않고 거국내각을 구성하여 이행을 보장하는 것이 최우선 과제였음에도 무바라크를 축출할 때에 군부가 중립을 지킨 위상도 있었지만, SCAF 해체의 슬로건을 전면화하지 못한 것은 이후의 이행과정을 규정했다. 물론 군부에 대한 대중의 이미지가 나쁘지 않았기 때문이기도 하다. 두 번째 과오는 무슬림형제단이 자파의 이익을 위해 반동세력이자 청산대상인 군부와 거래한 것이다. 세 번째 과오는 모르시가 이슬람화를 앞세우면서 세속주의 세력과 대결한 것이다. 모르시는 제한적이기는 하지만 헌법명령권 등을 가지고 있었기 때문에 이슬람화를 추진하지 않고 세속주의 세력을 포용하고 군부에 명분을 주지 않았다면 혹은 세속주의 세력과 동맹하여 반군부 전선을 형성했다면 민중의 지지를 얻을 수도 있었을 것이다. 한편으론 이 과정에서 세속주의 세력도 동일한 과오가 있다. 무슬림형제단은 정치적 이슬람으로 지하디스트가 아니었다. 달리 말하면 무슬림형제단은 그들의 정치적 신념과는 별개로 민주화된 국가에서 세속주의 세력의 경쟁상대이지 배제해야 할 반민주적 세력이나 적이 아니었다. 그러나 세속주의 세력은 무슬림형제단을 민중의 적인 군부보다 주적으로 설정함으로써 군부청산의 기회를 망치고 심지어 그들과 야합했다. 군부가 친모르시 시위대를 학살할 때 세속주의 세력은 침묵했다. 이집트 혁명은 군부라는 심층국가가 참으로 유연하게 현실에 적응하면서 때로는 전면에 때로는 후면에 때로는 친민주적인 외양을 띠면서 생존력을 보여준 예이다. 이집트 혁명은 군부를 비롯한 구세력의 청산이라는 시대적 과제를 명확히 하고 반격의 기회를 주지 않으면서 이행을 완료하지 못했고, 전선을 명확히 하고 그것을 강제할만큼 운동이 성장해 있지 않았다.

미국을 비롯한 제국주의와 서방자본은 군부에 대한 자금을 지원하면서 군부의 대중적 위신을 지원했다. 엘시시 정권은 권위주의적 포퓰리스트적인 정치를 계속할 것이고, 다시금 반독재, 반권위주의, 반군부의 과제를 제기할 것이다.

제6장 취약한 국민국가와 내전

6-1. 리비아: 국가의 파괴와 내전

6-1-1. NTC 임시정부(2011.11.22.-2012.8.8)

2011년 10월 카다피가 죽자 11월 22일 NTC는 임시정부로 이름을 바꾸고 카다피를 생포한 진탄 반군 사령관을 국방상에, 트리폴리 민병대 리더를 내무상 등에 임명했다. 내전 중 무장 자경대는 사실상 지역정부의 역할을 했고, 내전이 끝나자 혁명의 수호자를 자처했고, 2011년 말과 2012년 초 세속주의 정당, 무슬림형제단과 같은 온건 무슬림, 샤리아의 실시를 주장하는 원리주의(근본주의) 당들이 창당했다.

카다피 충성파들의 낮은 수준의 반란은 계속되었다. 지역의 반군과 부족들 사이에는 다양한 불일치와 갈등이 있었다. 내전에 참가한 민병대 중에는 무장해제나 NTC와의 협력을 거부하는 세력이 있었고, 이들 그룹의 해체나 리비아군으로의 편입을 요구하는 시위가 있었다.

2011년 12월 NTC는 치안 부재를 메꾸기 위해 특히 석유산업단지를 지키기 위해 서방 용병의 수입을 허용했다. 내무상은 5만 명의 반군을 보안부대와 내무부로 채용하고 장기적으로 20만을 채용할 계획을 밝혔다. 2012년 1월 19일과 21일, 벵가지에서는 개혁의 속도와 투명성의 결여를 비난하는 수백 명의 시위가 있었다.

2012년 1월 1일 NTC는 새로운 헌법 기초와 차기 임시정부를 수립할 국회의 선거법 초안을 제출했다. 그 내용은 10%의 여성 할당, 카다피 충성 세력의 배제, 전국을 여러 선거구로 나누는 내용을 가지고 있었다. 온건 이슬람 정당들은 이 초안이 정당보다 부족과 금전의 영향력을 키운다며 반대했다. 1월 28일 NTC는 10%의 여성 할당 대신 남녀동수의 정당명부제와 200석 중 2/3을 정당에 배분하는 수정안을 제시했다. 4월 24일 지역적, 부족적, 종교적 정당이나 해외 정당의 연장이거나 외국에서 자금을 지원받는 정당이 금지되는 새로운 법이 채택되었다.[1]

NTC는 2012년 5월 중순 반군의 내전 중의 범죄에 대해 사면하고 카다피파는 7월 12일까지 재판 또는 석방하라고 명령했다. 또한 카다피 체제를 찬양하거나 새로운 체제를 비판하는 것을 금지했다.

6-1-2. GNC 정부(2012.8.8.-2014.8)

2012년 7월 7일 헌법기초위원회와 수상을 지명할 과도의회 선거가 유엔 감시하에 자유롭고 공정하게 실시되었다. 100개 이상의 정당이 등록하였고, 정당명부 80석 중 지브릴(Jibril)의 전국세력동맹(National Forces Alliance: NFA)이 48.1%, 39석, 정의건설당(Justice and Construction Party: JCP)이 10.3%, 17석, 나머지는 1개 당 3석, 3개 당 2석, 15개 당이 1석씩 당선되었다. 120명은 무소속이다. 8월 8일

1_ Reuters, "Libya bans religious, tribal or ethnic parties" (25 April 2012), https://uk.reuters.com/article/us-libya-election/libya-bans-religious-tribal-or-ethnic-parties-idUSBRE83O0PX20120425.

전국의회(General National Congress: GNC)가 NTC를 대체했다. NFA는 다양한 세력의 연합이고 자유주의 세력이 압도적이다. JCP는 무슬림형제단의 정당이다.

GNC는 무장 민병대와 무장 그룹을 통제하려고 했지만 통제하지 못했고, 벵가지 시민들은 동부에서 치안이 나빠졌기 때문에 불만스러워했다. 2012년 9월 11일 벵가지의 미국 대사 등 4명의 외교단이 이슬람주의자들의 습격을 받아 죽었고, 9월 21일 수천 명의 시위대와 경찰이 이슬람 민병대로 쇄도하여 도망치게 만들었다.

2013년 5월 GNC는 자유주의자와 중도주의자가 많았지만 카다피 정부에 참여한 모든 사람의 공직을 막는 '정치적 고립법'이 대중의 지지를 받는 가운데 무장세력의 강압으로 통과되었다.[2] 이 법은 (카다피 정부에 참여했던) 자유주의 정당의 엘리트에게 불리하고 테크노크라트도 배제했다. 자유주의 정당 출신의 각료와 의원들이 해임 또는 사임했다.

2013년 6월에 GNC가 선출한 아부사마인(Nouri Abusahmain) 대통령은 무슬림형제단의 지원을 받았고, 2013년 8월 이슬람주의 무장조직인 리비아 혁명작전실(LROR: Libya Revolutionaries Operations Room)을 만들었다. 2013년 9월 리비아는 정치적 경제적 위기에 빠지고, 석유 생산이 중단되고 많은 지역이 민병대에게 넘어가고 폭력이 증가했다. 2013년 살인과 강도가 증가하고 2013년 9월에는 무장 그룹이 유전지대를 봉쇄했다.

LROR은 2013년 10월 수상을 납치하였고, 아부사마인은 LROR과 무장세력에게 막대한 자금을 불투명하게 배분하여 비난받았다. 2013년

2_ Christopher S. Chivvis and Jeffrey Martini, *Libya after Qaddafi: lessons and implications for the future* (Rand Corporation, 2014), pp. 42-48.

12월 GNC는 샤리아 율법을 강제하고, 2014년 초부터 양성 분리와 히잡착용이 시행되었다. 2014년 1월에 임기가 끝나는 GNC는 임기를 최소 1년 더 연장하려고 2013년 12월 23일 일방적인 투표를 감행했다. 동부의 많은 주에서 시위가 일어났고, 치안 불안과 군대와 경찰 창설에 실패했다고 GNC를 비난하고 평화적인 권력이양을 요구했다.

2014년 1월 이집트 외교관 납치, 2014년 3월 GNC 의회 침입 및 총격이 있었다. 2014년 2월 14일 세속주의자인 하프타르(Khalifa Haftar) 장군은 GNC를 해소하고 새로운 선거를 감독할 임시정부위원회를 요구했다. 2014년 4월 반테러 기지가 방패군(Libya Shield Force)으로 불리는 알카에다 연계세력에 의해 점령됐다.

6-1-3. 토부룩의 HoR 정부와 트리폴리의 신GNC 정부(2014.8-2016.2.)

2014년 5월 16일 하프타르에 의해 GNC에 대한 대규모 군사작전인 '존엄 작전'(Operation Dignity)이 시작되었다. GNC는 토부룩(리비아 동북쪽 끝에 있는 도시)에 근거를 둔 친미 군벌인 하프타르(카다피 쿠데타에 가담했으나 반카다피 활동으로 사형선고를 받자 미국으로 망명했다 돌아옴)의 공격을 받자 2014년 6월 25일 새로운 선거를 실시했다. 투표율은 18%에 불과했고 이슬람주의자들이 패했다. 새로운 의회(House of Representatives, HoR)가 구성되어 8월 4일 GNC를 대체했음에도 이슬람주의자들은 이를 부정하고 구GNC를 지지했다.

7월 13일 트리폴리의 이슬람주의자들과 미스라타의 민병대는 '리비아의 새벽'(Libya Dawn) 작전을 개시하여 트리폴리 국제공항을 공격하고 8월 23일 진탄 민병대로부터 빼앗았다. 8월 25일 이집트와 UAE는 반군을 공습했다.

6월 선거를 부정하는 GNC 멤버들은 LROR의 지지를 받아 2014년 8월 25일 새로운 GNC를 소집하여 HoR을 대체하고, 트리폴리를 수도로 삼고 아부사마인을 다시 대통령으로 선출했다. 이에 HoR은 토부룩으로 이동하여 하프타르를 군참모총장으로 임명했다.

11월 6일 트리폴리의 대법원이 HoR의 해산을 선언했고, HoR은 거부했다. 2015년 1월 16일 유엔의 중재로 양측은 휴전했고, 벵가지에서는 양측 세력이 경쟁하였다.

친GNC 세력은 주로 벵가지와 데르나의 이슬람주의자들(Libya Dawn)이었다. (이들은 2016년 2월 GNA(Government of National Accord, 전국통합정부)가 구성되자 이를 지지했다). '리비아의 새벽'에는 카다피와 싸웠던 알카에다, 무슬림형제단, 미스라타의 보수적 상인들이 있었다.[3] 그리고 알카에다와 연계된 리비아 방패군(Libya Shield) 세력이 있다. 벵가지와 데르나의 이슬람 무장세력이 모인 혁명적 슈라위원회(Revolutionary Shura Councils)는 ISIL과 연계가 있고, 슈라위원회을 지지하는 벵가지 방어여단(Benghazi Defense Brigades)이 있다.[4]

반이슬람주의적인 존엄작전(Operation Dignity)은 리비아 국군(LNA: Libyan National Army)의 하프타르 분파를 중심으로 결속되었다. 존엄작전 참여세력에는 LNA, 살라피스트 민병대, 진탄 여단 등이 있다.

3_ Jon Lee Anderson, "Letter from Libya. The Unravelling" (23 February 2015), https://www.newyorker.com/magazine/2015/02/23/unravelling?int.

4_ Libya Herald, "Warshefana take Camp 27 from Libya Shield" (5 August 2014), https://www.libyaherald.com/2014/08/05/warshefana-take-camp-27-from-libya-shield/.

2015년 2월에는 내전의 영향으로 정전이 잦고, 상업활동이 거의 없어지고, 석유수입이 91% 감소하고, 4,000명이 죽었고, 많은 사람들이 튀니지로 이주했다. 혁명 전 200만 명에 달하던 이집트 노동자 중 80만 명이 본국으로 돌아갔다. ISIL은 지뢰를 많이 사용했고, 전선이 변함에 따라 많은 사람들이 죽었다. 수십만 명이 폭력과 빈곤 때문에 고향을 떠나 이주민이 되었다. 하프타르와 LNA는 트리폴리의 물공급을 끊는다든지 심대한 공습과 포격을 하였고, 많은 민간인이 죽었다. 하프타르는 이집트와 UAE의 지원을 받았다.

6-1-4. GNA와 LNA의 내전(2016.2.-현재)

2015년 12월 17일 유엔의 보증으로 HoR과 신GNC 양측이 9명의 대통령위원회와 17명으로 구성되는 과도정부를 구성하고 2년 내에 새로운 선거를 실시하는 정치협정에 서명했다.[5] 이에 따라 2016년 2월 2일 튀니스에서 통합정부(Government of National Accord: GNA)가 구성되었다.

2017년 10월 HoR의 새로운 선거를 위한 선거법을 둘러싼 협상이 시작되었으나 깨졌다. 이에 2017년 12월 17일 하프타르는 평화협정이 무효라고 선언했다.

2019년 7월 유엔은 관련국과 당사자들 간의 회의를 위해 임시 정전을 제안했다. 2019년 9월 아프리카 연맹(African Union, AU)은 아프리카 연맹과 유엔의 공동특사(joint AU-UN envoy to Libya)를 제안했다.

5_ Sami Zaptia, "Ageela Salah now supports UN-brokered Skhirat agreement: Kobler" (1 January 2016), https://www.libyaherald.com/2016/01/01/ageela-salah-now-supports-un-brokered-skhirat-agreement-kobler/.

푸틴과 에르도안은 정전을 제안했다. 터키의 지원을 받는 GNA와 사우디, UAE, 이집트, 요르단의 지지를 받는 LNA는 트리폴리의 폭력에 대해 서로 비난했다. 9월 중순 GNA를 지지하던 터키와 하프타르를 지지하는 소련은 정전과 정치일정에 대한 합의에 근접했다고 밝혔다. EU는 터키와 요르단, 카자흐스탄 운송회사가 무기금수조치를 위반했다고 규제를 밝혔다. 터키는 하프타르가 군사적 해결을 추구한다고 밝혔다. 2020년 1월 19일 소련과 UAE가 금수조치를 어기고 5대의 화물기로 무기를 하프타르 측에 보냈다. 하프타르가 미스라타 인근을 공격하자 2020년 2월 12일 유엔 안보리는 소련의 기권 속에 정전 지속을 결의했다. "2월 19일 GNA는 거의 1년 동안 포위되어 있던 트리폴리가 로켓 포격을 받자 평화회담에서 철수했다. 터키는 GNA에 군대를 보내고, 카타르도 GNA를 지지한다. LNA는 러시아, 이집트, 사우디아라비아, UAE, 요르단의 지지를 받는다. UN에 따르면 양측의 전투로 1,000명 이상 죽었고 14만 명의 이재민이 발생했다."[6] 양측의 지원국을 보면 세속주의와 이슬람주의의 대립이나, 친서방과 반서방의 대립도 아니고 오직 각국의 이해관계에 따르고 있다.

코로나 바이러스 때문에 유엔의 압력으로 3월 하순 휴전이 성립되었지만, 3월 24일 교도소가 포격 받았고, GNA는 반격을 개시했다. 2020년 6월 이집트의 엘시시가 LNA 지지세력과 협정을 주선했지만 거부되었다. 2020년 8월 21일 GNA는 휴전과 2021년 3월 선거를 제안했다. 2020년 10월 23일 LNA와 GNA가 공동군사위원회(5+5 Joint Libyan Military Commission)에 참여하여 영구정전에 합의했고 모든 외국인 전

6_ BBC, "Libya conflict: Tripoli rocket attacks halt peace talks" (2020.2.19.), https://www.bbc.com/news/world-africa-51557970.

사들이 3개월 내에 리비아를 떠나고, 공동 경찰로 분쟁지역을 순찰하기로 했고, 트리폴리와 벵가지 공항이 정상화되었다.

하프타르는 존엄작전을 '혁명의 경로에 대한 교정'이고 테러와의 전쟁으로 주장한다.[7] 트리폴리 정부는 하프타르가 쿠데타를 하고 있으며 리비아의 새벽 작전을 '혁명의 교정'이라고 주장한다. 그들은 종교적이거나 분파적인 목적이 아니라 혁명을 위한다고 말한다.[8] 이슬람 군사그룹 알샤리아(Ansar al-Sharia)는 하프타르의 공격을 이슬람에 대한 전쟁이라 말하고 벵가지 이슬람국가를 선언했다.

하프타르 공세 전 이집트의 무역은 많은 공격을 받았다. 때문에 이집트는 하프타르를 지원한다. 2014년 7월과 8월 귀국하려는 이집트인들이 리비아-튀니지 국경에서 많이 공격받았다. 2020년 7월 엘시시는 리비아에 개입할 권리가 있다고 선언했고, 사우디와 UAE가 지지했다. GNA는 이집트, UAE, 러시아, 프랑스가 하프타르 민병대에 무기를 공급하고 있다고 비난했다. 튀니지는 2014년 5월 국경을 통해 급진 이슬람주의와 무기 등이 들어오자 경비를 강화했다. 수십만 명의 난민을 감당할 수 없다며 국경을 봉쇄할 것이라고 말했다가, 2020년 1월 난민을 받아들이겠다고 말했다. 2019년 유엔은 요르단, 터키, UAE가 무기 금수를 위반하고 있다고 보고했다.

7_ Sharif Abdel Kouddous, "A Q&A with Khalifa Hifter, the mastermind behind Libya's new revolt" (20 May 2014), https://www.washingtonpost.com/news/worldviews/wp/2014/05/20/a-qa-with-khalifa-hifter-the-mastermind-behind-libyas-new-revolt/?arc404=true..

8_ Mary Fitzgerald, "Who's Running This Joint, Anyway?" (13 October 2014), https://foreignpolicy.com/2014/10/13/whos-running-this-joint-anyway/.

2014년 미군 특수부대는 이슬람 반군이 장악한 오일탱크를 습격하여 리비아 정부에 돌려줬다. 2015년 미군 전투기는 리비아 이슬람국가(Islamic State in Libya)를 공습했다. 2017년 1월과 9월, 2019년 9월에도 미군은 IS를 공습했고, GNA와 함께 남부의 IS를 공격했다고 밝혔다. IS는 카다피 몰락 이후 리비아의 반군들이 시리아에서 아사드 정권과 싸우다가 2014년 초 리비아의 데르나로 돌아왔고, 2014년 11월 ISIL에 충성을 맹세하고 데르나, 벵가지, 카다피의 근거지였던 시르테 등에서 동조자를 끌어모았다. 2015년 여름부터 2016년에 걸쳐 다른 무장세력과 미군의 공격으로 세력이 약해진 이후 가끔 테러 공격에 나선다.

터키는 하프타르와 동부 정부에 반대하여 서부 정부에 무기와 탄약을 지원했다. 요르단은 터키가 리비아와 소말리아의 민병대를 지원하고 있다고 비난했다. 2019년 7월 에르도안은 자국민이 억류되자 하프타르에게 전쟁을 할 것이라고 위협했다. 2020년 1월 터키는 '국제적으로 인정된 정부를 위해' 군대를 파견할 것을 결의했다.

서방이 평화회담을 주선하는 배경에는 IS의 준동이 있다. 하프타르는 이슬람 반군을 확실히 제압하고 벵가지를 해방시키고 동부의 유전지대를 지켰다는 평가가 있다.

6-1-5. 요약과 평가

이상을 요약하면 정상배들이 모였던 NTC는 2011년 10월 카다피가 죽자 임시정부로 전환하고, 2012년 8월 선출된 의회인 GNC에 권력을 넘겼다. GNC는 다양한 세력이 모였지만, 점차 이슬람주의자들의 영향력이 커지고 부패했고 무능했다. 2014년 5월 친미 군벌이고 세속주의자인 하프타르가 존엄작전을 전개하자 새로운 의회(HoR)를 선출하여 8월 GNC를 대체했다. HoR을 거부하는 세력들이 새로운 GNC를 소집하여 트리폴리에 정부를 만들자 HoR은 토부룩으로 이동하여 정부를 만들고 LNA를 이끄는 하프타르와 동맹했다. 트리폴리의 서부 정부는 리비아의 새벽 작전으로 대응했고, 2016년 2월 양측의 합의로 통합정부(GNA)가 구성되고 유엔의 승인을 받았다. GNA는 포용적이지 않았고, 2017년 12월 하프타르는 GNA를 무효로 선언하고 전투를 계속했다. 2020년 10월 양측은 영구정전에 합의했다. 리비아는 현재 트리폴리 등 서부의 일부를 제외한 대부분의 지역과 유전지대를 하프타르가 장악하고 있고, 남부 지역에는 이슬람주의 반군세력이 있다.

카다피는 관료행정기구에 의존하는 근대적 국가가 아니라 부족적 질서를 통해 통치했다. 지독한 억압으로 민중운동 세력은 물론 시민사회도 성장하지 않은 나라였고, 국민항쟁이 곧바로 내전으로 발전했고, 카다피가 무너지자 군대, 경찰, 각종 공공부문은 남아있지 않았고 이 역할은 내전에 참가한 각 지역의 무장세력이 맡았다. 그들은 민중적 세력일 수도 있지만 부족적, 종교적, 지역적으로 모인 집단이고, 대부분 민주적이거나 민중적 세력은 아니었다. 리비아 민중에겐 민주적인 통합국가의 건설이라는 과제가 남아있다. 서방국가나 지역 패권국들이 서로 나뉘어 지원하는 GNA나 LNA 모두 잡다한 세력들이고, 이슬람주의와 세속주의의 대립처럼 보이지만 통합정부가 이루어지지 않는 것은 압도적인 군사력을 가진 하프타르의 지위를 수용 또는 포용하기 어렵기 때문이다. 비민중적 세력들의 이합집산 속에 민중적 이익이나 민중세력이 성장할 기반이 없다. 통합적 국민국가의 기반이 없기 때문에 정상배들의 집단적 이기주의는 이해관계가 서로 다른 제국주의나 패권주의 국가들과 결탁하고 서로의 몫을 지키고 키우기 위해 끝없이 대립한다.

6-2. 시리아: 시민봉기, 무장반란, 내전, 제국주의 대리전쟁

시리아 인구 중 기독교는 약 10%, 이슬람은 87%이고, 이중 수니 무슬림이 69-74%이고 쿠르드족은 8.5% 정도다.[9] 알라위는 코란에만 의지하고 환생을 믿고 포도주를 그리스도의 피로 믿는 시아의 한 분파이고 시리아 내의 소수종파이다. 이들은 내부 결속력을 가지고 군부 등의 상층을 장악했다. 2010년 시리아 인구의 11.8%(2018년에는 17.2%)[10]를 차지하는 알라위의 수장이고 1971년 쿠데타로 권력을 잡은 하페즈 알 아사드(Hafez al-Assad)의 뒤를 이어 그의 아들인 바샤르 알 아사드(Bashar al-Assad)가 권력을 이어받아 대통령이 되었다. 1963년부터 비상사태법하에 있었고(2011년 4월 폐지되었다), 정치적 반대파에 대한 고문과 연행은 광범위했고, 2011년 시위는 무자비한 진압과 학살로 이어지고, 장병의 이탈을 낳았다. 내전으로 2017년까지 40만 명이 죽고 500만 명에 가까운 이주민이 발생했다.[11]

9_ Alasdair Drysdale and Raymond A. Hinnebusch, *Syria and the Middle East peace process* (Council on Foreign Relations, 1991), p. 222, https://archive.org/details/syriamiddleeast00alas/page/222/mode/2up.

10_ Michael Izady, "Syria: Ethnic Shift, 2010-mid 2018," https://gulf2000.columbia.edu/images/maps/Syria_Ethnic_Shift_2010-2018_lg.png

11_ CNN, "Syrian Civil War Fast Facts" (9 April 2020), https://edition.cnn.com/2013/08/27/world/meast/syria-civil-war-fast-facts/index.html.

튀니지 혁명의 성공에 고무된 시리아 시민들의 저항은 2011년 1월부터 시작되었고, 3월부터 7월 말까지 대규모 개혁요구로 발전했다. 항쟁 초기 경찰과 군대의 무자비한 진압으로 수백 명이 죽고 수천 명이 다쳤다. 4월 말 이후 군대를 동원한 진압이 개시되었고, 시위대와의 충돌은 대량 탈영과 무장반란으로 발전했다. 무장반란이 내전으로 발전하자 주로 수니파인 자유시리아군(Free Syrian Army: FSA), 알누스라 전선을 포함한 살라피 지하디스트 그룹, 쿠르드족 민병대인 인민보호단(People's Protection Units: YPG)이 주축인 시리아민주군(Syrian Democratic Forces: SDF) 그리고 ISIS(이슬람 국가)가 등장했다. 아사드 정부는 레바논의 시아파 민병대인 헤즈볼라, 소련, 이란이 진원하고, FSA는 터키와 미국 그리고 사우디와 UAE가 지원하고, SDF는 미군이 지원하고, 때때로 이스라엘이 개입하는 대리전으로 발전했다.

6-2-1. 시민봉기와 아사드 정권의 진압(2011.3.-2011.7.)

튀니지와 이집트 시민들의 저항이 알려지자 시리아에서도 2011년 1월부터 소규모 시위가 시작되고, 2011년 2월 4일 '분노의 날' 선동이 전날 페이스북에 올라왔으나 무산되었고, 3월 중순까지는 비밀경찰(정보경찰)에 의해 통제되었다. 3월 6일 '혁명의 요람'으로 불리는 남부 도시 다라(Daraa)에서 15명의 유명 가문의 학생들이 '인민은 정권의 붕괴를 원한다'는 그라피티(벽 낙서, 벽 그림)를 그렸다는 이유로 투옥과 고문을 당하고, 13살 학생이 고문받아 죽었다. 3월 15일 대규모 시위가 발생하였고 3월 18일 금요기도일에 모스크에 모인 시위대를 경찰이 물대포와 최루가스, 실탄을 사용하여 진압하면서 4명의 시민이 죽었다.

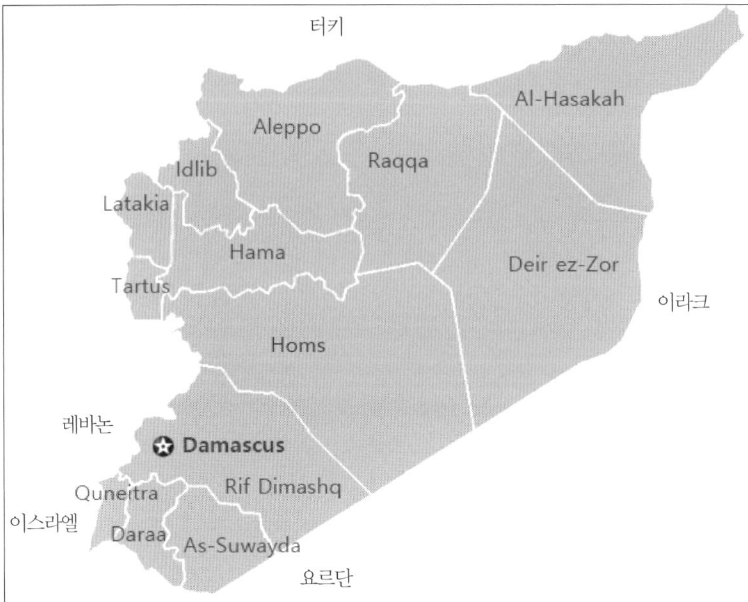

그림 1. 시리아 행정주 표시

3월 20일에는 시위대가 바트당 당사를 불태우자 보안부대(Security forces: 군대가 아닌 진압경찰)가 실탄을 사용했고, 경찰 7명과 시위대 15명이 죽었다.

소규모 시위가 전국 어디서나 일어났고, 시위대는 정치범 석방, 48년간 지속된 비상조치법 철폐, 보다 많은 자유, 부패 일소 등을 요구했다. 3월 18일 분노의 날에 여러 도시에서 대규모 시위가 일어났고, 경찰은 최루가스와 물대포로 대응했다. 경찰의 구타로 6명이 죽고 많은 사람들이 다쳤다. 3월 25일 전국적인 대규모 시위로 20명이 보안부대에게 죽었고. 이후 시위는 전국으로 번지고 70명이 죽었다.

정부는 2월 초부터 정치적 반대파와 인권운동 활동가들을 체포했고,

시민봉기가 일어나자 경찰과 보안부대가 용의자를 8일 동안 영장없이 구금할 수 있도록 법이 개정되었고, 많은 남자들과 소년들을 체포했다. 3월과 4월 정부는 자의적인 체포와 구속을 뒷받침하는 비상조치법의 폐지와 부패 일소 등을 약속하는 양보조치를 취하고, 4월 21일 비상조치법을 폐기하였다. 4월 초 보안부대는 많은 도시를 봉쇄했지만, 수도를 제외한 여러 도시에서 광범위한 시위가 계속되었다.

그러나 4월 25일 서남부 도시인 다라(Daraa)를 군대가 포위한 후 탱크와 저격병이 등장하고 실탄으로 진압하고 집집마다 뒤지면서 수백 명을 학살했다(다라 학살). 보안부대는 물과 전기와 전화선을 끊었고 곡식과 음식을 몰수했다. 무장한 시위대와 이탈한 병사들이 군대와 충돌했고, 수백 명의 희생자가 났다. 대부분의 시위는 5월 5일까지 진압되었고, 군대는 일부 병력만 남겨놓고 철수했다. 5월에도 다마스커스 인근 도시와 홈스(Homs), 라타키아(Latakia) 등 여러 도시를 군대가 봉쇄하고 진압했다. 3월 중순부터 5월 24일까지 희생자는 1,062명에 달했다. 봉쇄작전 후에도 폭력적인 진압과 간헐적인 시위는 6월까지 계속되었다.

2011년 6월과 7월 정부가 작전을 확대하면서 탱크를 동원하고 총을 쏘고 체포를 계속하자 시위가 계속되었다. 6월 30일 시리아의 최대도시 알레포에서 시위가 일어났고, 7월 3일 하마에서 최대규모의 반아사드 시위가 일어났다. 첫 봉기 후 약 6개월 동안 다마스커스와 알레포는 비교적 조용했고, 중심가에서는 친정부 시위가 있었다.

7월에 정부는 바레인처럼 이틀에 걸친 전국대화를 제의했다. 그러나 많은 반정부 인사와 많은 야당과 시위대 지도자들은 진압이 계속되고 있다면서 거부했다.

6-2-2. FSA의 등장과 내전 그리고 터키의 지원(2011.7.-2012.12.)

2011년 7월 4일 터키와 면하는 이들리브(Idlib)주의 아쉬슈구르(Jisr ash-Shugur)에서 무장충돌이 일어났다. 성난 시위대가 장례 시위에 총을 쏘는 비밀경찰이 있는 빌딩에 불을 질러 8명의 비밀경찰 장교들이 죽었고, 시위대는 경찰서를 장악하고 무기를 탈취했다. 다음날까지 시위대와 보안경찰 간에 충돌이 계속되었고, 보안경찰과 정보원들이 시위대를 죽이는 것을 거부한 병사들을 죽이는 것을 보고 보안부대 장교들이 탈주했다. 7월 6일 수니파 민병대와 무장 탈영병들이 대규모 진압을 위해 오는 보안부대를 매복습격했다. 정부는 이 사건으로 120명의 보안부대원이 죽었다고 밝혔다.[12] 대량학살을 두려워하여 반란자들과 탈영병을 포함한 만명의 거주민들이 터키 국경을 넘어 도망쳤다.

이처럼 7월 6일 아쉬슈구르의 무장반란은 무장 민병대에 의해 시작되었지만, 조직적인 반란은 7월 29일 아사드 정권의 타도를 천명한 일단의 이탈장교들이 모여 탈영병들로 이루어진 반군조직인 자유시리아

12_ 시리아 정부는 7월 6일 북부 국경도시인 Jisr al-Shughour에서 보안부대 120명이 죽었다고 밝혔다. 정부군은 다라를 비롯한 많은 도시를 봉쇄하고 진압해왔지만, 시민들의 무장반격을 받아 다수의 사상자가 났다고 밝힌 것은 처음이었다. 다만 사망자의 수자가 테러리스트에 대한 진압을 정당화하기 위한 과장도 있다. 항쟁 시작부터 11주 동안 보안부대는 160명 이상이 죽었다고 하지만, 시민들은 1,600명 이상 죽었다. 정부는 무장한 시민은 순수한 시민이 아니라 분파주의적 테러리스트라고 주장했다. BBC, “Syria vows ‘decisive’ response in Jisr al-Shughour” (7 June 2011), https://www.bbc.com/news/world-middle-east-13677200; Liz Sly, “Syria says protesters killed 120 soldiers” (6 June 2011), https://www.washingtonpost.com/world/syria-claims-security-forces-killed-by-protesters/2011/06/06/AGJuYNKH_story.html.

군(Free Syrian Army: FSA)의 선언에서 시작되었다.

7월 31일 라마단 학살이라 불리는 전국적인 진압으로 142명 이상이 죽었고 수천 명의 부상자가 발생했다. 8월 28일에는 잡다한 세력이 모인 전국위원회(Syrian National Council)가 터키에서 구성되었다.

2011년 8월 정부군은 주요 도시와 인근 도시들에 쇄도하여 시위대를 공격했다. 8월 14일 라타키아(Latakia)를 포위하고 전함이 중화기로 공격했다. 8월 말 홈스(Homs), 다라와 다마스커스 인근에서 금식종료를 축하하는 시위대는 보안부대의 발포로 진압되었다. 9월 27일부터 10월 1일까지 홈스 주의 라스탄(Rastan)에서 정부군과 FSA 사이에 치열한 교전이 있었고, 반군은 패배했다.

10월부터 FSA는 터키 정부의 도움으로 터키 남부의 국경지방인 하타이 주(Hatay Province)에 사령부를 설치하고 현장 전투를 지도했다.[13] 10월 내내 정부군과 반군의 충돌이 계속되었고, 반군은 북서부 이들리브주 대부분을 장악했다. 10월 19일 알레포에서 대규모 친정부 시위가 있었다. 혁명의 수도로 불리는 홈스에서 정부군과 FSA의 충돌이 계속되자 봉쇄되고 6일간의 포격 후 정부군이 쇄도했고 8일간의 시가전으로 이어졌지만 진압에 실패했다. 11월과 12월 FSA는 공세에 나섰다.

2012년 1월 아사드는 반군에게 무차별 포격을 가했고, 많은 주택이 파괴되었다. 이 무렵이 되자 매일같이 계속되었던 시위는 축소되었고 무장충돌의 확장에 의해 빛을 잃었다. 1월에는 다마스커스 외곽에서 충돌이 계속되었고 정부군은 탱크와 대포로 대응했다. 1월 7일부터 1월 18일까지 계속된 자바다니(Zabadani) 전투에서 FSA는 사수했다. 정

13 İpek Yezdani, "Syrian rebels: Too fragmented, unruly" (1 September 2012), https://www.hurriyetdailynews.com/syrian-rebels-too-fragmented-unruly-29158.

부군은 1월 말까지 대부분의 도시를 탈환했지만 전투는 계속되었다. 2012년 2월 3일 홈스에서 정부군의 대규모 공격이 시작되었고, 3월 초에는 포격과 치열한 시가전 끝에 반군의 근거지인 아므르(Baba Amr)를 장악하고, 3월 14일에는 이들리브의 대부분을 탈환했다. 4월 초까지 사망자는 10,000명에 달했다.

2012년 초부터 아랍연맹과 유엔의 위임을 받은 코피 아난은 2012년 4월 중순 유엔이 보장하는 정전을 선언했지만, 2012년 5월 25일 108명이 즉결 심판된 호울라(Houla) 학살 후 FSA가 정부에 최후통첩을 하고 전국적인 반격에 나서면서 정전이 깨어졌다. 6월 12일 UN은 공식적으로 내전 상태로 선언했다. 충돌은 알레포와 다마스커스로 옮겨갔다.

6-2-3. 반군들(FSA, YPG, ISIL, 이슬람 반군)의 난립(2013.1-2013.12..)

2013년 초봄까지 반군은 모든 전선에서 전진했다. 2013년 1월 11일 알누스라를 포함한 이슬람주의 세력은 이들리브주의 타파나즈(Taftanaz) 공군기지를 장악했다. 1월 중순 라스알아인(Ras al-Ayn)에서 반군과 쿠르드 세력 간에 충돌이 일어나자 YPG(쿠르드족 민병대)는 하사카(Hasakah)주의 유전지역으로 이동했다. 3월 6일 반군은 라카(Raqqa)를 함락시켰다.

2013년 4월 초 가장 강력한 지하디스트 반군 중 하나인 이라크 이슬람국가(Islamic State of Iraq)가 시리아로 세력을 넓히고 이슬람국가(ISIL: Islamic State of Iraq and the Levant, 혹은 ISIS: Islamic State of Iraq and Syria)란 이름을 채택했다.

2013년 4월 정부군이 헤즈볼라와 함께 공세에 나서면서 반군의 전진은 멈췄다. 헤즈볼라는 레바논에 기반을 둔 시아파의 정치적 전투집단이다. 2013년 7월부터 전선은 교착상태에 빠졌다. 7월 28일 반군은 다라의 군사적 검문소를 함락시켰고, 일부 반군은 ISIL과 전쟁을 선언했다. 8월 6일 반군과 ISIL은 10개월의 봉쇄 후에 메나그(Menagh) 공군기지를 함락시켰다. 8월 21일 다마스커스의 반군 근거지인 구타(Ghouta)에서 화학 공격이 있었고 수천 명의 사상자가 나고 수백 명이 죽었다.

ISIL은 2013년 9월 18일 국경 마을인 아자즈(Azaz)를 시작으로 10월 초와 11월 하순 FSA가 장악한 국경마을을 함락시켰다. 2013년 11월 헤즈볼라, 친정부 시아파 민병대인 알아바스(al-Abas) 여단의 지원을 받은 정부군은 알레포와 다마스커스에서 공세를 시작했다. 다른 지역에서는 쿠르드 세력과 반군과 알누스라 전선의 전투가 계속되었다.

11월 23일 알누스라와 이슬람 반군은 최대 유전인 알오마르(al-Omar)를 장악했고, 이후 정부는 석유를 거의 수입에 의존해야 했다. 11월 24일 반군은 다마스커스의 많은 주변 도시를 장악했다.

12월 초 이슬람 전선은 FSA의 손에 있던 터키 국경의 하와(Bab al-Hawa)를 장악했고 미군이 보내준 장비가 있는 창고를 탈환했다. 미국과 영국은 FSA에 대한 모든 비군사적 원조를 중단한다고 선언했다.

6-2-4. ISIL의 성장과 미국의 개입(2014.1.-2015.9.)

2014년 1월 3일 반군은 알레포와 이들리브주에서 ISIL에 대한 공세에 들어갔고, 알레포 지역을 탈환하고 ISIL은 북동부의 라카지역을 탈환했다. 2014년 1월 29일 터키 공군이 ISIL을 공격했고, 2월 중순 알누스라

전선이 반군에 합류했다. 3월이 되자 ISIL은 이들리브로 퇴각했다.

정부군과 헤즈볼라는 홈스에서 반격에 나섰고, 3월 18일 이스라엘은 골란고원에서 순찰 중인 자국군이 죽었다는 이유로 시리아 군사기지를 포격했다. 5월 7일 시아파 신도의 보호를 위해 정부군과 이슬람 반군 사이에 잠시 휴전이 있었다. 5월 18일 반군이 정부군과 싸워 하마를 장악했다.

2014년 6월 3일 시리아 역사상 처음으로 야당 후보가 허용된 대통령 선거가 있었다. 헌법재판소는 1,163만 명(73.42%)이 참가하여 아사드가 88.7%를 얻었다고 밝혔다. 그러나 시리아에 남아있는 유권자는 600만 명이 안 되다는 주장도 있고, 반군과 쿠르드족 그리고 ISIL이 장악한 60%의 지역에서는 선거가 없었다. 서방측은 이 결과를 무시했지만, 아사드의 초대에 응한 볼리비아, 브라질, 쿠바, 에콰도르, 인도, 이란, 이라크, 니카라과, 러시아, 남아공, 베네주엘라의 의회 대표단은 공정한 선거였다고 밝혔다.[14]

6월 5일부터 ISIL은 이라크 영토 일부를 점령하고 미군이 준 중무기를 빼앗았고, 시리아로 들여왔다. 정부군은 이라크군과 합작으로 라카와 하사카에 있는 ISIL 기지를 공습했다. 반군은 다라의 일부를 탈환했다. 7월 IS는 라카지역의 유전지대를 놓고 공방했다.

8월 14일 FSA 사령관은 이스라엘과 협력하고 대전차 무기를 증여받고 부상병이 이스라엘에서 치료받는다고 밝혔다. 8월 19일 ISIL은 미국 언론인을 처형했다. 8월 22일 알누스라 전선은 포로로 잡은 레바논 병

14_ The Times of India, "Foreign delegation in Syria slams West, endorses elections." (5 June 2014), https://timesofindia.indiatimes.com/world/middle-east/Foreign-delegation-in-Syria-slams-West-endorses-elections/articleshow/36069541.cms.

사를 공개하고 헤즈볼라에게 철수를 요구했다. 8월 23일 영국과 미국은 터키가 ISIL이 이라크와 시리아 국경을 넘는 것을 막아야 한다고 요구했다. 터키가 국경을 봉쇄할 의향이 전혀 없었기 때문에 미국은 시리아의 쿠르드족과 함께하기로 결정했다.[15] 8월 26일 시리아 공군은 ISIL을 석유와 천연가스 자원에서 떼어내기 위해 데이르 에조르(Deir ez-Zor) 지역의 ISIL을 공습했다.

2014년 9월 23일 미군은 연합군과 함께 라카에 있는 ISIL을 전투기와 포격기 그리고 토마호크 미사일로 공격했다. 공격에는 바레인, 사우디, UAE, 카타르, 요르단도 함께 했다.[16]. 공습은 시리아 외교부와 FSA에 사전 통보되었고, FSA에 무기 이전이 시작되었다. 미국은 알누스라의 분파가 미국을 공격할 훈련장과 계획을 가지고 있다고 공격했다. 터키는 유엔에 비행금시구역 설정을 요청했고, 이스라엘은 시리아 전투기를 국경 근처에서 격추했다. 10월 3일까지 ISIL은 코바니(Kobanî) 시와 그 주변 1km 이내를 집중 포격했다. 10월 21일부터 36시간 동안 시리아 공군은 반군을 200회 공습했고, 미국과 아랍 제트기는 코바니의 ISIL을 공습했다.[17] 2015년 1월 26일 쿠르드족의 YPG는 ISIL로부터 코바니를 탈환했다.

2014년 2월 FSA의 남부전선이 만들어진 후 다라 등에서는 계속 승

15_ Patrick Cockburn, "Turkish threats of intervention after Ankara bombing taken seriously by Obama" (20 February 2016), https://www.independent.co.uk/news/world/middle-east/syria-conflict-isis-turkey-barack-obama-ankara-bombing-a6886466.html.

16_ CNN, "U.S. airstrikes hit ISIS targets inside Syria" (23 September 2014), https://edition.cnn.com/2014/09/22/world/meast/u-s-airstrikes-isis-syria/index.html.

17_ BBC, "Syria conflict: '200 air force strikes' in 36 hours" (22 October 2014), https://www.bbc.com/news/world-middle-east-29720384.

리하다가 2015년 정부군의 공세로 진퇴를 거듭하고 전선은 교착되었다. 터키와 요르단에 있는 반군 작전실은 사우디아라비아와 카타르의 요청으로 협력을 증진시키기 시작했다.

2014년 10월 하순 알누스라 전선과 서방이 지원하는 반군 간에 충돌이 일어났다. 알누스라가 이들리브에서 두 온건파를 함락시키고 CIA에게서 공급받은 무기를 빼앗았다. 2015년 3월 24일 알누스라는 이들리브시를 제외한 나머지를 장악하고 3월 28일 이들리브에서 정부군을 축출했다. 북부는 지하디스트인 ISIL 세력과 알누스라 전선, 쿠르드 반군(SDF) 남부는 비지하디스트인 FSA 반군이 정부군과 대적했다.

2015년 4월 하순 사우디가 지원하는 수니파 반군연합인 정복군(Army of Conquest)은 북서부에서 공세를 시작했다. 정복군은 이슬람주의자와 살리피스트 반군연합인 아쉬샴(Ahrar ash-Sham)과 알카에다에 충성하는 알누스라 등이 결집한 것이고(두 세력은 2017년부터 갈라섰다), 서방의 지원을 받는 온건파와 대립하였다. FSA는 북부에서 세력이 약해지고 온건파 전사들은 정복군의 최대 분파인 아쉬샴과 같은 극단파에 합류했다. 헤즈볼라는 레바논 국경지역을 장악했다.

6월 초 ISIL은 홈스와 라타키아, 다마스커스, 레바논으로 통하는 교통요충지인 하시아(Hassia)에 도달했다. 6월 25일 ISIL은 코바니와 하사카를 공격하고 20만 명의 이재민이 발생했다. 7월 20일 미군 특수부대가 ISIL 핵심부를 습격하여 터키가 ISIL의 고위층과 거래하고 있는 것이 드러났다. 2014년부터 이라크에 개입한 호주가 2015년 9월 중순 시리아 공습에 참여했다.

6-2-5. 러시아의 개입과 대리전쟁으로의 전환(2015.9-2016.7.)

2015년 9월 30일 시리아 정부의 공식요청으로 러시아 항공우주군이 ISIL과 FSA에 대한 공습을 개시했다.[18] 미국은 쿠르드족과 시리아 반군을 지원할 것이라고 밝혔다.[19] 10월 8일 CIA의 반군을 무장시키는 은밀하고 보다 큰 지원은 계속되었지만, 미국은 반군의 훈련과 장비를 위한 5억 달러의 지원계획을 종료한다고 발표했다.[20] 2주 후 NYT는 반군에게 미군 대전차포가 왕창 공급되고 러시아의 공습이 계속되자 미국과 러시아 간의 대리전쟁으로 변했다는 의견을 밝혔다.[21] 러시아-이란-헤즈볼라 연합 공세가 알레포에서 계속되었다.

10월 30일 비엔나에서 미국과 러시아, 터키, 사우디아라비아가 시작한 평화회담에 이란이 참여했다. 평화회담은 아사드의 미래에 관한 이견이 일치되지 않았다. 11월 중순 프랑스가 석유와 가스 시설을 포격하자 러시아가 비난했다. 11월 19일 오바마는 러시아와 이란에게 아사드의 지원을 멈추라고 말했다. 11월 20일 유엔 안보리는 회원국에게 ISIL과 알카에다 연계세력 및 테러 세력을 막도록 촉구하는 영국과 프랑스

18_ Stuff, "Russians make air strikes on Islamic State, US-backed Syrian rebel targets" (21 October 2015), https://www.stuff.co.nz/world/middle-east/72624688/russians-make-air-strikes-on-islamic-state-us-backed-syrian-rebel-targets

19_ CNN, "Obama authorizes resupply of Syrian opposition" (21 October 2015), https://edition.cnn.com/2015/10/05/politics/russia-ground-campaign-syria-isis/.

20_ NYT, "Obama Administration Ends Pentagon Program to Train Syrian Rebels" (9 October 2015), https://www.nytimes.com/2015/10/10/world/middleeast/pentagon-program-islamic-state-syria.html

21_ NYT, "U.S. Weaponry Is Turning Syria into Proxy War With Russia" (12 October 2015), https://www.nytimes.com/2015/10/13/world/middleeast/syria-russia-airstrikes.html?_r=0

가 제출한 결의안을 채택했고 러시아가 제출한 아사드를 인정하는 결의안은 부결되었다.

2015년 11월 24일 터키는 자국 영공을 침공했다는 이유로 러시아 전투기를 격추시켰다. 러시아는 정복군(Army of Conquest)을 공습했다. 영국은 유도탄과 토네이도로 시리아 동부의 오마르 유전지대를 공습했다. 12월 7일 미국 주도 연합의 전투기가 동부 데이르 에조르주에 있는 시리아 군부대를 미사일로 공격했다고 비난했고, 미국은 부인했다.

2015년 12월 18일 유엔 결의안이 통과되었지만 ISIL과 알카에다를 비난하면서도 누가 반군을 대표할 것인지와 아사드의 미래에 대해 언급하지 않았다.[22]

2016년 1월 16일 ISIL이 데이르 에조르의 정부군을 습격하자 러시아가 공습했다. 1월 21일 미국이 지원하는 YPG가 장악하고 있던 지역에 러시아가 비행장을 만들고 있다고 보고되었다. 1월 하순 정부군은 수니파가 다수인 라카와 남부의 다라를 러시아와 헤즈볼라의 도움으로 장악했다. 2016년 2월 SDF는 시리아와 터키 국경의 대부분을 장악하고, 정부군은 러시아 공군의 도움으로 나머지를 봉쇄하자 터키의 반발로 이어졌다.[23]

2016년 2월 26일 반테러 활동을 제외한 미소 간 휴전이 선언되었다. 7월 초 모든 당사자들 간에 다시 충돌이 시작되고 6월 말 정부군과

22_ Reuters, "U.N. endorses Syria peace plan in rare show of unity among big powers" (19 December 2015), https://uk.reuters.com/article/us-mideast-crisis-syria-un-idUKKBN0U10J020151219.

23_ Daren Butler, "Kurds' advance in Syria divides U.S. and Turkey as Russia bombs" (17 February 2016). https://www.reuters.com/article/us-mideast-crisis-syria-kurds-idUSKCN0VQ1FR.

이슬람 반군 간에 알레포에서 충돌이 격화되었다.

6-2-6. SDF의 성장과 터키군의 개입(2016.8.-2019.5.)

2016년 8월 12일 SDF는 ISIL에 대한 공세에 나섰다. 8월 16일 미국은 시리아에게 북동부의 자신의 협력세력에 개입하지 말라고 경고했다. 8월 22일 YPG는 정부군으로부터 하사카의 주요 도시를 탈환했다. 8월 24일 터키군은 ISIL과 쿠르드족이 자국 안보를 위협한다면서 시리아에 침입하여 ISIL을 공격했다.[24] 시리아 정부는 이를 비난했다. 미국 부통령 조 바이든은 앙카라에서 터키를 간접적으로 지지하며 쿠르드족이 유프라테스 동쪽으로 물러나지 않으면 미국의 지지를 잃을 것이라고 밝혔다.[25]

터키와 터키가 지원하는 SFA(SNA: Syrian National Army라고도 한다)가 남하하자 YPG와 충돌했다. 8월 29일 미국은 터키가 자라불루스(Jarabulus) 남쪽으로 전진하는 것을 지지하지 않는다고 밝혔지만 터키에 의해 즉각 무시되었다. 터키와 SDF 간의 전투는 진정되고 대신 터키는 ISIL 쪽으로 이동했다. 9월 12일 미소가 중재한 정전이 시행되었지만 엿새 후 미국과 연합군은 ISIL과 싸우고 있는 데이르 에조르 근처의 시리아 군기지를 포격했다. 9월 19일 정부는 휴전을 지키지 않겠다고 밝혔다. 9월 22일 시리아군은 공세에 나섰다. 10월 26일 아랍인, 기독

24_ Guardian, "Turkey sends tanks into Syria in operation aimed at Isis and Kurds" (24 August 2016), https://www.theguardian.com/world/2016/aug/24/turkey-launches-major-operation-against-isis-in-key-border-town.

25_ Arabnews, "Biden orders Syrian Kurds to pull back; Assad govt slams Turkish incursion" (24 August 2016.), https://www.arabnews.com/node/974651/middle-east.

교도, 쿠르드족으로 된 SDF는 ISIL로부터 라카의 서부를 탈환했다. 10월 28일 알레포 동부의 포위망을 뚫는 반군들의 총공세는 알누스라가 주도하고 FSA도 참여했다. 12월 14일 정부군은 알레포를 완전히 장악했다. 12월 29일 러시아는 ISIL을 제외한 나머지 세력들이 러시아와 터키의 보증하에 이란의 서명으로 정전이 합의되었다고 밝혔다.[26] 2월 14일 전국에서 정전이 깨지고 다라에서 새로운 충돌이 시작되었다. 2월 23일 터키군은 알레포의 북동쪽을 장악했고, 시리아군은 터키를 막기 위해 알레포의 동부를 공격했다. 3월 17일 시리아 미사일이 골란고원의 이스라엘 제트기를 공격했다. 유엔은 미연합의 공습으로 3월 22일 150명의 민간이 죽었다고 밝혔다.

2017년 4월 7일 미해군은 화학 공격을 했다는 시리아 군기지를 토마호크로 공습했다. 소련은 미국의 공격이 주권국가를 공격한 국제법 위반이라고 비판했다. 5월 18일 시리아군이 미공군 기지 인근을 지나가자 전투기로 공격했다. 그럼에도 시리아군은 이라크 시리아 접경지역을 확보했다. 3월 21일부터 하마에서 정부군과 반군이 충돌했다. 4월 24일 터키 공군이 YPG를 공격했고 미국은 비난했다. 5월 4일 러시아, 이란 터키는 이들리브, 홈스, 구타, 시리아-요르단 접경에서 악화금지구역 창설에 합의했고, YPG는 비난했다.[27]

2017년 7월 7일 미국, 러시아, 요르단은 시리아 남서부 지역의 정전

26_ BBC, "Syria conflict: Ceasefire agreed, backed by Russia and Turkey" (29 December 2016), https://www.bbc.com/news/world-middle-east-38460127.

27_ Anne Barnard and Rick Gladstone, "Russia Reaches Deal for Syria Safe Zones, but Some Rebels Scoff" (4 May 2017), https://www.nytimes.com/2017/05/04/world/middleeast/russia-iran-turkey-syria-de-escalation-zones.html?smpr&_r=0.

에 합의했다. 7월 19일 미국은 반정부군을 무장시키고 훈련시키는 CIA 프로그램을 중지하기로 결정했다고 알려졌다.[28]

9월 5일 시리아군이 러시아 공군과 해군의 지원을 받으며 ISIL이 3년 동안이 장악하고 있던 데이르 에조르를 공격했다. 10월 17일 미국 연합의 폭격에 힘입어 4개월에 걸친 전투 끝에 SDF가 라카를 장악했다. 11월 중순 정부군과 민병대는 데이르 에조르 지역을 장악했다. 12월 6일 러시아는 시리아가 ISIL로부터 완전히 해방되었다고 선언했다. 12월 26일 푸틴은 러시아군의 일부 철수를 명령했다. 러시아는 테러리스트가 박멸되면 미군도 완전히 철수해야 한다고 주장했다.[29]

2018년 1월 20일 터키는 북부 시리아에서 YPG와 SDF에 대한 공격을 시작했다. 2월 10일 시리아 방공부대는 접경지역에 있는 시리아군을 공격하는 이스라엘 전투기를 격추했다. 3월 18일 터키군과 FSA는 아프린(Afrin)을 YPG로부터 탈환했다.

2018년 4월 7일 두마(Douma)에서 화학무기가 사용되었다. 이후 시리아군은 5년간의 구타 포위를 끝내고 두마를 장악했다. 4월 14일 미영프는 화학공격을 이유로 시리아군을 공습했다.

5월 1일 미국은 미국 주도 연합군이 아사드나 이란 지지자들에게 착취되지 않도록 ISIS를 공격할 것임을 밝혔다. 5월 이스라엘은 시리아

28_ Washington Post, "Trump halts covert arming of Syria rebels, a move likely to please Russia" (20 July 2017), https://www.washingtonpost.com/world/national-security/trump-ends-covert-cia-program-to-arm-anti-assad-rebels-in-syria-a-move-sought-by-moscow/2017/07/19/b6821a62-6beb-11e7-96ab-5f38140b38cc_story.html?hpid=hp_hp-top-table-low_ciasyria-310pm%3Ahomepage%2Fstory.

29_ Syrian Arab News Agency, "Lavrov: US forces must leave Syrian territory completely" (28 December 2017), https://sana.sy/en/?p=122708.

내의 이란군을 공습했다. 6월 6일 시리아군은 러시아군의 도움으로 남부의 다라와 큐네이트라(Quneitra)를 완전히 장악했다.

9월 17일 러시아와 터키가 이들리브에 비무장지대의 설정에 합의한 직후 이스라엘이 시리아군을 여러 곳 타격했다. 러시아는 이스라엘 미사일을 방어하는 S-300 미사일을 시리아군에게 제공했다. 12월 12일 터키는 로자바(Rojava) 작전을 시작할 것이라고 밝혔고, 12월 19일 트럼프는 시리아 주둔 모든 미군을 철수할 것이라고 밝혔다.[30] 12월 25일 이스라엘은 레바논 영공을 넘어 시리아를 공습했다. 12월 30일 시리아는 이라크가 시리아 영내인 데이르 에조르에서 ISIL을 공격하는 것을 허용했다.

6-2-7. ISIS의 패배 후의 대리전쟁: 터키의 개입과 미군의 철수(2019.3.-)

2019년 1월 초 알누스라의 후신인 알샴(Hayat Tahrir al-Sham: HTS)이 터키의 지원을 받는 반군연합인 NLF를 축출했다. 1월 6일 존 볼튼은 터키에 미군철수의 조건으로 ISIL이 격퇴되고 쿠르드족이 터키군으로부터 보호되어야 한다고 밝혔지만 에르도안이 거부했다. 3월 23일 SDF는 5년간의 팔리페(신정국가)가 끝나고 ISIL이 패배했다고 밝혔다.[31]

2019년 5월 6일 정부군은 러시아 우주군의 도움을 받으며 시리아 북서부의 반군을 공격했다. 8월 7일 미국과 터키는 새로운 비무장지대

30_ Hürriyet Daily News, "Turkey to clear Syria of both YPG, ISIL: Erdoğan" (21 December 2018), https://www.hurriyetdailynews.com/turkey-to-delay-operation-east-of-euphrates-in-syria-erdogan-139924

31_ BBC, "Islamic State group defeated as final territory lost, US-backed forces say" (23 March 2019) https://www.bbc.com/news/world-middle-east-47678157.

의 설치에 합의했다. 10월 7일 미국은 터키의 작전을 지지하지 않지만 시리아 북부에서 철수하겠다고 밝혔다.

10월 9일 터키는 북동부에 진입했고, 러시아는 정부군과 쿠르드족 간에 협상을 하도록 하고, 터키와 쿠르드족 간의 정전협상을 하였다. 정부군과 로자바 자치주(Autonomous Administration of North and East Syria)는 러시아의 중재로 터키 침입을 저지하기로 합의했다. SDF는 이를 받아들였고, 그 내용은 SDF가 시리아군에 소속되고 시라아군이 북동부 지방을 장악하되 일부 국경지역에서 지방기관의 자치를 인정한다는 내용으로 알려졌다.[32] 시리아군은 쿠르드족과의 협정에 따라 북서부 지방에 진출하여 쿠르드족을 위협하는 터키군과 맞서게 되었다. 미군의 철수와 터키의 공격 그리고 터키와 수니 반군을 증오하는 정부군의 진주로 시리아 북서부의 로자바에서 자치행정을 하려는 쿠르족의 전망은 위협받았다. 러시아군은 시리아와 터키의 충돌을 막기위해 미군이 철수한 지역을 메꾸었다. 시리아군은 SDF 장악지역으로 들어가서 SDF와 함께 터키군에 대치했다.

2019년 10월 22일 터키와 러시아 간의 대화로 완충지대 설정 거래가 성립되었다. 그 내용은 북중부(유프라테스강 동쪽)와 북동부 국경에 폭 30km의 완충지대를 만들어 러시아군과 시리아군이 관할하되, 터키와 시리아의 국경에서 폭 10km는 터키군과 러시아군이 관할하고, YPG는 완충지대에서 철수한다는 것이다. 단 북동부의 SDF가 장악한 쿠르드족의 수도인 카미쉴리(Qamishli)와 터키가 점령한 북중부의 2개 지역

32_ CNN, "Kurdish forces backed by US strike deal with Syria's Assad, in major shift in 8-year war" (14 October 2019), https://edition.cnn.com/2019/10/14/middleeast/syria-turkey-kurds-civilians-isis-intl-hnk/index.html.

(Tell Abyad와 Ras al-Ayn)은 각각 YPG와 터키가 관할하기로 하였다.[33]

2020년 2월 이들리브의 반군에 대한 시리아군의 공격을 터키가 막겠다고 하자 아사드는 터키와 시리아 국경을 평화지역으로 만들자는 의도를 천명했다.

SDF는 자신들이 시리아인이며 시리아의 일부이고 시리아 정부와 협력할 것이며 완충지역 설정거래를 지지할 것이라고 밝혔다. 이란과 미국, 독일은 이 거래에 찬성했다. 터키는 이 거래에 반대하며 테러리스트를 강제로 청소할 것이라고 위협하면서 자국 내에 피난 온 100만 내지 200만 명에 달하는 난민들을 완충지대로 옮기든지 혹은 유럽으로 이주를 허용하겠다고 밝혔다.[34]

시리아는 반군에 협력한 주민의 부동산을 몰수하고 연금을 취소해왔다. 난민들은 이 점을 우려하고, 시리아는 터키가 난민을 송환해서 개입하려 한다고 비난한다. 2019년 12월 터키군의 이들리브 공격으로 새로운 이주민이 터키에서 들어오고 있으며 이를 허용할 수 없다고 밝혔다. 레바논에 있는 150만 명의 난민을 포함하여 수백만의 난민이 주변국에 있고, 북부에는 열악한 난민캠프가 있다. 2019년 12월 1,100만 명의 난민 중 400만 명이 4군데의 국경출입소를 통해 지원받을 수 있는데, 이라크와 요르단 국경을 제외한 터키-시리아 국경에 있는 두 군데만 허용하고 있고, 4군데를 모두 개방하라는 유엔 결의안은 러시아와

33_ Defense Post, "Memorandum of Understanding between Turkey and Russia on northern Syria" (22 October 2019), https://www.thedefensepost.com/2019/10/22/russia-turkey-syria-mou/.

34_ Voice of America, "Erdogan Says Will 'Clear Terrorists' From Syria Border if Sochi Deal Fails" (28 October 2019), https://www.voanews.com/middle-east/erdogan-says-will-clear-terrorists-syria-border-if-sochi-deal-fails.

중국에 의해 비토되었다. 2018년 7월 시리아는 자력으로 재건에 나서겠다고 밝혔고, 이란은 에너지 단지의 재건에 합의했고, 2018년 11월부터 재건에 착수했지만 자금이나 물자가 여의치 않다. 러시아는 시리아의 항구 건설에 5억 달러를 투입하고 철도를 건설하겠다고 밝혔고, 시리아는 석유탐사권을 러시아에 주었다.[35] 시리아는 중국의 일대일로 사업 참가에 대한 협상 진행 중이라고 밝혔고 2020년 2월 8년 만에 알레포 공항이 운행을 개시했다.

2019년 12월 9일 러시아군이 라카에 들어와 인도적 지원을 했다. 러시아군과 시리아군은 이들리브 반군을 공격했고 미국은 비난했다. 미국은 내전 기간 중의 전쟁범죄 때문이라면서 시리아, 러시아, 이란과 그에 협력하는 나라들을 제재할 것이라고 밝혔다.

쿠르드족 간부들은 터키의 침입 이후 아사드 정부와 사우디아라비아, UAE, 요르단과 긍정적인 대화를 했다. 쿠르드족은 역사적으로 다양하게 나뉘어져 있으나 터키에 대항하면서 러시아에 일치된 의견을 제시하기 위해 화해하고 협력하고 있다. 시리아 정부는 북서부의 지역단체들과 대화하고 있고, SDF는 국가 통합의 중요성과 터키 침입에 대한 저항의 필요성을 강조했다. SDF는 시리아 군대로의 통합에 저항을 보이고 있다.

2019년 12월 터키는 백만 명의 난민을 자신들이 침입했던 북부 시리아로 보내기 시작했다. 터키는 북부에서 지역 시장과 지사를 지명하고 4,000명의 경찰과 관리를 지명하여 시민들에 대한 기초 서비스를 제공하고 있다. 쿠르드족은 이 계획을 걱정한다. 터키를 제외한 독일,

35_ Oil & Gas 360, "Syria hands oil exploration contracts to two Russian firms" (17/12/2019), https://www.oilandgas360.com/syria-hands-oil-exploration-contracts-to-two-russian-firms/.

영국, 프랑스 등 NATO 국가들은 난민들이 자발적으로 재정착해야 한다고 주장한다.

러시아와 시리아는 시리아가 자기 영토를 통제해야 한다고 선언하고, UAE는 이를 지지했다. 미국은 시리아의 영토적 통합에 반대했다.

2019년 11월 20일 새로운 헌법위원회가 제네바에서 활동을 개시했다. 시리아 정부는 시리아 50, 반군 50으로 구성되고 러시아가 보증하는 유엔 감독하에 진행되는 이 구성에 반대하고 철수했다.[36]

2019년 12월 EU는 쿠르드족에 대한 어떤 억압도 반대하고, 로자바에 있는 자주 정부(Autonomous Administration of North and East Syria: NES)가 보호되고 새로운 헌법에 반영되어야 한다고 밝혔다. 쿠르드족은 2016년 6월 독립을 추구하는 것이 아니라 연방적이고 민주적인 시리아에서 자치를 원하며, 시리아 내에서 자유롭게 살고, 시리아가 분열되어서는 안 되며, 민주화를 원하며, 평화롭게 살며 인종적 다양성이 보장될 것을 원한다고 밝혔다.[37] 러시아는 쿠르드족이 제네바 평화회담에 초대받아야 한다고 주장한다.

2020년 7월 시리아는 캐사르법(Caesar Act) 등의 영향으로 경제위기에 빠졌다. 2019년 12월에 발의되어 2020년 6월에 발효된 캐사르법은 아사드를 전범으로 규정하고 시리아 정부와 거래하는 국가나 기업을 규제하는 법이다.

36_ Dailysabah, "Regime continues to violate Sochi deal amid diplomatic efforts for political solution in Syria" (10/12/2019), https://www.dailysabah.com/syrian-crisis/2019/12/10/regime-continues-to-violate-sochi-deal-amid-diplomatic-efforts-for-political-solution-in-syria.

37_ Middle East Eye, "This is a new Syria, not a new Kurdistan" (21 March 2016), https://www.middleeasteye.net/news/analysis-new-syria-not-new-kurdistan.

6-2-8. 요약과 평가

2011년 초 시작된 시리아 시민항쟁에 아사드 정부는 보안부대와 군대를 동원하여 무자비하게 진압했다. 이에 2011년 7월 장병들이 이탈하여 FSA를 형성하여 내전에 돌입했고, 터키와 서방의 지원을 받았다. 2013년 초부터 이슬람반군과 YPG, ISIL이 등장하자 아사드 정부는 헤즈볼라와 함께 반격에 나섰다. 2014년 1월부터 ISIL이 급속히 성장하자 2014년 9월 미군이 SDF를 지원하면서 ISIL 공습에 나섰다. 알누스라와 정복군 등이 북서부에서 성장했다. 2015년 9월 아사드 정부의 공식요청으로 러시아군이 ISIL과 반군을 공격하기 시작했다. SDF가 성장하자 2016년 8월부터 터키군이 개입했다. 2018년 9월부터 러시아와 터키의 협상으로 북중부의 이들리브주에서 비무장지대가 설치되었다. 2019년 1월 ISIL은 사실상 패배했다. 정부군은 수니 이슬람주의 세력에 대한 공격을 계속했다. 2019년 10월 7일 미군 철수가 발표되고 10월 9일 터키군이 침입했다. 러시아의 주선으로 SDF는 아사드 정부를 인정하는 자치세력으로 정부군에 협력하여 터키군에 대응했다. 10월 22일 터키와 러시아 간의 대화로 북중부와 북동부 국경에 완충지대 설정 거래가 성립되었다. 2020년 초 북동부에는 터키의 지원을 받는 FSA(SNA), 알누스라와 같은 지하디스트, SDF 세력이 있고, 남동부 다라 일대에도 FSA 세력이 남아 있다. 미국은 아사드 정부에 대한 금융제재를 계속하고 있고, 아사드 정부는 경제적으로 많은 어려움에 처해있고, 러시아가 지원하고 있다.

시리아는 이스라엘과의 대치로 인구 2,000만 명에 징병제의 군대가 40

만 명에 달하는 나라다. 도시의 봉쇄와 학살이라 불릴 정도의 잔인한 진압은 장병들의 이탈을 가져오고 무장반란과 반군의 공세로 이어졌지만, 군대는 붕괴하지 않았다. 군사력의 대결은 항쟁의 시민적 성격을 없앴다. 시리아는 근대적 행정기구가 없는 리비아와 다르게 군대가 총생산의 40%를 차지하는 이집트와 비슷하지만 이집트와 다르게 시민저항과 군대의 중립의 형태가 아니라 시민항쟁의 소멸과 군대의 반란으로 이어졌다. 이런 차이를 가져오는 가장 큰 배경은 소수파인 알라위로 이루어진 바트당의 전 사회적 장악력과 관련이 있다. 바트당의 오랜 일당독재는 정치세력이나 사회운동 세력의 성장을 억제했고, 소수파에 의한 다수의 억압은 비교적 동질적인 사회인 튀니지나 이집트와 다른 양상을 보였다. 즉 사회적 갈등이 폭발했을 때 항쟁의 구심적 역할을 할만한 정치세력이 없었고 그 역할은 이탈한 장병들이 맡았고, 중앙정부의 장악력이 약해지자 쿠르드족이나 이슬람 세력이 등장했다. 한편 아사드 정권이 버틸 수 있었던 것은 러시아의 지원만이 아니라 일부 중상층의 지지가 있었던 것으로 추정할 수 있다.

내전이 발발하자 이해관계가 걸린 모든 세력들이 개입하였다. 미국, 러시아, 터키, 이란, 걸프 국가들. 제국주의국들과 주변 패권국가들은 자기 세력을 지원했고, 자기 세력의 몫이 줄어드는 것을 용인할 수 없기 때문에 끝없는 대리전이 이어졌다. 서부해안에 해군기지를 운영하는 러시아에게 친러 정권은 사활적 이해가 달린 문제이다. 터키에겐 쿠르드족의 부상을 막아야 하는 절대적 이해관계가 있다. 그런데 터키는 쿠르드족의 부상 이전인 내전 초기부터 노골적으로 FSA를 지원했다. 터키의 반아사드적인 행보는 두 나라의 오랜 경쟁관계를 감안하더라도 미국의 반아사드 입장만큼이나 정당한 이유는 없다.

이라크 전쟁 이후 미국의 개입력은 제한이 따랐다. 사다트가 제거된 후 국가가 해체된 이라크 민중의 고통에 대한 비난과 지하디스트의 저항은 지상전에 개입한 미국의 부담으로 작용했다. 이 부담이 공습은 할지라도 지상군의 파견을 제약했다. 이것이 리비아에서 지상군의 개입을 억제한 배경이다. 한편으론 주권국가의 내전에 어디까지 개입할 수 있는가에 대한 논란이 있다. 이런 이유로 미국은 공동의 적으로 간주된 ISIS에 대한 공격 외에는 FSA와 SDF에 대한 지원에 멈췄다.

가장 큰 무장세력인 아사드가 수용할 수 없는 중재안은 현실성이 없다. 쿠르드족은 현명하게도 반시리아를 전면에 내세운 독립을 표방하지 않고 연방 내의 자치를 표방했다. 이 의미에서 SDF는 무장반란이라기보다 무장저항에 가깝다 미국의 지원과 배신, 터키의 위협, 러시아의 중재, 아사드의 용인으로 성립된 거래는 아직 불안정하다. 그럼에도 SDF의 민중적이고 포용적 성격은 무력에 의한 억압을 제약한다.

중동은 어느 나라나 강대국이나 주변 패권국들의 이해관계가 대립하고 있다. 현상의 균형이 깨지고 반정부 무장세력이 등장하면 현상의 타파를 바라는 세력과 유지하려는 세력들의 개입이 시작된다. 주변국이 개입하지 않는 내전도 드물지만, 주변국들이 개입할 때 민중의 이해는 설 땅이 없고 무한한 대리전쟁이 계속된다. 이런 이유로 무장저항을 넘는 무장반란이나 내전은 성공할 토대가 없다. 3년이나 끌었던 한국전쟁의 비극의 본질도 동일하다.

또한 IS나 지하디스트에 합류한 사람들도 많았지만, 종교적 근본주의에 의한 분파주의는 근대적 통합국가의 시민들이 수용하기 어려운 주장이고, 따라서 이슬람 근본주의 세력은 오직 정부군과 군사력으로만 대결할 수밖에 없다. IS를 비롯한 지하디스트 세력은 터키를 제외한 모든 개입국들의 공적이고 도태될 수밖에 없었다.

나아가 FSA가 열악한 군사력 때문이라고 하더라도, 통합과 통일을 위협하는 터키나 이스라엘과 같은 외세에 의존한 것은 시민적, 민중적, 국민적 성격을 심각하게 약화시켰다. 아사드의 잔인한 탄압만으로 외세와의 결탁이 정당화되기 어렵다. FSA는 민중적 성격이 약했기 때문에 쉽게 부패했고 무능한 꼭두각시가 되어갔다. 역사는 가정을 허용하지 않지만, FSA가 주로 수니파 장병들로 이루어졌다고 하더라도 아사드와 바트당 일당독재의 퇴진을 전면에 내세우는 민주항쟁의 기치하에 세속주의를 천명하면서 즉 알라위를 포함한 모든 세력을 포용하는 모든 반아사드 세력의 연합을 추구하면서 외세의 도움을 거절했다면 다른 전개가 가능했을지도 모른다.

6-3. 예멘 내전과 패권국들의 간섭

1967년 남예멘에서 영국의 지배에 반란을 일으키고 만든 예멘 민주주의인민공화국(People's Democratic Republic of Yemen)은 소련과 쿠바의 지지를 받았고, 소련의 붕괴와 함께 1990년 북예멘과 통합했다. "인구의 55%인 수니파(주로 살라피)는 주로 남부에 많고 시아파(주로 자이디)는 북예멘에 많다."[38] 1994년 분리주의자들의 군사반란이 있었다.

예멘은 인구의 반이 빈곤선 이하에 있고 3분의 1이 만성 굶주림에

38_ United States Secretary of State, "Yemen 2012 International Religious Freedom Report" (2 February 2017), https://2009-2017.state.gov/documents/organization/208632.pdf.

시달리는 최빈국이고 부패한 국가였다. 살레(Ali Abdullah Saleh)는 1978년부터 북예멘의 그리고 1990년 이후 통일 예멘의 대통령이었고, 2006년부터 7년 임기를 시작했다. 예멘은 아라비아반도의 알카에다가 활동하는 전진기지였고, 예멘은 미국의 핵심동맹이었다. 예멘 사람들에게 살레는 부패한 지도자였고, 반테러 전쟁을 수행하는 미국의 괴뢰로 보여졌다. 살레는 카다피처럼 관료행정기구를 발전시키지 않고 부족적 질서를 온존시켰다. "국가는 부족이고 부족이 국가였다." 부족들은 독자적인 무력과 경제력을 가지고 있었고, 살레는 부족들을 분할하여 지배했다.[39] 노동계급이 없고 시민은 성장하지 않았다.

2000년 이후 살레는 테러와의 전쟁에 협력하고 미국의 지원을 받았다. 사우디는 살라피 세력을 지원했다. 예멘에는 북부의 후티로 알려진 시아파 반군이 있고, 남부에는 2009년 1월 창설된 아라비아반도 알카에다(Al-Qaeda in the Arabian Peninsula: AQAP)와 평화적인 수단에 호소하는 남부운동 세력이 있다. 2009년 남부의 이슬람 지도자가 분리주의 세력에 가담하여 반란을 일으키고 2014년까지 정부군에 대한 시위와 공격이 있었다.

후티운동은 예멘 인구의 35%를 차지하는 자이디(Zaydi)라는 종교적 소수파에 기반한 무장운동인 알라(Ansar Allah)가 주도한다. 살레는 후티와 6번이나 전쟁했지만 실패했다. 2009년 10월부터 2010년 1월의 전쟁에서도 사우디의 육군과 공군의 도움을 받았지만 패배했다. 2011년 대중봉기가 일어났고, 후티와 남부운동과 살레군 이탈파들의 지지를 받았지만, 시위 지도부는 학생, 도시빈민, 여성운동의 지도자들의 느슨

39_ Robert F. Worth, *op. cit.*, pp. 189-217.

한 연합이었다.[40]

6-3-1. 시민봉기와 살레의 퇴진

2011년 1월 중순부터 작은 시위들이 있었고,[41] 1월 23일 시위 지도자인 카르만(Tawakul Karman)이 연행되었고, 사나 대학과 검찰청 앞에서 수천 명이 농성을 벌여 다음날 석방되었다.[42]

2011년 1월 27일 예멘의 수도 사나에서 16,000명이 참여하는 대규모 시위가 일어났다. 살레는 2011년 2월 2일 2013년의 대선에 출마하지 않겠다고 밝혔다. 2월 3일 20만 명이 참여하는 반정부 시위가 있었고, 남부 항구도시 아덴에서도 '분노의 날' 선동에 맞춘 시위가 일어나자 보안부대는 실탄과 최루가스로 대응했고, 수도에서는 병사들의 친정부 시위가 있었다. 2월 18일 '분노의 금요일'에 수도인 사나, 제2 도시 아덴, 제3 도시 타이즈에서 수만 명이 참가하는 반정부 시위가 있었다. 2월 말 여러 주요 부족들이 반정부 시위에 참여하여 며칠 동안 10만 명이 넘었다.[43] 살레는 국민통합정부를 요청했지만, 반대파는 살레의 즉각적인 사임을 요구하며 반대했다.[44]

40_ Tony Iltis, "Middle East: Saudi Arabia's US-backed war on Yemen" (April 13, 2015), http://links.org.au/node/4384.

41_ Al Jazeera, "New protests erupt in Yemen" (29 January 2011), http://english.aljazeera.net/news/middleeast/2011/01/2011129112626339573.html.

42_ Tawakul Karman, "Our revolution's doing what Saleh can't – uniting Yemen" (8 Apr 2011), https://www.theguardian.com/commentisfree/2011/apr/08/revolution-saleh-yemen-peace-historic.

43_ Presstv, "Major Tribes Join Yemen Protests" (26 February 2011), http://www.presstv.ir/detail/167110.html.

44_ Al Jazeera, "Yemen Opposition Rejects Unity Deal" (28 February 2011),

3월 11일 '돌아오지 않는 금요일' 시위에서 3명의 시위대가 죽었고, 다른 도시에서도 시위가 있었다. 3월 18일 발포로 52명(사나 45명)이 죽었고, 대량 탈주와 정부 주요 인사들의 사임이 이어졌다. 정부는 비상사태를 선언했고, 며칠 후 살레는 연말 전에 권력을 떠날 뜻을 비쳤다. 3월 말 18개 주 가운데 6개 주가 정부의 통제를 이탈했다. 4월과 5월 걸프협력회의(GCC)는 1개월 이내 살레가 사임하고 통합정부를 구성한다는 중재를 했고, 살레는 수용과 번복을 반복했다. 5월 23일 살레가 이행협정을 거부하자 예멘의 가장 강력한 부족인 하쉬드(Hashid) 부족 연합의 대표 아흐마르(al-Ahmar)가 반대파 지지를 선언하고 그의 무장대가 사나에서 충성파 보안부대와 대포와 박격포가 동원된 시가전을 벌였다. 반대파는 내무부 등 일부 주요 빌딩을 점령했다. 이 상황에서 5월 27일 알카에다와 연계된 300명의 이슬람 전사들이 해안도시 진지바르(Zinjibar)를 함락시켰다. 5월 27일 아흐마르가 정전을 선언하고 다음날 휴전이 성립됐다. 타이즈에서는 시위 첫날부터 시위대가 주요 광장을 점거했다. 5월 29일 군대는 실탄과 물대포를 사용하여 점거자들을 진압했다. 반대파들은 학살이라고 비난했다. 5월 31일 정전이 깨지고, 사나에서 시가전이 계속되었다. 탈주하여 중립을 지키고 있는 기갑사단에 6월 1일 충성파 부대가 포격했다. 부족 전사들은 사나 북쪽의 정부 부서와 건물을 점령하고 있었는데, 정부 포병이 심하게 포격하고 전기와 수도를 끊었다. 시가전으로 47명이 죽었다.

6월 3일 대통령궁에 폭탄이 터져, 살레가 심하게 부상당하고 수상과 부수상 등 7명의 고위관료가 기도 중에 부상당하고 4명의 경비원이 죽

---

http://english.aljazeera.net/news/middleeast/2011/02/2011228204148506367.html.

었다. 살레는 다음날 부통령에게 권력을 맡기고 사우디로 떠났다. 6월 4일 사우디의 중재로 정전했다.

7월 6일 임시정부를 구성하여 민주선거를 시행하자는 시위대의 제안을 정부가 거부했다. 7월 16일 반대파의 몇몇 분파들이 17명의 과도 위원회를 발표하자 반대파들의 우산정당인 JMP(Joint Meeting Parties)가 그 대표성을 부정했다.[45]

10월 15일 후티가 통제하는 북서부 변경도시 다마지(Dammaj)에서 친정부적인 살라피가 무기를 들여오자 후티 그룹이 다마지를 봉쇄하고 살라피가 운영하는 종교학교를 공격했고, 이후 양측의 충돌이 이어지다가 12월 22일 정전했다.

9월 23일 예멘으로 돌아온 살레는 11월 23일 GCC의 중재로 면책을 조건으로 30일 이내 부통령에게 권력을 이양하고 2012년 2월에 대통령직을 떠나는 데 동의했다. 시위의 과정에서 최소 270명이 죽었고 수십 명이 무차별적인 공격으로 죽었기 때문에, 살레의 면책에 대해 많은 인사들이 반대했다.[46]

6-3-2. 후티의 성장과 두 개의 정부

2012년 2월 21일 65%의 참가와 99.8%의 지지로 단독 입후보한 부통령이었던 하디(Hadi)가 대통령에 당선됐고, 살레는 33년 만에 사임했

45_ Reuters, "Yemen protesters set up transitional council" (16 July 2011), https://web.archive.org/web/20150924154224/http://www.reuters.com/article/2011/07/16/us-yemen-idUSTRE76F0ZP20110716.

46_ NYT, "Saleh, Yemen's great survivor, finally quits power" (21 November 2011), https://www.nytimes.com/2012/01/22/world/middleeast/yemens-parliament-approves-immunity-for-president-saleh.html.

다. 하디는 2013년 7월 핵심 동맹인 미국을 방문했고, 사우디는 2013년 30~40만 명에 달하는 예멘 노동자들을 추방하여, 가난하고 토지없는 사람들이 북부로 유입됐다.[47] 2013년 10월 29일 다마지에 4,000명의 살라피 전사들이 모이자 후티가 공격했고 양측의 충돌은 계속되자 2014년 1월 정부가 정전을 중재했다. 2013년에만 830명의 사망자가 발생했다.

2014년 1월 임기가 끝날 무렵 하디는 분권화를 의미하는 연방제를 제안했고, 대다수 주민이 사는 북부의 산악지대는 유전이 없기 때문에 거부했다.

2014년 다마지의 충돌은 북부 전역으로 번져 후티는 북부의 여러 주를 장악하고 7월 사나주에 도달했다. 8월에 후티는 하디의 연료 지원비 삭감에 반대하고 정부의 사임을 요구하는 수만 명이 참가하는 대규모의 시위를 조직했고, 정부가 양보안을 냈지만 후티는 충분하지 않다고 거부했다.[48] 9월 9일 사나 북부의 후티 시위대가 보안부대의 총을 맞아 7명이 죽었다. 9월 16일부터 후티와 군대 간에 충돌이 시작되고 수십 명의 사망자를 내고 사나가 점령되었다. 하디는 쿠데타라고 비난했다. 후티는 살레 지지세력과 함께 사나를 점령하여 분할 관리했다. 9월 21일 후티와 정부는 1개월 이내에 공동정부의 구성을 합의했다. 후티는 자신들이 동의한 석유장관이 선임되었지만 하디가 제안한 수상

47_ Economist, "Deported Yemeni migrant workers: Down and out" (10 December 2013), https://www.economist.com/pomegranate/2013/12/10/down-and-out.

48_ Mohammed Ghobari, "Tens of thousands of Yemeni Houthis protest against govt in capita l" (22 August 2014), https://cn.reuters.com/article/instant-article/idUSKBN0GM12C20140822

을 거부했다. 11월 8일 후티와 살레파가 갑자기 공동정부 참여를 거부했고, 이들 조직의 지도자들은 유엔 안보리와 미국의 규제를 받았다. 후티는 자기 공동체의 자율성과 국내 정치에 대해 거리를 두고 영향력을 행사하려는 것으로 보였고 방송국과 군사시설을 장악하고 하디 정권을 유지했다. 2014년 11월 8일 하디는 GPC(General People's Congress, 살레가 만든 아랍민족주의 정당)에서 쫓겨나고 내각 선임을 거부당했다. 후티는 임기가 끝난 하디를 실각시키고 타락한 관료와 국유재산의 절도로부터 국가기구를 지킨다는 명분을 내세웠다.[49] 2015년 1월 21일 하디가 사임하자, 후티가 대통령궁을 접수했고 내각을 해산하고 연금에 들어갔고, 의회는 점령되었다. 유엔 협상단이 실패하고 2월 6일 후티는 정부를 장악했으며 의회를 해산하고 사나에서 임시정부를 선언했다.

2015년 2월 8일 하디는 남부의 아덴으로 가서 라이벌 정부를 세웠고, 이에 후티는 2월에 혁명위원회를 만들고 남부에 대한 군사적 대응에 나섰다. 사나 특히 남부 도시에서 시위가 일어났고, 여러 주가 후티 정부를 거부했다. 아랍연맹, GCC, 유엔, 미국은 쿠데타의 인정을 거부했고, 유엔은 전국회담을 제안하고 대통령의 복위를 요구했고, 후티는 수용했다.

후티와 다른 정파는 2월 20일 임시협정에 합의하고 의회를 회복하고 남부와 여성, 청년, 정치적 소수파를 대변할 '인민 임시평의회'가 제

49_ Yara Bayoumy, "Yemen leader expected to accept demands of Houthis who defeat his..." (14 Jun 2018), https://www.reuters.com/article/us-yemen-security-president/yemen-leader-expected-to-accept-demands-of-houthis-who-defeat-his-guards-idUSKBN0KU0OT20150121.

안되었다. 다음날 하디는 후티를 거부하는 아덴으로 가서 쿠데타를 비난했다.

2015년 3월 19일 아덴 국제공항이 살레 충성파에 의해 점령되었다가 하디 정부의 군대와 민병대에 의해 제압되었다. 3월 20일 사나의 모스크에서 폭발물이 터져 142명이 죽었다. 3월 21일 하디는 아덴을 임시수도로 선언했고, 후티는 남진하여 타이즈를 장악하고 4월 초에는 아덴의 대부분을 장악했다.

3월 26일 하디는 사우디에 도착했고, 사우디는 바레인, 쿠웨이트, 카타르, UAE와 함께 후티에 대한 군사작전을 발표했고, 이집트, 요르단, 모로코, 수단도 동맹에 가담했고, 이집트는 전함에서 포격했다. 사우디의 개입으로 내전이 격화되고 334,000명의 이주민과 254,400명의 난민이 발생했다.[50]

하디가 사우디로 도망가자 아덴은 후티와 친살레 그리고 사우디의 지원을 받은 친하디군, 남부운동, 이슬람주의자들 간의 전장이 되었다. 4월 이란은 후티가 장악한 예멘과의 관계를 증진시켰다.[51] 2015년 5월 살레는 후티와의 동맹을 공식 발표했다.[52]

2015년 9월 하디는 사우디군이 장악한 에덴으로 돌아왔다. 오만은 후티와 살레군의 철수와 탈취한 무장의 반납, 하디 정권 복귀, 후티의 정당으로의 전환과 새로운 의회와 대통령 선거 등의 중재안을 제안했다.[53] 2017년 12월 2일 사나를 남북으로 분할관리하던 후티와 살레파

50_ Tony Iltis, *op. cit.*

51_ *ibid.*

52_ Al Jazeera, "Yemen's Saleh declares alliance with Houthis" (27 May 2015), https://www.aljazeera.com/news/2015/5/11/yemens-saleh-declares-alliance-with-houthis.

간에 전투가 시작되었고 후티의 승리로 끝났다. 살레는 후티와의 협력을 청산하고 사우디와 UAE, 그리고 하디의 편에 선다고 발표한 후 후티에게 습격받아 죽었다.[54] 많은 GPC 멤버들과 살레 전투원들은 후티에 가담했다.[55]

내전 중 콜레라가 창궐했고 2017년 7월 32만 건, 10월에는 80만 건이 보고되었다. 5만 명 이상의 어린이가 죽었고, 300만 명의 난민이 발생하고 인구의 80%가 고통받았다. 전선은 교착상태에 빠졌다. 2020년 4월 9일 코로나가 창궐하자 사우디 연합군은 일방적인 정전을 발표했지만 일주일 동안 공습이 106회에 달했고,[56] 후티는 반격했다. 2020년 9월 27일 유엔은 후티와 하디 정부가 포로교환협정에 동의했다고 발표했지만 양측의 충돌로 시행되지 않았다.[57]

후티 정부는 2015년부터 IS, 알카에다, 사우디와 싸우고 있고, 과거의 북예멘을 장악하고 있고, 남부는 사우디가 지원하는 하디정부가 장악하

53_ TheNewArab, "Oman offers seven-point peace plan for Yemen" (25 September 2015), https://english.alaraby.co.uk/english/news/2015/4/24/oman-offers-seven-point-peace-plan-for-yemen.

54_ Al Jazeera, "Yemen: Ex-President Ali Abdullah Saleh killed" (4 December 2017), https://www.aljazeera.com/news/2017/12/10/yemen-ex-president-ali-abdullah-saleh-killed.

55_ Middle East Eye, "Death of a leader: Where next for Yemen's GPC after murder of Saleh?" (23 January 2018), https://www.middleeasteye.net/news/death-leader-where-next-yemens-gpc-after-murder-saleh.

56_ Independent, "Saudi-led coalition bombs Yemen 'dozens' of times despite declaring ceasefire last week to combat coronavirus" (18 April 2020), https://www.independent.co.uk/news/world/middle-east/coronavirus-yemen-coalition-bombs-saudi-ceasefire-news-a9470801.html.

57_ France24, "Yemen warring sides agree to swap over 1,000 prisoners" (27. 9. 2020), https://www.france24.com/en/20200927-yemen-warring-sides-agree-to-swap-over-1-000-prisoners.

고 있고, 아덴은 UAE가 지원하는 남부임시위원회(Southern Transitional Council)가 점령하고 있고, 일부는 알카에다와 IS가 장악하고 있다. 남부의 일부 분리주의자들은 하디정부와 싸우고 있다. 사우디의 봉쇄로 2017년 어린이만 50만 명 이상 굶어죽었다. 개입을 멈추지 않는 사우디를 비롯한 반동왕정들의 연합인 GCC와 같은 주변의 패권국들이 있는 한 내전의 종식은 멀다.

6-3-3. 평가

히로시 마쓰모토(Hiroshi Matsumoto)에 따르면 통일 전 북예멘은 모든 세력을 모은 실용주의적인 GPC(General People's Congress, 인민의회) 일당국가였고 남예멘은 맑스레닌주의 전위당인 YSP(Yemeni Socialist Party)의 일당국가였다. 양당은 통일에 동의했고, YSP는 사회주의를 버렸고, 다당제 민주주의를 채택했고, 5명으로 된 대통령위원회나 내각을 분점했다. 통일 후 이슬람주의적이고 보수적인 세력이 GPC에서 떨어져 나와 Islah(Yemeni Reform Group)를 만들고 제2당이 되면서 GPC는 Islah와 연립정부를 구성했고, 보수적인 Islah와 좌파적인 YSP의 대립은 내전으로 이어졌고 YSP는 패배했다. 의회해산권, 의회와 동일한 권한을 갖는 대통령이 지명하는 자문위원회, 높은 문맹률과 유권자 등록제 등은 부족의 리더들이나 부족적 배경을 갖는 법률가들의 선출로 이어졌다. GPC는 단순다수제 선거에서 절대적 다수당이 되었다. 살레의 장기집권과 부패는 제도의 결함도 있었지만 예멘의 현실이 허용한 측면도 있다.[58]

58_ Hiroshi Matsumoto, "Yemen between Democratization and Prolonged Power" (pdf, 2001).

살레는 미국과 사우디에 충성하는 괴뢰였고 여러 부족장들의 맹주였다. 그러므로 살레의 장기집권과 부패를 반대하는 시민항쟁이 일어났을 때 살레의 퇴진 외에 정치혁명의 과제가 명확하지 않았다. 다당제 민주주의가 시행되고 있지만 정치와 제도가 큰 의미가 없고 부족질서가 온존해 있는 예멘의 정치적 과제는 주요세력이 공존하는 권력의 공유가 중심이 되었다. 권력의 공유란 현실적 세력인 부족질서의 온존이고 그것을 충족하지 못했을 때 무장충돌과 내전으로 갈 수밖에 없었다.

시민항쟁이 일어났을 때 GCC는 살레의 퇴진으로 구체제를 유지하려고 했다. 그들은 다른 야당세력의 성장이나 도전을 허용하지 않기 위해 사임의사를 밝힌 뒤 한 달 이내의 대선으로 권력을 하디에게 계승시켰다. 6년 임기의 의회는 2003년에 선출되었고, 2019년 하디정부 지역에서 선거가 있었다. 하디 계승정부는 새로운 헌법이나 제헌의회를 준비하지 않았고, 후티를 포용하지 않았기 때문에 결국 내전으로 이어졌다. 후티는 압도적 무장력을 가진 세력이고 살라피스트와 충돌했지만 권력의 독점을 요구하지는 않았다. 내전의 본질은 시아와 수니의 대결과 같은 교파적인 갈등이 아니라 서로를 배제하고 권력을 독점하려는 갈등이다. 이 과정에서 하디는 외세를 끌어들였고, 내전이 종식될 희망을 없앴다. 부족적 질서는 산업화를 억제하고 시민의 성장을 억제한다. 그 질서는 선거법과 같은 제도개혁만으로는 해결되지 않는다. 내전의 종식과 통일, 부족질서를 극복하기 위한 예멘인이 갈 길은 아직 멀다.

제7장. 혁명의 총체적 평가: 국민국가와 국가의 실패

7-1. 봉기가 주로 세속국가에서 일어난 이유

노예 반란이나 농민전쟁은 지배계급이나 체제에 대한 도전이었지만 새로운 질서를 만들어내지 못하였다. 혁명은 낡은 질서를 새로운 질서로 바꾸는 것이고, 권력의 응집체인 국가의 질서에 관한 것이다. 부르주아 민주주의 혁명이든 사회주의 혁명이든 그것은 통합된 근대국가를 전제한다. 모든 질서가 혹은 낡은 질서가 국가를 통해 관철되기 때문이다.

서구에서는 상업과 산업 그리고 도시의 발달이 영주적 장벽을 깨뜨리고 근대적 통합국가로 나아갔다. 이탈리아나 독일의 통일운동이 그렇다. 한편으론 새롭게 등장한 부르주아지의 발전을 위해 부르주아지의 자유권과 참정권을 인정하는 반향으로 나아갔다. 그 과정은 프랑스처럼 격렬한 곳도 있고, 영국처럼 점진적인 곳도 있었다. 독재국가에서도 경제개발이 진행될 수 있는 것처럼 근대적 통합국가의 건설과 자유권과 참정권을 수용하는 부르주아 민주주의의 과제는 후자가 전자를 전제로 하는 별개의 과제이고 때로는 통일적으로 추진되기도 했다.

리비아와 예멘의 경우 근대적 행정기구가 아닌 부족적 질서와 공존했고, 심지어 부족들이 자위무장까지 가지고 있었기 때문에 폭력의 유일하고 정당한 담지자인 국가권력이 파괴됐을 경우 전근대적 세력이 소환될 여지가 있었다.

아랍의 봉기 후 튀니지와 요르단 그리고 리비아와 예멘의 운명을 가른 것은 통합된 근대적 국가였는지 아닌지였고, 그 배경에는 근대적 통합국가의 물질적 기반인 상업과 산업 그리고 도시화의 차이가 있다. 상업과 산업의 발전 혹은 자본주의의 발전은 농촌의 양극분해를 수반하고 도시화를 가져온다. 부족적 질서란 결국 상업과 산업 그리고 도시의 발전에 따라 해체될 수밖에 없다. 바꾸어 말하면 리비아와 예멘은 석유나 관광산업을 제외하고 산업이 발전하지 않았고, 도시의 비중이 적었다. 이 점에서 똑같은 내전을 겪고 있지만 시리아와 다르다.

1차 대전 혹은 2차 대전 이후 아랍국가들은 제국주의의 식민지/반식민지에서 벗어나 근대적 통합국가를 만드는 것을 과제로 했다. 그 과정은 유력한 세력(부족)이 석유자원과 국가권력을 독점하는 페르시아만에서 흔히 보는 왕정국가의 정착이거나, 반제반봉건 투쟁에서 성장한 세력 또는 가장 근대적 집단인 군부가 아랍민족주의 혹은 아랍사회주의를 표방하면서 통합국가로 나아갔다.

시대의 과제는 반제 반봉건 자주국가였다. 이 점에서 반봉건적인 왕정국가는 반동(민중의 근본이해를 역행한다는 의미)이었지만, 제국주의의 후원과 결탁으로 세력을 보존했고, 냉전, 개발, 모종의 사회주의 등의 압력은 석유자원으로 얻어지는 지대 수취의 일부를 배분하는 후견적 성격을 가질 수밖에 없었다. 반제와 반봉건을 선언한 공화국들은 토지개혁과 국유화, 후견적 복지, 개발국가 그리고 세속주의를 추구했고, 반서방, 반이스라엘의 입장을 취했다.

소련의 몰락과 신자유주의의 압력, 미국을 비롯한 제국주의의 간섭은 반제적 성격의 완화와 서방자본에 대한 개방과 사유화 그리고 후견적 복지의 후퇴로 이어졌다. 이들 국가에 남은 것은 세속주의와 줄어든 후견복지 정도였다. 세속주의와 후견복지는 교육수준을 높였다.

2011년의 봉기는 주로 세속주의 국가들에서 일어났다. 튀니지, 이집트, 리비아, 시리아, 예멘이 그렇다. 한편 바레인과 요르단은 왕정국가이지만, 작은 나라이고 도시화가 진행된 나라이고, 특히 요르단은 팔레스타인인들과 시리아인들도 많이 들어와 있는 나라였고, 소수 종파의 도전이 없거나 억압할 필요가 없는 나라들이었다.

아랍의 봉기에서 신자유주의와 세계적인 경제위기로 고통이 큰 나라에서 특히 일자리와 희망이 없는 청년들이 앞장섰다는 많은 보고는 세속주의와 후견복지로 교육수준을 높으면서도 왕정국가와 달리 민중에게 물질적인 양보를 할 능력이 적은 나라의 청년들이 앞장섰다는 말과 같다. 그러므로 혁명은 원래 통합된 국가를 전제하지만 혁명의 주체인 시민 혹은 민중은 봉건적 질서에서 벗어난 사회적 존재를 필요로 하고 이들의 기반은 상업이나 산업이 발전한 도시였다.

아랍국가들이 세속국가이든 왕정국가이든 후견적인 경찰독재국가인 점은 같다. 그런데 대부분의 세속국가는 비상사태법을 해제할 수 없었다. 이것은 반드시 일인독재나 일당독재 때문만은 아니었다. 세속주의 국가는 반봉건적인 이슬람 세력의 타도로 출발했고 그들의 도전을 받으면서 억압을 해야했던 점이 정권의 억압적 성격을 강화했다.

한편 왕정국가는 세속주의 세력의 기반인 도시화와 산업화가 미약한 상황에서 출발했다. 이 점에서 왕정국가가 잠재적 반대세력을 점진적으로 수용할 수 있었던 점이 다르다.

혁명이나 봉기가 사회적 갈등이 큰 나라에서 발생한다는 것은 상식이고, 그 사회의 지배계급이나 권력이 갈등을 포용할 능력이 없을 때 폭발한다는 것도 상식이다. 세속국가는 민중의 요구를 포용이나 후퇴할 능력이 부족했고, 더 대결적이었고, 저항의 주체가 훨씬 더 많이 성장해 있었다. 오직 역시 세속국가였던 예멘의 경우에만 이미 성장한 후티운동이 시민적 저항을 포용하고 대리했다는 점에서 예외라고 할 수 있다. 그 외 왕정국가인 바레인은 도시국가의 특수성이 있고, 요르단 역시 인구의 혼합적 구성이 세속적 성격과 함께 도시화를 기반으로 하는 저항주체의 성장에 힘입었다고 할 수 있다. 이 점에서 사우디아라비아와 카타르는 도시화가 진행되었지만 산업보다는 서비스업이 주력을 이루고 석유자금의 분배가 성장한 중산층을 포용한 것으로 보인다. 사우디에는 시민운동이 없고 두 나라 모두 조직노동의 성장이 없다.

7-2. 혁명과 내전의 갈림길: 근대적 국민국가와 취약한 국가와 군사적 억압

아랍혁명은 혁명이 성공하거나 실패하거나 국민국가 내의 투쟁에 멈춘 나라와 내전으로 발전한 나라가 있다. 무엇이 이런 차이를 가져왔는가? 크게 보면 군대를 동원한 지나친 진압이 무장저항을 가져온 계기이지만 그것이 내전으로 발전하기 위해서는 지역적 균열과 사회적 균열이 명확해야 한다.

그리고 양자 모두 근대적 국민국가의 통합적 성격과 관련 있고, 그 배경은 산업화와 도시화의 수준과 관련 있다. 튀니지는 빈약한 자원 때문에 일찍부터 수출주도의 산업구조를 발전시켰고, 그에 따른 노동계급의 성장이 있었다. 또한 인종적으로나 종교적으로 매우 동질적인 사회였다. 이런 점은 이집트도 어느 정도는 마찬가지다. 바레인이나 요르단에서 시민봉기가 무장저항이나 반란으로 발전하지 않은 것도 근대국가의 통합력으로 설명할 수 있다.

한편 리비아와 예멘은 낮은 산업화와 도시화 혹은 부족적 질서의 온존 때문에 시민의 정체성을 갖기 어려웠다. 통합력이 낮은 취약한 국가에서 권력이 붕괴되거나 손상될 때 민중은 온존되어온 부족이나 군벌 혹은 종파가 주도하는 질서로 재편되었다. 이 점에서 시리아는 세속적 통합국가이기는 했지만 소수파인 바트당(시아파)의 권력독점과 지나치게 잔인한 진압이 무장반란으로 이어진 예외적인 경우다.

근대국가는 무엇보다 폭력의 유일하고 정당한 독점체다. 이 폭력이 국민을 적으로 삼을 때 상응하는 저항은 필연이다. 1980년 광주항쟁은 무장저항을 가져왔지만 무장반란으로 이어지지 않았다. 미국 흑인들의 폭동이든 프랑스의 노란조끼 투쟁이든 혹은 스페인의 카탈로냐 분리독립운동이든 폭력적일 수는 있어도 무장반란으로 발전하지 않는 것은 폭력을 독점한 정권의 군사력이 너무 크다는 이유만이 아니라 정권의 폭력과 국가의 폭력이 다르고, 경찰력의 진압과 군대에 의한 국민에 대한 전투는 다르기 때문이다. 근대국가의 군대는 국민의 군대라는 외양을 가지고 있다. 군대는 시민의 저항이 경찰력을 넘는 폭동으로 발전할 때 동원될 수 있다. 박정희 시절의 계엄령이 그렇다. 무장반란은 지역적 토대가 있어야 하고 군대의 반국민적 성격이 명확해야 한다. 해산과 진압을 목적을 넘은 군사력의 사용은 무장저항을 선택할 수밖에 없게 하고 계속성이나 확장성이 보장되는 지역적 토대와 물질적 토대가 있을 때 정부군과의 적대는 무장반란으로 발전한다.

튀니지나 이집트에서도 경찰이 총을 쏘았다. 그러나 그것은 해산과 진압을 목적으로 한 것이었고 군대에 의한 무조건적인 진압은 아니었다. 통합된 국민국가의 군대가 폭동의 진압에 동원될지라도 시민(혹은 민중)과 군대는 본질적으로 적대적 존재는 아니다. 병사는 시민의 자식이기 때문이다.

통합적 성격이 강한 나라에서 군대에 의한 무자비한 진압도 매우 제한적이지만 그 저항이 반란과 내전으로 발전하기 위해서는 대치를 계속할 수 있는 지역적 토대와 물적 토대가 있어야 한다. 군대에 의한 국민에 대한 적대적 진압은 무장저항으로 발전한다. 리비아와 시리아는 국민의 군대였지만 군대에 의한 잔인한 진압은 병사의 이탈과 무장저항으로 발전했다.

그리고 리비아의 혁명위원회나 알라위가 독점한 아사드 정권은 소수파 권력으로서 사회적 균열이 심각했다. 리비아는 동부의 차별과 근대적 국가기구의 결여와 부족 질서의 온존 등 통합된 근대국가라기보다는 억압으로 유지되는 취약한 국가라고 볼 수 있고, 무장저항은 곧바로 무장반란과 내전으로 발전할 수 있는 토대가 있었다. 이에 비하면 시리아는 징병제였고 이스라엘과의 대결 속에서 40만 명이 넘는 군사강국이었다. 또한 알라위가 고위직을 독점했다고 하더라도 수니 이슬람과 알라위가 봉기 이전부터 적대적으로 대립하고 있지는 않았다.[1] 따라서 군대를 동원한 지나친 억압과 병사들의 이탈이 내전으로 이끌었다. 알누스라나 IS나 YPG는 내전의 처음부터 등장한 것은 아니다. FSA가 나중에 터키와 미국 심지어 이스라엘의 지원까지 받았더라도 애초의 FSA는 민중적이고 혁명적인 성격을 가지고 있었다고 할 수 있다. 따라서 아랍사회주의를 표방한 시리아가 어느 정도의 사회적 통합력을 가지고 있었으면서도 내전으로 발전한 것은 필연이라기보다는 아사드 정권이 군대를 동원한 도시 봉쇄와 학살이라는 측면이 훨씬 크다.

통합된 국민국가에서 국민국가에 도전하는 종파적 분리주의의 기반은 약하다. 이집트의 무슬림형제단이 정치적 이슬람을 표방하고 특히 튀니지의 엔나흐다가 정치적 이슬람에서 출발하여 민주적 이슬람을 표방한 것은 근대국가라는 체제 내에서 활동하는 정당임을 분명히 한 것이고, 특히 무슬림형제단도 엘시시의 쿠데타에 대해 저항하면서도 무력에 대한 호소를 하지 않았다. 그들은 종파 이전에 국민이었다. 이런 점은 무력에 호소하는 알카에다와 같은 지하디스트와 다르고 특히 신정을 강요하는 IS와 다르다. IS는 국민의 정체성이 없고 이교도는 배척과 억압의 대상일 뿐이었다.

따라서 지역적 종파적 언어적으로 분리되어 있던 시리아의 쿠르드족이 저항에 나선 것은 별론으로 한다면 FSA는 주로 수니 이슬람으로 이루어졌다고 할지라도 국민국가 내의 혁명운동일 수 있고 민중적 성

1_ Robert F. Worth, *A Rage for Order: The Middle East in Turmoil, from Tahrir Square to ISIS* (Macmillan, 2016), pp. 69-107, 189-217

격을 지닐 수 있었다. 그러나 아사드 정부의 지나친 억압은 민중적 성격을 종파적 대립으로 선동하는 알누스라와 IS의 선동에 취약하게 만들었다. 결국 국민국가의 통합이 취약한 나라에서 민중의 성격이 종파라는 봉건적 정체성으로 대체되었다. 세속주의와 이슬람 정당이 싸우는 리비아나 소수교파에 대한 배제의 거부인 후티운동이 패권국가의 개입으로 내전이 지속되는 예멘에서 국민의 정체성을 버리고 통합국가를 거부할 명분은 약하다. 이 점은 징병제를 실시해오고 알라위와 수니가 섞여 산 시리아의 경우도 마찬가지다. 혁명 전 시리아는 차별이 없지는 않았지만 알라위와 수니는 함께 살았고, 적대적이지는 않았다. 내전의 과정에서 생겨나고 증폭된 교파간 적대는 반민중적인 퇴보다.

무장저항이 발전한 무장반란과 내전은 분리주의 운동과 다르다. 특정한 종파나 종족이 자신들만의 국가를 만들겠다는 분리주의 운동이나 국가를 초월한 신정체제를 추구하는 운동은 알카에다나 IS로 나타났을지라도 국가가 붕괴하거나 취약해진 공간에서 일시적으로 허용되고 수용된 것일 뿐 장래성이 없다.

7-3. 혁명의 전략과 이슬람 운동

아랍국가들은 식민지/반식민지 지배의 영향으로 상업과 산업의 발전 그리고 도시화의 정도에서 차이가 나고, 이런 배경은 반제역량이나 사회적 통합의 정도에 영향을 미쳤다. 사상은 현실의 요구에 부응한다. 이슬람교는 기독교처럼 예언자와 심판을 믿는 유일신앙일 뿐이다. 서방언론의 이슬람에 대한 적대는 신앙에 대한 적대로 반동이고 반동적 선동의 결과물이다.

식민지 시절 이전에 북아프리카와 중동의 인민들은 대부분 이슬람 신앙을 가지고 있었고, 근대적 통합국가에 이르지 못한 채 부족적 질서하에 있었다. 부족적 질서란 유목민의 특수성에서 유래한 신앙과 규율의 공동체를 낳았다.

근대적 통합국가의 건설은 반제/반식민지/반서방과 긴밀하게 연관되어 있었다. 반식민지 국가에서 제국주의와 결탁한 유력 부족이 석유자원에 기대어 친제국주의적인 왕정을 유지한 것을 제외하면, 반제/반서방 근대적 통합국가를 추구하는 아랍민족주의의 등장은 필연적이었다. 한편 이슬람 운동은 근대적 통합국가를 인정하는 토대 위에서 종교적 이상을 추구하는 정당운동인 정치적 이슬람과 종교적 이상을 위해 무장에 호소하는 지하디스트 운동을 낳았다. 그리고 지하디스트의 극단으로서 배교자와 이교도를 적대하면서 근대적 통합국가가 아닌 범이슬람 신정체제를 폭력으로 강요하는 IS를 낳았다. 이런 분열의 배후에는 종교와 국가의 관계와 다른 신앙에 대한 태도의 차이가 있다. 튀니지의 엔나흐다는 정치적 이슬람인 무슬림형제단 운동에서 출발했지만 민주적 이슬람 노선을 취하면서 세속주의를 수용했다. 이집트의 무슬림형제단은 체제 내의 정치세력으로서 폭력에 호소하지 않는다. 정치적 이슬람과 지하디스트는 폭력을 수단으로 인정하느냐 않느냐의 차이지만 권력의 잔인한 억압과 폭력에 의존할 수밖에 없는 내전의 시기에는 거리가 좁혀진다. 시리아에서 시민적 저항에 가능하지 않게 되고 무장에 호소할 수밖에 없게 되었을 때 그리고 알라위와 수니라는 종파적 대립이 선동될 때 비지하디스트가 지하디스트로 전향하고 지하디스트가 IS

전사로 전향하는 경우도 많았다. 폭력에 호소하지 않는 정치적 이슬람은 사회적 통합력이 강한 튀니지와 이집트라는 배경이 있다.

근대국가 특히 도시화는 인종, 부족, 종파가 서로 다른 다양한 배경을 가진 사람들이 모여 사는 것이고 공존하게 되고 따라서 세속주의는 필연이기도 하고 진보적이고 민중적이다. 내전이 진행될 때 정상적인 생업 활동은 불가능하다. 이 의미에서 내전의 종식과 통합국가, 종파간 적대의 종식과 세속주의는 민중에게 요청되는 혁명적 과제다. 이 의미에서 민주적 이슬람을 채택한 엔나흐다당, 분리주의가 아닌 연방 내의 자치를 요구하는 쿠르드족의 YPG는 시대정신에 합치한다. 이 점에서 IS는 이교도를 폭력적으로 배제하는 인류문명에 대한 반동이고 세속주의를 거부하고 정교일치를 추구하는 알누스라와 같은 무장운동 역시 민중의 이익에 부합하지 않는다.

7-4. 내전의 지속과 대리전쟁

미국은 전 세계적으로 자신의 영향력을 유지하고 확장하기 위해 지역적으로 일국적으로 개입한다. 그것을 제국주의적 개입이라고 부르든 패권주의적 개입이라고 부르든 그 개입은 자유와 민주주의의 수호라는 탈을 쓰고 진행되지만 미국의 지배계급을 위한 것이지 개입되는 지역과 나라의 민중의 이익을 위한 것은 아니다. 미국의 군사/정치/경제적 영향력은 끊임없이 축소되어 왔지만, 세계 유일의 패권국의 위상을 지니고 있고, 이미 구축한 질서를 직접적으로 혹은 잠재적으로 위협하는 세력을 억제하고 억압한다.

미국이 중동에서 갖는 이해관계는 전 지구적인 석유자원의 통제가 가장 크겠지만, 중동은 미국 군수산업의 가장 큰 고객이고, 서방 금융자본의 투기처이기도 하다. 그것을 위해 반제/반미/반서방의 입장에서 자주적 국가를 세우려는 운동을 억압했고, 반동적인 왕정국가들을 옹호한다. 서방의 가장 악질적인 전진기지인 이스라엘은 물론 지역의 맹주인 사우디아라비아와 동맹하고 이집트의 군부를 매수한다. 반미 테러를 서슴치 않는 이슬람주의자의 준동이나 내전을 피해 유럽으로 들어오는 난민들은 원하지 않은 결과이지만 그들이 포기하기 어려운 개입의 결과이다.

미국을 비롯한 제국주의의 개입은 이라크 침략(지상군의 개입)이나 카다피의 제거(공습)처럼 노골적일 수도 있고, FSA나 SDF의 경우처럼 군사훈련과 장비의 지원일 수도 있고, CIA를 통한 은밀한 공작일 수도 있다. 개입의 수단은 미국의 부담 능력과 명분에 의해 제약된다. 이라크에서 국가의 파괴는 치안과 행정의 공백을 가져오고 이슬람주의자들의 준동을 가져왔고, 미국은 발을 뺄 수도 없으면서 난민들의 발생과 비참한 처지에 대한 비난을 벗어날 수 없다. 이것이 개입의 결과에 책임을 져야 하는 직접적 군사개입을 억제할 수밖에 없는 사정이다. 미국에게는 물질적 개입만이 아니라 자금지원과 금융규제와 같은 수단이 있다. 미국의 맘에 들지 않는 이란, 북한, 베네수엘라 등 많은 나라의 인민들은 사실상의 무역규제나 다름없는 금융규제로 고통받는다. 한편 이집트의 엘시시처럼 반동적인 친미권력에는 직간접적인 지원을 아끼지 않는다. 그리고 과거의 식민모국이었던 영국과 프랑스 때로는 이탈리아까지 미국이 주도하는 질서와 개입에 동참한다.

중동의 악질적인 패권국가는 이스라엘을 제외하면 사우디아라비아이다. 사우디는 GCC의 맹주로서, 미제국주의의 하위동맹으로서, 곳곳에서 이란과 경쟁하고 개입한다. 자금과 무기는 물론 바레인의 경우에서 보듯 때로는 군사적 개입도 한다. UAE 등 왕정국가들은 사우디와 함께한다.

미국에 의해 매수되고 서방자본과 왕정국가의 지원을 받는 이집트는 이스라엘과 공존하고 사우디와 협력하는 군사강국이다.

지역의 군사강국인 이란은 생존을 위해 그리고 지역 질서에 대한 영향력을 위해 주변국에 직접/간접으로 지원하고 개입한다. 시리아 서부 해안의 해군기지는 러시아 해군의 사활적 전진기지이다. 러시아는 동부 유럽과 중동에서 개입력을 유지하려고 하고, 아사드 정부의 공식 요청으로 군대를 파견하여 IS만이 아니라 때로는 FSA도 공격했고, 터키와 대화하여 완충지대를 만들었다. 군사강국이고 NATO 회원국인 터키 또한 자국에 위협이 될 수 있는 쿠르드족이나 오랜 앙숙인 시리아를 적대하고 지역의 패권이나 영향력을 위해 개입한다.

이처럼 미국을 위시한 제국주의 나라들이나 지역의 패권을 겨루는 깡패국가인 이스라엘과 친미 반동인 사우디와 GCC 국가들, 그리고 이란, 소련, 터키 등은 리비아, 시리아, 예멘 등 봉기 후 내전으로 전환된 나라에서 어느 한 편을 지원하면서 개입하였다. 이와 같은 주변 패권국들의 개입은 명분을 어떻게 포장할지라도 명분의 대상인 인민들의 삶을 유린하고 고통을 지속시킨다. 내전이 끝나지 않는 이유는 어느 일방을 편드는 개입국들이 각자의 이익은 조금도 양보할 의사가 없기 때문이고 민중의 고통과는 관계없이 지속된다.

이상으로 얻는 교훈은 인접국이나 패권국들의 이해관계가 첨예하게 대립하고 있는 나라들에서 내전으로 전화되는 순간 기왕의 질서를 유지하려는 세력과 바꾸려는 세력이 경쟁적으로 개입하기 때문에 대리전쟁으로 변질되고, 개입국들이 포기하지 않기 때문에 반군들은 버틸 수 있고, 내전은 결판이 나기 어렵게 된다.

주권의 존중이나 내정간섭의 금지를 담은 국제법은 편의적으로만 지켜진다. 지속되는 내전은 난민의 발생은 물론 정상적인 생업을 불가능하게 하여 인민을 고통에 빠지게 한다. 정전과 평화협상 및 공동정부나 재통일 협상은 내전의 당사자들과 개입국들의 이해가 충돌하기 때문에 끊임없이 시도되고 깨어진다.

이로써 혁명에서는 무장저항을 하더라도 가급적 외세의 개입을 불러올 수 있는 내전으로의 전환을 막아야 하고 따라서 자주적 혁명을 이상으로 삼아야 한다.

7-5. 혁명의 전략

이처럼 혁명이란 통합적 국민국가를 전제로 하고, 국민국가를 부정하지 않는 범위 내에서 낡은 질서와 낡은 세력을 청산하는 것이다. 이것은 근대국가에서 혁명이 무장충돌이나 무장반란으로 이어지더라도 군사력의 대결인 내전으로 발전하지 않도록 그리고 혁명의 민중적 성격을 잃지 않도록 고민해야 함을 의미한다. 리비아에서 반카다피 연합인 NTC가 혁명위원회가 아닌 임시정부를 선언한 것은 외세를 끌어들이면서 민중적 성격을 포기하는 내전을 선택한 것을 의미했다.

국가가 무장력을 독점한 근대국가에서 항쟁의 발전은 민중의 투쟁을 군대로 억압해야 하는 순간이 온다. 식민모국의 군대나 부족이나 교파의 무력이 아닌 국민의 군대라는 외양과 형식을 가진 무력과의 대결에서는 절대다수의 국민이 공감할 수 있는 혁명의 정치적 대의명분이 필수적이다. 그리고 혁명의 성패는 수도에서 결판난다. 고립된 지역적 투쟁이 아니라 다수가 참여하는 시민항쟁을 국민의 군대로 학살하거나 진압할 수는 없다. 튀니지와 이집트가 그렇고 요르단이나 바레인의 경우 역시 수도에서의 봉기를 정면으로 진압할 수는 없었다. 심지어 리비아나 시리아, 예멘의 경우도 그렇다.

혁명은 또한 그 사회의 시대정신과 시대적 과제를 명확히 자각하고 제시할 것을 요구한다. 이슬람 국가나 지하디스트 운동은 시대정신에 역행하고, 그들의 기반은 끊임없이 축소되는 과정에 있다. 특히 이집트 혁명이 실패한 것은 무슬림형제단이든 세속주의 세력이든 제1과제인 군부의 청산이 혁명의 제1과제인 점을 망각하고 군부를 용인하거나 군부와 야합했기 때문이다. 결국 이집트의 반혁명은 반군부 연합전선을 구축하는 데 실패했기 때문이다.

한편 혁명이 승기를 잡고 이행과정에 들어갈 때 그 과제와 경로를 명확히 할 필요가 있다. 낡은 세력과 새로운 세력의 역관계에 의해 결정되겠지만, 낡은 질서를 깨뜨리기 위해서는 이행과정을 혁명세력이 주도하거나 주도권을 위한 싸움을 멈춰서는 안된다. 낡은 세력이 주도할 경우 필연적으로 반혁명으로 발전할 수밖에 없다. 군부의 우월권을 전제한 이집트 혁명이나 왕정의 주도권을 인정한 바레인의 경우 반혁명은 예정되어 있었다.

산업과 도시화가 발전하지 않은 나라들, 부족적 질서가 온존한 나라들에는 시민도 없고 노동계급도 없고, 그들을 전제로 한 민중혁명이나 사회혁명도 없다.

노동계급에 의존한 혁명이나 무장반란, 연속혁명은 매우 특수한 조건을 전제로 하고 아랍의 봄에서는 현실성이 없었다. 한편 노동계급은 아닐지라도 다수의 민중이 평등하게 연합한 평의회 사회주의와 생태사회주의 그리고 연방제를 지향하는 YPG(PYD: Democratic Union Party)는 시대정신과 부합한다. 다만 발달한 산업사회에서의 경우 그 이상의 구체적인 실현방도는 또 다른 전략을 요구한다.

종파와 부족으로 나뉘어 싸우는 곳에는 시민과 민중이 설 자리가 없다. 지구상의 수많은 나라에서 종파와 인종이 다른 사람들이 공존하고 산다. 아랍에서 세속적인 통합적 국민국가 건설의 과제는 여전히 현실의 과제로 남아있다. 이슬람주의 세력들도 다른 종파와의 적대를 완화하고 평화적으로 공존하는 노선을 취하지 않으면 안 된다. 세속적인 통합적 국민국가가 이루어진 다음에 그 물질적 토대인 상업과 산업과 도시화가 진행된 다음에 비로소 시민과 민중과 계급이 제 목소리를 찾을 수 있을 것이다. 이것이 아랍의 봄과 겨울의 교훈이다.

어느 경우에나 절대다수의 지지 없는 혁명은 없다. 다양한 이해관계 속에 얽혀있는 현대사회에서 절대다수의 구성원을 설득할 수 없는 주장은 성공할 수 없다. 맑스가 말했듯 혁명은 특수한 이해가 보편적 이해로 되어야만 한다.

제8장 결론

2011년 아랍 민중혁명은 '지구화된 신자유주의 축적체제'와 경제위기가 강요하는 고통이 심화되는 가운데, 억압이 가장 극심한 아랍국가의 민중들이 내외의 자본과 그에 봉사하는 국가의 위기 전가로 인한 고통을 가장 많이 받은 나라에서, 그리고 체제의 재생산이 위기에 처한 세계 자본주의의 가장 약한 고리에서 폭발한 것이다.

1950년대와 60년대에 제국주의가 강요하는 식민지나 반식민지 상태의 친제 이슬람 왕조를 타도하고, 세속적이고 민족주의적인 후견독재로 출발하였던 튀니지, 이집트, 리비아, 시리아는 석유 이권을 둘러싸고 아랍지역에 강요되었던 제국주의의 군사적, 정치적 질서를 거부하는 의미를 가지고 있었다. 하지만 이들 나라는 지난 30년간 지구화된 신자유주의 축적체제에 편입되어 공적부조를 약화시키고 이슬람주의자들을 비롯한 정치적 반대파를 탄압하면서 정보경찰에 의존하는 가혹한 권위주의체제와 부패를 고착시켰다. 지구화된 신자유주의 축적체제로의 편입은 그나마 있던 민중들의 최소한의 삶에 대한 안전판을 파괴하였고, 2008년 세계경제 위기는 일자리의 축소만이 아니라 석유가격과 식량가격을 폭등시켜 민중들의 고통을 심화시켰다. 따라서 이 체제의 만성적이고 구조적인 실업 속에서 절망만을 강요받았던 청년들 특히 교육받은 청년들이 혁명의 중심에 나설 수밖에 없었다.

벤 알리나 무바라크, 카다피, 아사드는 똑같이 민중들에게 총을 쏘았지만, 각국 혁명은 계급정세와 계급역량 등의 차이로 군부를 중립화 또는 무력화하여 독재자를 축출하거나 내전으로 발전하는 상이한 경로를 밟게 되었다. 먼저 튀니지는 부패한 정복과 사복 경찰관들이 체제의 안보를 담당하는 나라였는데, 혁명투쟁의 주된 동력은 교육받은 청년 실업자와 도시하층민들이었고 여기에 단련되고 전투적인 지역노조가 결합하였다. 즉 전형적인 민중항쟁이었다.

이집트의 경우는 30여 년간 지속된 비상조치법과 막강한 정보경찰로 통제하였지만 합법의 틀을 빌어 조심스런 선동도 가능한 나라였고, 사회운동 세력도 어느 정도의 조직력과 힘을 가지고 있었다. 그리고 타흐리르 광장에는 청년들과 도시하층민들만이 아니라 많은 중산층도 함께했다. 또 한편에는 무슬림형제단의 상층부와 같은 기회주의적 세력도 있었다. 그들은 권력에 저항하는 전형적인 시민이었다. 바레인과 요르단도 저항의 주체의 측면에서 보면 시민항쟁이었다.

그런데 리비아는 카다피의 지독한 억압으로 내부에 운동세력이 남아있지 않았다. 정권에 대한 사소한 비판만으로도 ISA를 비롯한 정보경찰과 보안대에 의해 납치와 고문과 학살이 자행되는 나라였다. 항쟁의 참여자를 보면 주로 15-35세의 젊은층이 앞장섰는데, 청년실업자나 도시하층민들뿐만 아니라 카다피를 정점으로 하는 자마히리야 체제에 반발하는 전 주민이 초반부터 합류하는 전 국민적 항쟁이었다.

산업화와 도시화가 정착된 세속적 통합적 국민국가였던 튀니지, 이집트, 바레인, 요르단은 이집트의 시나이반도를 별도로 하면 지역적 거점에 기반한 내전의 물질적 토대가 없었다. 즉 권력이 무쟁투쟁의 대상이 아니었다. 이 점에서 시리아는 세속적 통합국가였던 점은 같지만 소수파 권력인 점과 무자비한 진압이라는 두 요소가 통합국가에 균열을 내고 무장반란으로 이어졌다. 따라서 국민적 성격이 있었지만 소수파 권력에 대한 교파적 대립이 증폭하면서 국민적/민중적 성격이 잠식되었다. 리비아는 소수파 권력에 대한 전국민적 반란이 시작되자 부족적 질서를 온존했던 취약한 근대적 국민국가가 붕괴되고 봉건적(지역적, 부족적, 종교적) 질서로 재편되었다. 취약한 국민국가였던 예멘은 교파적 대립이 증폭되자 주요 도시에서의 초기의 시민항쟁은 빛을 잃고 부족적 질서가 온존한 채 패권국가들의 대리전으로 성격이 바뀌었다.

산업화와 도시화가 진행된 통합적 국민국가였던 튀니지나 요르단은 자원이 빈곤한 수출개방경제였고, 이집트와 바레인도 내란이나 내전의 물적 토대가 없었고, 반정부 세력은 국민국가 내에서 혁명이나 개량을 추구했다.

리비아와 예멘은 근대적인 행정기구나 국민경제가 발전하지 않았고, 통합력이 취약한 나라였고, 따라서 정권이 붕괴했을 때 시민과 국민은 정상배에 의해 반동적 질서로 재편되고 외세의 앞잡이가 되어 내전의 경로를 밟았다.

한편 시리아는 국민경제의 통합력이 컸음에도 정권의 무자비한 진압이 장병의 이탈과 무장반란으로 이어지고, 교파적 대립이 증폭되면서 국민적 성격을 잃은 채 내전과 대리전으로 발전하였다.

혁명은 국민국가 내의 사업이고, 무장력을 독점한 근대국가 내의 무장 반란은 무력의 비대칭성 때문에 수도에서의 급격한 봉기에 이은 권력의 장악과 군대의 중립화가 아니라면 진압당할 운명에 있다. 무장세력이 버티면서 내란과 내전으로 이어질 때 서로 다른 이해를 가진 외세가 개입하고, 끝없는 내전으로 이어지고, 민중의 삶은 도탄에 빠진다.

튀니지 혁명이 성공한 이유는 강력한 민중항쟁으로 구세력(벤 알리 일당과 RCD의 해체)을 몰아낼 수 있었던 점과 다양한 세력(UGTT, 엔나흐다, 니다 툰)이 타협을 이루어 낼 수 있었기 때문이다. 그 타협에 UGTT로 상징되는 민중운동의 압력이 컸기도 했지만, 니다 툰을 적대세력이 아니라 정치적 경쟁세력으로 수용한 엔나흐다의 민주적 이슬람의 태도도 큰 영향을 미쳤다. 타협이 이루어지지 않았다면 적대와 분파적 대립이 성장하고, 반혁명을 허용할 수도 있었을 것이다. 이 점이 이집트와 다른 점이다.

이집트에서는 시민항쟁으로 무바라크는 몰아내었지만 민중운동 세력이 성장해 있지 않은 상황에서 비민중적인 무슬림형제단이 반민중적 세력인 군부와 야합하여 정권을 잡았다. 모르시 정권은 이슬람을 앞세우면서 세속주의 세력과 대립했고, 갈등이 커지자 군부의 반혁명을 허용했다. 비민중적인 세속주의 세력은 정치적 이슬람을 적대하면서 군부를 허용하고 군부와 야합했다. 군부의 영향력이 막강한 상황에서 시대적 과제인 군부청산을 위해 단결하기는커녕 무슬림형제단과 세속주의 세력은 기회주의적 작태만 벌였다.

절대왕정과 대립한 바레인의 시민항쟁 속에서 제도 내의 야당은 입헌군주정의 요구가 왕정과의 대화로 이루어질 수 있다는 착각이 있었다. 항쟁을 전진시키지 않으면서 대화에 희망을 갖게 할 때 반혁명은 준비되고 있었다. 다만 다수 시아파와 소수 수니파 간의 분파적 대립으로 발전하지 않도록 야당들이 노력한 점은 돋보이는 부분이다. 바레인 시민저항에서 가장 큰 실책은 입헌군주정은 논의의 대상이 아니라 즉각 관철할 투쟁의 대상이라는 점을 착각한 데 있다. 왕정의 반혁명은 낭만적 저항 속에 이미 잉태되어 있었다.

요르단 시민들의 요구는 평화적이었고 입헌군주정 내의 민주개혁을 넘지 않았다. 왕정이 강경진압에 나서 민주화 세력과 충돌하고 민중항쟁으로 발전했다면 왕정이 종식될 수는 있었을지는 모르지만, 그 이후에 등장할 질서에 대해서는 예단하기 어렵다. 시민항쟁이 왕정의 최소한의 양보를 얻어냈다는 점에서 승리로 기록될 수 있다.

한편 리비아와 시리아와 예멘에서 보듯 내전은 외세의 개입을 부르고 민중의 희생만 강요되었다. 억압을 선택하는 것은 권력의 몫이라고 할지라도 저항의 형태를 선택하는 것은 민중의 몫이다. 총으로 억압할 때 무장저항은 어쩔 수 없는 선택이겠지만 그 선택이 전체 국민 혹은 모든 반정부 세력의 단결을 호소하면서 내전으로 발전하지 않게 하는 것은 중요하다. 시리아의 SDF를 제외하면 국민적 저항의 성격을 자각하고 리드할 세력이 성장해있지 않았다. 이 점은 소수파의 억압을 위해 정보경찰에 의존하는 취약한 정권의 한계에서 비롯된 측면도 있다.

반동적인 낡은 질서에 도전할 때 대중의 폭발은 특정한 세력이 만들어

낸 것은 아니지만, 그 힘이 어느 방향을 향하게 하고 무엇을 목표로 어떤 수단으로 발전시켜야 할지에 대해, 혁명세력과 변혁세력은 시대적 과제와 국내외의 세력관계를 면밀히 타산할 필요가 있다. 시대정신과 시대적 과제를 파악하지 못한 세력 그리고 국내외의 세력관계를 파악하지 못한 세력은 일시적인 성공이나 성장에도 불구하고 민중의 짐이 된다는 것이 아랍민중들의 투쟁에서 얻는 교훈일 것이다.

제9장 보론: 투쟁의 미학—민중, 시민, 국민[1]

9-1. 민중, 시민, 국민

국가와 시민사회는 역사적 산물이자 서로 영향을 주면서 끊임없이 변화되어왔다. 국가는 군대와 경찰과 사법기관 등 폭력의 유일한 합법적 담지자이고, 시민은 법에 의한 통치와 법 앞의 평등을 요구하고, 보다 나은 법과 그 집행을 요구하는 존재이자, 법의 정당성을 담보하는 존재다.

근대 사회란 자의적인 왕이나 영주로부터 생명권과 재산권을 방어하는 사회적 집단인 시민사회가 성장하고 인정되면서, 국가와 그 구성원인 시민 사이에 의제된 사회계약이라는 사상을 발전시켰다. 권력으로부터의 부당한 침해의 시정을 요구하는 그들은 시민이고, 법 앞에 평등한 시민은 권력과 구분되는 존재이고 일치할 수 없는 긴장이 있다.

한편 억압받고 착취받는 존재는 '민중'(학술적 표현인 '인민'people과 동일한 의미이다)이다. 그들은 세상이 바뀌어야 한다고 믿고 다른 세상을 원하며 국가와 권력과 대립한다. 국가가 착취와 억압을 강요하는

1 이 보론은 졸저 『2008년 촛불항쟁-배반당한 개미 떼들의 꿈』 (개정증보판, 타흐리르, 2020)에도 실려있다.

계급사회의 산물이듯 사회가 계급으로 나뉘어 있는 한 민중은 존재할 수밖에 없고, 세상이 바뀌어야 한다고 믿는 그들은 국가와 중앙권력의 변화를 바라는 즉 중심을 향하는 구심적인 존재다.

이에 비해 국가와 권력의 변화가 아니라 그들에게 무관심하거나 회피하거나 탈출을 원하는 원심적인 존재가 다중이다. 한편에는 역시 근대국가의 산물인 국민과 민족이 있다. 국가나 공동체가 우선시될 때 비국가, 타국가, 타민족에 대립하는 정체성이고, 국가나 민족 내의 계급, 시민, 개인 등의 내적 균열이나 차이를 인정하지 않거나 경시하는 집단적 정체성이다. 한편 코로나 방역에 협조하는 사람들은 시민이자 국민이다. 시민은 권력에게 보다 유능한 방역을 요구하고, 그 지침에 따르는 것은 국민의 의무다.

제국주의 시절 식민지 해방투쟁의 주체는 민족일 수도 있고 민중일 수도 있지만, 그 궁극적 힘은 착취받고 억압받는 식민지 민중에게서 나온다. 세상을 바꾸려는 역사상의 모든 혁명 역시 그 힘의 주체는 민중이다.

자본에게 착취당하고 권력으로부터 억압받는 노동계급은 본질상 민중이다. 그러나 노동계급 특히 산업 프롤레타리아는 한 사회나 국가 내에서 다수가 된 적이 없었다. 1917년 러시아혁명 역시 도시의 대공장에 집결된 노동계급이 선도했지만 그들은 인구의 10%도 안 되는 소수였고 민중의 주된 구성원인 농민이나 빈농과 연대해야 했다.

그런데 발달한 자본주의 사회 혹은 탈산업사회와 복지국가가 성립된 후 노동계급의 구성과 위상이 변했고, 자본가계급과 중간계급을 제외한 모든 노동자를 민중이라고 부르기 어렵게 되었다. 산업노동자보다 비중이 큰 서비스 부문 특히 공공부문 종사자들은 물론 중산층의 삶을 보장받거나 기대할 수 있는 피고용인들employees 혹은 노동계급의 중층이나 상층은 때때로 불만을 표출할지라도 스스로를 민중이나 노동자로 생각하지 않는다.

혁명, 엄밀하게 말하면 사회혁명은 시민이 아니라 민중이 하는 것이다. 물론 민주주의가 정착되지 않은 나라에서 시민에 의한 정치혁명은 민중에 의한 사회혁명으로 나아갈 가능성이 있다. 혹은 시민의 정체성이 민중으로 변한다.

그런데 제도 민주주의가 정착되고 다수가 민중의 정체성을 갖지 않는 사회에서 사회혁명은 어떻게 이루어져야 할까? 탈산업사회와 복지국가가 성립된 후 노동계급의 구성과 위상이 변했고, 지구화된 신자유주의 공격은 노동계급과 중간계급 내에 신자유주의 박탈층, 불만층, 불안층을 만들어 내었다. 그리고 민중의 정체성을 가질 수 있는 잠재적 민중은 신자유주의 박탈층과 불만층이다. 그들의 비중은 나라에 따라 다르겠지만 한 국가 내에서 다수가 아니다. 신자유주의의 공격으로 삶에 허덕이고 생존이 위협받는 사람들이 있지만, 체제는 그들이 다수가 되지 않도록, 거대한 다수의 분노로 폭발하지 않도록, 그리고 분노가 폭발하면 상당한 양보를 할 능력이 있다.

9-2. 세계 속의 민중과 시민의 투쟁들

혁명은 그 사회의 절대다수가 동의하고 지지하고 참여해야만 이루어진다. 민중이 다수나 절대다수라고 말하기 어려운 사회 즉 레닌주의 혁명 모델의 난처함을 벗어날 수 없는 사회에서는 사회혁명과 변혁은 어떻게 추구되어야 하는가? 그것은 이 사회의 변화를 요구하고 행동에 나서는 세력으로부터 시작될 수밖에 없다. 이것이 다른 나라의 투쟁의 양상과 그 주체세력을 살펴보는 이유이다.

2018년 11월 마크롱 정부의 유류세 인상에 반대하여 수도에 집결하여 전투적인 반정부 시위를 벌인 노란조끼 투쟁은 신자유주의에 반대하는 민중들의 계급투쟁이다. 그러나 참여자들은 노동계급 즉 블루칼라나 화이트칼라가 아니었고, 트럭을 생계수단으로 하는 영세 자영업자들이고 신자유주의 박탈층이나 불만층이었다.

영국 노동당 당수인 제러미 코빈은 무상의료 등 복지의 방어와 확충을 얘기했고, 미국 민주당 내의 민주사회주의자 그룹의 버니 샌더스나 알렉산드리아 오카시오 코르테스는 전 국민 의료보험과 대학 등록금 무료 그리고 그린 뉴딜을 주장했다. 이들은 사민주의 좌파와 녹색 강령을 수용한 녹색 좌파이고 이들에게 호응하는 계층은 신자유주의 박탈층이나 불만층 그리고 신중간계급이다.

홍콩의 2014년 노란우산 시위와 2019년 송환반대 시위에 앞장선 이들은 대학생을 포함한 청년들이고 노동자라고 부르기 어렵다. 시민의 자유권을 요구하는 그들은 피억압의 정체성은 있지만 피착취의 정체성은 없고 따라서 민중이라기보다는 전투적 시민이다.

2011년 스페인의 '분노한 자들' 투쟁(15-M 운동, 5월 15일 운동)은 긴축에 분노하는 청년들이 주력이었다. 그들은 신자유주의 박탈층과 불만층이지만 조직노동과는 거리가 멀다. 그들은 민중과 시민의 정체성을 동시에 지니고 있었다.

광장을 점거하는 것은 권력에 대한 반대와 저항의 표시이지만 공권력에 대해 정면으로 맞선 도전은 아니다. 광장의 점거는 집단행동이지만 교통의 흐름을 막는 것도 아니고 권력을 직접 공격하고 타격하는 것도 아니고 권력이 상당 기간 허용할 수 있는 직접적인 집단행동이다.

권력과 대립하는 노동계급이 민중의 정체성으로 앞장설 때 시민은 광장에 나오지 않는다. 노동계급이 약하거나 체제에 안주할 때 학생, 청년, 소시민이 광장에 나온다. 이들은 때로는 시민이고 때로는 전투적 시민이고 때로는 민중으로 발전한다. 2011년에 있었던 이집트의 타흐리르(아랍어로 해방이라는 뜻) 광장 점거나 그리스의 신타그마 광장 점거투쟁이나, 뉴욕 월가의 점거투쟁이 모두 그렇다.

자율주의자나 무정부주의자들은 그들을 민중이 아니라 다중이라고 부르며 비정당, 비노동자의 정체성을 강조한다. 그러나 권력과 맞대결을 하지 않는다고 하더라도 그들은 권력의 변화를 바란다. 그 의미에서 잠재적 민중이고 다른 말로는 민중이자 시민의 정체성을 가진 존재들이다.

2011년 아랍 민중항쟁은 나라마다 다른 양상을 보였다. 튀니지, 이집트, 리비아 그리고 시리아까지 민중들의 항쟁이 있었던 나라들은 모두 세속주의 국가였고, 정보경찰에 의존하는 독재국가였고, 사회주의 국가복지를 흉내를 낸 후견적 국가복지를 시행한 나라들이었다. 시민의 자유가 없고 후견적 국가복지라는 사정은 모든 아랍 국가에 공통되지만, 세속주의가 아닌 근본주의 국가에서는 항쟁이 없거나 약했다. 사우디아라비아나 이란과 같은 근본주의 국가에는 시민과 시민사회가 없다.

2010년 12월 말 일자리와 희망이 없는 청년 실업자인 부아지지의 분신에 의해 촉발된 튀니지 항쟁은 다수의 청년과 노동자들이 결합하였고, 특히 지역노조 네트워크가 큰 역할을 하였다. 투쟁은 페이스북에 시시각각으로 공유되었지만 항쟁의 불길이 수도에 도달하기까지는 한 달에 가까운 시간이 걸렸다. 수많은 튀니지인들은 권력의 두려움 속에서 단지 눈치만 보고 있었다. 수도에서의 결전은 도시 하층민 밀집지역의 가난한 청년들이 격렬한 투쟁으로 경찰의 물리력을 넘어섰을 때 승리로 끝났다. 즉 튀니지 항쟁은 도시 하층민 특히 희망이 없는 청년들이 노동계급과 결합한 전형적인 민중항쟁이었다. 그들은 사회혁명으로 이행할 가능성이 있었다.

한편 이집트의 타흐리르 광장에는 중산층을 포함한 다양한 시민들이 저항에 참여하였고, 원래부터 미약했던 노동계급의 목소리는 거의 들리지 않았다. 동원된 군대가 시민의 구름 속에 묻히고 진압을 거부했을 때 독재자 무바라크는 떠날 수밖에 없었다. 독재자가 떠난 광장에 시민은 더 이상 나오지 않았고 노동계급의 진출도 이루어지지 않았다. 군부를 비롯한 지배계급이나 기득권층은 청산되지 않았고 "무바라크 없는 무바라크" 시대에 대중적 위신력을 가진 온건 이슬람이 잠시 군부와 권력을 나누어 가졌다. 이처럼 이집트의 반독재 투쟁은 시민항쟁이다. 경찰이 총을 쏘기는 했지만 노골적인 학살은 아니었고, 튀니지와 같은 하층민의 전투적 투쟁도 보이지 않았다. 전형적인 비폭력적 시민항쟁이었다.

카다피 시절 차별받았던 리비아의 제2 도시인 벵가지에는 정권을 증오하는 세력이 많았다. 카다피는 근대적 행정기구나 관료를 양성하지 않았다. 시민사회가 없었고 노동계급도 형성되지 않았다. 절대다수가 피억압자인 나라에서 그들은 단지 국민이었고, 누군가의 선동으로 옛 체제의 깃발이 올라갔을 때 더 이상 권력이나 국가와 공존할 수 있는 시민이 아니라 반군이 되었다. 오직 무력의 대결이 있을 뿐이었다. 국민들의 항쟁은 반란으로 발전하였고 카다피가 죽자 국가가 해체되고 군벌들의 시대가 되었다. 시리아의 투쟁은 시민과 국민의 정체성이 섞여 있고 폭력으로 진압되었다.

9-3. 한국의 투쟁들

3.15 부정선거에 항의하는 1960년 4월 혁명은 애초에 고등학생이 전면에 나섰고 한참 후에 대학생들이 그리고 맨 나중에 교수 등 중산층이 결합하였다. 친미 반공독재 하의 남한에는 시민사회와 노동계급이 성장하지 않았었다. 이승만의 사퇴로 정권은 자유주의를 표방한 야당에게 갔다. 학생들은 분명 하층민과 중산층의 자녀들이었고 따라서 민중과 시민의 자식들이었겠지만, 식민지 통치와 전쟁과 반공독재를 겪은 중산층과 하층민들은 피억압의 트라우마와 자기검열 때문에 학생들의 투쟁에 합류하지 않았다. 이 점에서 4월 혁명은 미발달한 시민혁명이었다. 시민과 민중은 정권교체 후 성장하다가 1961년 5월 박정희 군사 쿠데타에 의해 짓밟혔다. 박정희 시절 한일회담 반대투쟁이나 3선개헌 반대, 유신반대 투쟁은 대학생들 그리고 같은 배경을 갖는 지식인들이

주력이었다. 시민, 민중, 대중은 성장해 있지 않았다.

광주의 5월 항쟁의 주력은 도시 하층민 속의 청년들이었다. 택시 운전사, 넝마주이, 구두닦이, 유흥업소 종사자, 깡패, 남녀 고등학생, 시장의 장사하는 아주머니들 …. 그들 대부분은 하층민이고 하층민의 자식들이었다. 그들은 스스로를 시민 그리고 시민군으로 불렀고, 절박한 학살 앞에서 무기를 든 시민이었고, 중간계급도 지지하였다. 튀니지에서처럼 도시 하층민은 시민으로서의 정당성을 내세우면서 반군이 되는 것을 피했다. 그들은 민주주의의 학살자인 전두환과 대적했고 민주주의의 회복을 원했을 뿐 체제에 반대하는 민중이나 국가를 부정하는 반군이 아니었다. 즉 5월 항쟁은 민중이 대다수인 전투적 시민항쟁이었다.

1979년 부마항쟁 역시 대학생들이 선도하였지만 전투력은 도시 하층민인 청년들이 부여주었다. 시민사회와 노동계급이 성장하지 않았던 그때 하층민의 자식들이 전투적 시민항쟁으로 이끌었다. 즉 민중이 시민의 정체성으로 싸웠다.

1987년 6월 항쟁은 전국의 대학생이 선도하였고, 자유주의 정치세력이 개입하였고, 항쟁의 정지와 후퇴는 보복으로 이루어진다는 것을 잘 알기에 서울을 제외한 지방도시에서는 대학생들이 선도하여 돌을 던지고 파출소를 불태우면서 공권력을 뛰어넘었다. 권력이 직선제를 수용했을 때 자유주의 세력은 항쟁이 더 발전되는 것을 원하지 않았고, 민중항쟁으로 성장해서는 안 되었고, 이에 따라 군부독재는 질서 있는 퇴각을 할 수 있었다.

그리고 7, 8, 9월 '노동자 대투쟁'이 전개되었다. 대공장에 밀집된 남성 노동자들의 전투력이 돋보였고, 중소 사업장의 노동자들 역시 인간이자 노동자로서 '인정투쟁'을 벌여 승리하였다. 많은 사업장에서 관리자들의 폭력을 반대하였고, 급여를 인상시켰고, 민주노조를 쟁취하였다. 대학생을 포함한 시민들은 구경만 하였고 반공의 족쇄와 선거를 통한 정권교체의 희망은 이 투쟁이 민중항쟁으로 발전하거나 좌파적 대안을 제시하는 것을 억제했다. 6월 항쟁은 물러나면 죽음뿐이라는 학습에 의해 전투적 시민항쟁으로 발전할 수 있었지만 시민을 넘어서지 않았고, 노동계급의 투쟁 역시 인정투쟁을 넘으려고 하지 않았다. 항쟁이 끝난 후 자유주의 세력과 이상을 공유하는 시민운동 단체들이 성장했고, 사회운동 역시 민중적 성격을 강화하였다. 전노협, 전대협, 전농 등 계급과 계층에 기반한 전투적 대중조직이 성장했다.

정리해고 사유 완화 등 노동법 개악 저지투쟁이었던 1996-97년 총파업은 한국의 노동자들이 하나의 계급으로서 권력과 대결한 투쟁이었다. 이후 민주노총은 노동계급의 대표체로서의 위상을 가졌다. 그러나 민주노조와 전투적 조합주의를 넘는 운동론을 만들어내지 못했다.

2003년 이후 탄핵반대, 효순미선 투쟁, 파병반대, FTA 반대 등 많은 투쟁은 민주노총과 전농 그리고 민주노동당이 주도하였다. 물론 그 배경에는 87년 이후 성장한 변혁 좌파나 현장 좌파의 조직들이 있었다. 민주노동당은 정파연합적 통합당이지만 동시에 대중정당으로서 제도주의적이고 사민주의의 한계를 벗어나지 못했다는 비난이 있음에도 자유주의 세력과 구분되는 민중들의 대표체로서의 위상을 가졌다.

9-4. 2008년 촛불 시민항쟁과 2016년 촛불 국민행동

2008년 촛불항쟁 때, '대한민국의 주권은 국민으로부터 나온다'라는 노래가 히트했는데, 그 본질은 부도덕하고 비민주적인 권력에 대한 비난이었고, 권력의 부당한 처사에 분노하는 그들은 국민이라기보다는 본질상 시민이었다. 따라서 항쟁의 주역들은 스스로를 시민으로 불렀다. 권력에 저항하는 그들의 구성은 다양했고, 촛불 여중생으로 상징되는 청소년들이 경쟁교육에 반대하여 광장에 먼저 나왔고 뒤이어 중간계급이 참여했지만, 대학생들의 참여는 저조했다. 최하위 극빈층을 제외한 다양한 소득계층의 사람들 그리고 마지막에는 신앙심이 돈독한 할머니들까지 성당과 사찰에서 제공한 버스를 타고 광장에 나왔다.

투쟁파와 평화파가 대립했고, 평화파의 수는 적었지만 전투파의 발목을 잡기에 충분했다. 항쟁지도부인 광우병대책회의는 촛불시민이 민중이 되는 것을 가로막았다. 이명박에게 고용되지는 않았지만, 이명박의 아르바이트생이라는 말이 나올 만큼 그 어떤 고용된 첩자보다도 훌륭하게 반동(역사의 전진을 가로막았다는 의미)적 임무를 완성했다. 성실한 시민이었던 개미 떼들은 시민운동에게 배반당했다. 이것이 필자가 2008년 촛불항쟁을 '배반당한 개미 떼들의 꿈'으로 표현하는 이유이다.

사보험에 맡겨진 미국의 의료제도를 비판하는 '식코'라는 영화가 광장에서 상영되어 큰 반향을 일으켰듯이, 애초에 광장의 촛불 속에는 다양한 반신자유주의적 기류가 있었다. 경쟁만 강요하는 교육, 연애, 결혼, 출산을 포기한 삼포세대, 20 대 80으로 나누어진 사회에 대한 문제의식이 있었다. 이들은 본질상 노동과 복지를 공격할 수밖에 없는 신자유주의 체제의 박탈층과 불만층 즉 민중 혹은 잠재적 민중의 정체성을 가지고 있었다. 그 불만 중의 하나가 광우병 소고기로 상징되는 국민의 건강을 제물로 삼은 부도덕하고 비민주적인 권력에 대한 분노로 표현되었다.

대책회의는 광우병 소고기의 수입으로 의제를 한정하면서 신자유주의에 반대하는 다른 의제의 제기를 억눌렀고, 시민이 광장을 벗어나 거리로 나아가지 못하게 막았고, 단지 수입 반대의 의사 표현을 강력하게 하고 4년이나 남은 선거에서 심판하자고 주장했다. 그들의 임무는 대중의 요구와 투쟁의 의지를 억눌러 폴리스라인을 지키게 하는 것이었다. 즉 시민이 민중이 되지 못하도록 하는 것이 그들의 사명이었다. 시민단체 그들은 역사의 전진을 가로막는 반동이었다.

경찰버스를 밧줄로 끌어당기는 등의 거센 투쟁은 전투적 시민들에 의해 이루어졌고, 전투적 시민들은 정의감이 강한 사람들 그리고 독신자들이 많았다. 대책위의 방해로 의제는 확장될 수 없었고, 민중항쟁으로 발전할 기회를 놓쳤다. 노동조직과 좌파 정치조직은 전투적 시민을 따라다녔지만 선도하지 못했다. 좌파의 무기력함이 드러났고, 민중에 대한 시민의 우위 그리고 좌파에 대한 시민운동의 우위가 고착되었다.

2016년 다시 광장의 촛불집회가 있었다. 11월에 시작되어 다음 해 3월 초까지 이어진 촛불집회는 유명 가수들의 노래를 소비하고, 가끔 세월호 희생자의 가족들과 억울한 노동자들의 얘기도 들으면서 시간을 보냈다.

애초의 구호는 "이게 나라냐"였다. 이 구호 속에는 평범한 국민의 눈높이에도 미치지 못하는 통치자인 박근혜에 대한 불만만이 아니라 경쟁만을 강요하는 신자유주의의 공격으로 고통받는 수많은 민중들의 불만이 있었다. 그러나 억압받고 착취받는 민중의 정체성은 100만이 넘는 시민들이 광장을 메웠을 때 묻혀버렸다. 그보다 1년 전인 2015년 11월 14일(전태일 열사 기념일) 민주노총이 핵심인 '민중총궐기 투쟁본부'가 주도한 1차 민중총궐기가 있었고, 이날 1,400여 대의 버스로 상경한 조합원과 농민을 비롯하여 15만 명이 참가했다. 그리고 이 집회에서 백남기 농민이 살수차에 가격당하여 뇌사상태에 빠졌고 2016년 9월 끝내 사망했다. 2016년 10월 29일부터 시작된 촛불집회부터 11월 12일 6차 민중총궐기를 주도한 세력은 "민주노총을 위시한 민중총궐기투쟁본부가 거의 절대적이었다. 그리고 전농을 비롯한 백남기투쟁본부가 두 번째 세력이고, 세월호 희생자 연대모임인 416연대, 그리고 민주화와 국정 역사교과서 반대 원로들의 모임인 민주행동 등 4개 연대가 반박근혜 투쟁대열을 형성했다" 이들 4개 세력은 1년여의 투쟁을 성장시켜오면서 2016년 11월 12일을 총궐기의 날로 잡았고 이날 참가한 조합원만 15만 명에 달했다. 그런데 10월 말부터 민심이 변하자 참여연대 등 시민사회단체연대가 11월 5일 백남기 농민 장례식과 제6차 민중출궐기의 공동주최를 요청하면서 5개 연대단체가 공동행동에 합의했고, 이후 '박근혜정권퇴진 비상국민행동'(퇴진행동)으로 발전했다. 그러나 그때까지도 시민사회단체연대는 하야를 내거는 것에 반대하는 세력이 있었고 야당은 눈치만 보고 있었다. 퇴진행동 내의 민중단체와 시민단체는 "적지 않은 의견충돌을 겪었다. 시민단체는 민중단체를 과격하다고 비판했고, 특히 민중단체가 촛불을 정치투쟁의 장으로 활용하는 것에 문제를 제기했다. … 2015년의 폭력 이미지를 연상시킨다면서 민중총궐기라는 단어를 빼라고 요구했다. … 송경동 시인은 '전체를 위해 노동자는 목소리를 죽이라고, 소수자들 목소리는 불편하다고 말하지 말아주세요'"라고 불편한 심기를 표현했다.[2]

이제 시민단체들은 주류가 되었고 광장의 국민행동이 시민항쟁으로 성장하는 것을 막았다. 그들은 민중과 양립할 수 없는 진보를 표방한 탈계급적인 자유주의 세력이었다. 광장의 촛불집회는 투쟁이 아니었다. 시민이 국민이 되어 그 정당성을 판사가 승인해주기를 기다리는 국민 캠페인이었다.

그 결말은 그다지 진보적이지도 않은 자유주의 세력이 성과를 독점했고, 친미적인 신자유주의 체제에 한치의 타격도 입히지 못했다. 좌파는 물론 민중적 세력은 전투성을 거세당하면서 파편화되고 주변화되었다. 시민운동은 시민들의 운동이 아니라 시민들의 후원으로 운영되고 시민을 대리하는 운동이다. 시민운동 단체에게 시민은 자주적인 존재로 성장하면 안 되는 존재다. 시민을 억제하고 시민을 이끄는 그들은 목자이고, 시민은 그들에게 기생하는 시민운동을 위해 순한 양이 되었다. 2016년 촛불은 목자에게 이끌리는 순한 양들의 훈육장이었다. 민중도 없고 시민도 없고 법과 질서를 신성시하는 국민만 남았다. 즉 2016년 촛불은 시민을 국민으로 주조하였다. 시민의 열망이 아니라 체제에 봉사해왔던 판사님들이 최고의 권력이고 진정한 주권자였다.

제도 민주주의 즉 국민이 4년마다 한 번씩 유권자로 소환되는 그 체제에서는 민중이 주권자가 아니다. 대중 혹은 민중의 자기지배도 직접민주주의가 아닌 대리인을 통한 통치체제를 갖지만, 그 대리인은 사장에게 고용된 직원처럼 오직 민중을 위해서만 존재해야 하고 그렇지

2_ 원희복, 『촛불민중혁명사』 (도서출판 말, 2018), pp. 298-303

않을 경우 소환되거나 그 지위가 박탈된다.

시민단체가 촛불시민을 부르주아 사법체제의 관람객으로 혹은 시민을 국민으로 만든 후 권력은 자유주의자들에게 넘어갔다. 그것은 위대한 시민정신의 승리가 아니었다. 그곳에 시민은 있지도 않았다. 하물며 민중의 참여 혹은 민중적 의제는 신중하고 교묘하게 처음부터 억제되었다. 추운 광장에 앉아서 유명 가수들의 노래 감상이나 강요당한 그들은 시민단체라는 목자에게 이끌리는 길잃은 순한 양이었다.

민중은커녕 시민의 정체성조차 억제당한 결과는 극우의 등장이었다. 태극기 부대라는 극우는 시민이나 민중이 아니라 국민의 이름으로 다른 국민을 배제하려는 세력이다. 2016년 촛불이 국민이었기 때문에 동일한 국민의 자격으로 극우가 등장했다. 지구상에서 가장 반동적인 국기인 미국의 성조기와 이스라엘 국기까지 들고나온 배경에 100만 200만, 1,000만 명의 관객을 호객하여 국민으로 만든 퇴진행동에 참여한 시민단체가 있었다.

진리는 오직 머릿수로만 증명되었고, 조국사태에서 보듯 거대한 극우가 머릿수에서 앞서게 되었다. 이제 탈진실(post truth)의 시대가 되었다. 그 배경에 시민의 전투성을 참으로 훌륭하게 거세시키면서 100만 대회, 1,000만 대회를 선동하던 시민운동의 장사치들이 있다.

물론 시민운동은 이 사회의 고통을 완화하는 역할을 하고 대체로 진보적인 보다 정확하게는 '인간의 얼굴을 한 자본주의'를 판매하여 생계를 꾸리는 또 다른 소부르주아지들이다. 설령 그들이 아무리 헌신적이고 박봉에 시달릴지라도 개개인의 의사와 상관없이 그들의 기능은 그렇다. 마치 자본가가 아무리 착하더라도 자본가인 것처럼 평상시에 시민이 나서지 않을 때 그들은 진보적이다. 그러나 시민이 주체로 나서는 순간 그들은 본능적으로 존재/생존/생계의 위협을 느낀다. 그리하여 역사의 진정한 전진을 가로막는 반동의 역할을 충실하게 수행한다. 마치 독일 부르주아지가 진정한 부르주아 민주혁명을 가로막았던 것처럼. 필자는 모든 시민단체나 시민단체의 수많은 헌신적인 활동가들을 비난하려는 게 아니다. 그들 중 극히 일부 그러나 영향력은 큰 극히 일부의 단체와 지도자들을 비난하는 것이다. 민중의 목소리를 n분의 1로 만드는 그 운동질서는 고착되었다.

2016년 촛불집회 때 신자유주의가 강요한 고통 특히 비정규직 등 노동계급 하층 혹은 신자유주의 박탈층의 고통은 보편성을 획득하지 못한 채 소수자의 호소로만 존재하고 소비되었다. 광장의 연단에는 짧은 소개 시간이 있었는데, 그것은 국민에서 배제되었던 소수를 국민으로 편입하는 것이었다.

그곳엔 2008년과 같은 뜨거운 심장이 없었다. 광장의 시민이 하나되어 싸우는 투쟁이 없었기 때문이다. 민주노총이나 민중총궐기투쟁본부는 1,000개가 넘는 다른 사회단체 속에서 그 비중에 걸맞는 발언권도 없었고 역할을 할 수 없었다. 물론 형식적으론 평등하게 합의제로 운영되었다. 그러나 발언권을 갖는 부문별 대표가 많아질수록 민주노총이나 좌파의 지분은 5분의 1이나 10분의 1로 그만큼 줄어들지 않을 수 없었다. 그런데 노동 의제나 반신자유주의 의제는 5분의 1이나 10분의 1이 아니라 이 시대의 가장 중요한 의제이고 따라서 1/2 이상이 되어야 하지만, 다양성으로 포장된 여러 부문이 모인 협의에서 그리고 그들 대부분이 노동 의제나 반신자유주의 의제를 반기지 않은 분위기에서 두 의제는 5분의 1이나 10분의 1이라는 n분의 1의 장식품이 된다. 이것이 계급 의제의 전진을 막는 구조적 질곡이다.

자유주의자들은 신자유주의를 억제할 의지와 능력이 없다. 치솟는 부동산 가격을 억제할 의지와 능력이 없다. 비정규직 문제, 청년 실업의 문제를 해결한 의지와 능력이 없다. 전선은 반신자유주의 전선이어야 함에도 자유주의자와 극우의 사이에 있다. 신자유주의라는 이 시대의 가장 큰 고통 그리고 그 고통을 앞세운 투쟁은 자유주의자와 태극기 부대가 만들어 낸 반극우 전선에 밀려났다. 한 사회를 전진시키고 변혁시키기 위해서는 수많은 투쟁이 필요하고 수많은 의제가 있지만, 반신자유주의 의제는 두 주류(자유주의자 대 극우를 포용한 보수)가 만들어 낸 전선이 강력할 때 설 땅이 없다. 역사의 진정한 전진은 오직 민중의 투쟁에 의해 이루어진다. 그리고 2016년 촛불집회에서 시민이 국민으로 주조될 때 민중의 헤게모니는 종말을 고했다.

9-5. 맺는말

이처럼 2008년 촛불 시민항쟁이나 2016년 촛불 국민행동 때 역사의 흐름이 전진하지 못하고 고착되고 퇴행하게 된 직접적인 배경에는 민중운동 세력이 시민단체와 맺게 된 연대질서가 있다. 그런데 보다 근원적으로 보면 한 사람의 인간은 때로는 민중, 때로는 노동자, 때로는 시민, 때로는 국민이 될 수 있는 다면적인 존재이고 다양한 가능성을 가진 존재이다. 특정한 상황에서 특정한 정체성이 앞서게 되는 것은 대중

속에서의 헤게모니와 관련이 있다. 자유주의 정치세력, 시민단체, 민중운동과 좌파는 헤게모니를 다투는 경쟁관계에 있고, 민중이 시민으로, 시민이 국민으로 변하게 된 것은 민중운동과 좌파가 경쟁관계에서 패하거나 경쟁력을 잃었기 때문이고 헤게모니 투쟁에서 패했기 때문이다. 민중 혹은 대중의 자기지배라는 이상을 추구하는 좌파는 자기 역할을 다하지 못했다.

(이 보론은 졸저 『2008년 촛불항쟁-배반당한 개미 떼들의 꿈』에 실린 "투쟁의 미학-2008년 촛불과 2016년 촛불의 차이"와 동일한 글이다.)

참고문헌

1. 외신 등 언론매체

AFP, Al Arabiya, Aljazeera, AP, Arabnews, Bahrain News.Net, BBC, CNN, Dailysabah, Egypt Independent. France24, Guardian, Independent, Libya Herald, Los Angeles Times, Middle East Eye, NYT, People's Daily, Presstv, Reuters, Stuff, Syrian Arab News Agency, The Hindu, TheNewArab, The Times of India, Tripolipost, Voice of America, Washington Post.

2. 참고문헌

김정명, "중동의 잠 깨우고 떨쳐 일어난 'R세대'의 돌진" (2011.03.02.), <시사저널>, http://www.sisapress.com/news/articleView.html?idxno=54560.

김하영, "리비아혁명, 어떻게 볼 것인가?" 『마르크스21』, 9호, 책갈피, 2011년 봄, pp. 143-164.

나기브, 사메, "계속되는 혁명-무바라크 몰락 이후의 이집트," 『마르크스21』, 12호, 책갈피, 2011년 겨울, pp. 119-175.

마흐디, 라밥 엘, "이집트 민주화 운동", 『마르크스21』, 9호, 책갈피, 2011년 봄, pp. 223-253.

모하메드, "독재자가 도망간 날," <레프트21>, http://www.left21.com/article/9130.

박석삼, 『2011년 아랍민중혁명-튀니지, 이집트, 리비아를 중심으로』 한신대학교, 석사학위논문, 2012. 2..

박석삼, 『2008년 촛불항쟁 : 배반당한 개미 떼들의 꿈』, 개정증보판, 타흐리르, 2020.

원희복, 『촛불민중혁명사』, 도서출판 말, 2018.

인남식, "2011년 중동 민주화 운동의 원인, 현황 및 전망," 「주요국제문제분석」 (2011.5.24.), 외교안보연구원.

임월산·조은석, "북아프리카 민주화 운동과 노동자 운동의 역할," 『사회운동』, 통권 100호, 사회진보연대, 2011.5·6, pp. 78-97.

임필수, "리비아 공격을 둘러 싼 국제좌파의 분열에 대한 우리의 시각", 『사회운동』, 통권 100호, 사회진보연대, 2011.5·6, pp. 98-109.

정상률, "빵의 혁명, 자유의 혁명, 어디까지 갈 것인가?-중동 민주화 혁명의 배경과 남아있는 문제점," 제43호, 『내일을 여는 역사』, 2011.6, pp. 212-229.

촘스키, 노엄 외, 『촘스키와 아슈카르, 중동을 이야기하다』, 강주현 옮김, 사계절, 2011.

캘리니코스, 알렉스 외, 『이집트 혁명과 중동의 민중반란』, 책갈피, 2011.

쿡슨, 매튜, "이집트 민중 저항의 역사," 알렉스 캘리니코스 외, 『이집트 혁명과 중동의 민중반란』, 책갈피, 2011, pp. 64-68.

Abboud, Samer, "The Syrian Economy: Hanging by a Thread" (20 June 2012), https://carnegieendowment.org/2012/06/20/syrian-economy-hanging-by-thread-pub-48598.

Al-Ahram, "Egypt rights groups voice misgiving about army's call for rallies" (26 July 2013), http://english.ahram.org.eg/NewsContent/1/64/77394/Egypt/Politics-/Egypt-rights-groups-voice-misgiving-about-armys-ca.aspx.

Alexander, Christopher, "A Month Made for Drama," *Revolution in the Arab world－A Special Report from Foreign Policy*, Foreign Policy, 2011, pp. 45-49.

__________________, "The Rise and Fall of Ben Ali," *Revolution in the Arab world－A Special Report from Foreign Policy*, Foreign Policy, 2011, pp. 50-53.

Al-Khalidi, Suleiman, "Jordan protesters call for 'downfall of the regime'" (16 November 2012), https://www.reuters.com/article/us-jordan-protest-idUSBRE8AF0LK20121116.

Al－Qaddafi, Muammar, *The Green Book* (Tripoli, undated), in International Crisis Group, *Popular Protest in North Africa and the Middle East (V): Making Sense of Libya*, North Africa Report N°107 (6 June 2011), pp. 7－8.

Amnesty International, "The battle for Libya : Killings, disappearances and torture" (13 Sep 2011), https://www.amnesty.org/download/Documents/32000/mde190252011en.pdf.

Anderson, Jon Lee, "Letter from Libya. The Unravelling" (23 February 2015), https://www.newyorker.com/magazine/2015/02/23/unravelling?int.

Atassi, Mohammed Ali, "What the people want…," *Perspectives*, #2, May 2011, pp. 28-34.

Bahrain Independent Commission of Inquiry, *Report of the Bahrain Independent Commission of Inquiry* (PDF) (23 November 2011).

Barnard, Anne and Rick Gladstone, "Russia Reaches Deal for Syria Safe Zones, but Some Rebels Scoff" (4 May 2017), https://www.nytimes.com/2017/05/04/world/middleeast/russia-iran-turkey-syria-de-escalation-zones.html?smpr&_r=0.

Bayat, Asef, "A New Arab Street in Post-Islamist Times," *Perspectives*, #2, May 2011, pp. 50-53.

Bayoumy, Yara, "Yemen leader expected to accept demands of Houthis who defeat his..." (14 Jun 2018), https://www.reuters.com/article/us-yemen-security-president/yemen-leader-expected-to-accept-demands-of-houthis-who-defeat-his-guards-idUSKBN0KU0OT20150121.

Blomfield, Adrian, "Libya: protest leaders threaten independence for eastern Libya" (24 Feb 2011), http://www.shabablibya.org/news/libya-protest-leaders-threaten-independence-for-eastern-libya.

Broomhall, Elizabeth, "Bahrain and Oman have highest Gulf unemployment rates" (7 July 2011), https://www.arabianbusiness.com/bahrain-oman-have-highest-gulf-unemployment-rates-409116.html#:~:text=Bahrain%20and%20Oman%20have%20the,management%20firm%20Al%20Masah%20Capital.

Butler, Daren, "Kurds' advance in Syria divides U.S. and Turkey as Russia bombs" (17 February 2016). https://www.reuters.com/article/us-mideast-crisis-syria-kurds-idUSKCN0VQ1FR.

Chivvis, Christopher S. and Jeffrey Martini, *Libya after Qaddafi: lessons and implications for the future,* Rand Corporation, 2014, pp. 42-48.

Cockburn, Alexander, "Libya rebels: Gaddafi could be right about al-Qaeda" (24 Mar 2011), http://www.theweek.co.uk/politics/6801/libya-rebels-gaddafi-could-be-right-about-al-qaeda.

Cockburn, Patrick, "Turkish threats of intervention after Ankara bombing taken seriously by Obama" (20 February 2016), https://www.independent.co.uk/news/world/middle-east/syria-conflict-isis-turkey-barack-obama-ankara-bombing-a6886466.html.

_______________, "Amnesty questions claim that Gaddafi ordered rape as weapon of war" (24 Jun 2011), http://www.independent.co.uk/news/world/africa/amnesty-questions-claim-that-gaddafi-ordered-rape-as-weapon-of-war-2302037.html.

Daoud, Nahla, "Fear and Revolution in Libya," *Perspectives*, #2, May 2011, pp. 208-211.

Defense Post, "Memorandum of Understanding between Turkey and Russia on northern Syria" (22 October 2019), https://www.thedefensepost.com/2019/10/22/russia-turkey-syria-mou/.

Drysdale, Alasdair and Raymond A. Hinnebusch, *Syria and the Middle East peace process,* Council on Foreign Relations, 1991, https://archive.org/details/syriamiddleeast00alas/page/222/mode/2up.

Economist, "Deported Yemeni migrant workers: Down and out" (10 December 2013), https://www.economist.com/pomegranate/2013/12/10/down-and-out.

Edmonton Journal, "Pizza delivery service caters to Libya's front-line rebels" (4 July 2011), https://web.archive.org/web/20110807191328/http://www.edmontonjournal.com/news/Pizza%2Bdelivery%2Bservice%2Bcaters%2BLibya%2Bfront%2Bline%2Brebels/5044735/story.html.

FAO, "Counting the Cost: Agriculture in Syria after six years of crisis" (Apr 2017), http://www.fao.org/emergencies/resources/documents/resources-detail/en/c/878213/.

Feb 17th, "This Just In !!" (February 24, 2011), https://web.archive.org/web/20120724053023/http://feb17.info/news/this-just-in/.

Feldman, Noah, *The Arab Winter: A Tragedy,* Princeton University Press, 2020.

Feltrin, Lorenzo, "Labour and democracy in the Maghreb: The Moroccan and Tunisian trade unions in the 2011 Arab Uprisings," *Economic and Industrial Democracy 2019*, Vol. 40(1), PP. 42-64.

Fitzgerald, Mary, "Who's Running This Joint, Anyway?" (13 October 2014), https://foreignpolicy.com/2014/10/13/whos-running-this-joint-anyway/.

Foreign Policy, *Revolution in the Arab world-A Special Report from Foreign Policy,* 2011.

Forte, Maximilian C., "A Victory for the Libyan People? : The Top Ten Myths in the War Against Libya" (31 Aug 2011), http://www.counterpunch.org/2011/08/31/the-top-ten-myths-in-the-war-against-libya/.

Fruehauf, Urs, "EU-Libya Agreements on Refugees and Asylum Seekers : The

Need for a Reassessment," *Perspectives*, #2, May 2011, pp. 243-247.

Garcia-Navarro, Lourdes, "As Tide Turns, Rebels' Dream Of 'Free Libya' Dims" (16 Mar 2011), http://www.npr.org/2011/03/16/134594253/as-tide-turns-rebels-dream-of-free-libya-dims?ft=1&f=1001.

Ghobari, Mohammed, "Tens of thousands of Yemeni Houthis protest against govt in capital" (22 August 2014), https://cn.reuters.com/article/instant-article/idUSKBN0GM12C20140822

Goldstein, Eric, "A Middle-Class Revolution," *Revolution in the Arab world-A Special Report from Foreign Policy,* Foreign Policy, 2011, pp. 66-71.

Goldstone, Jack A., "Understanding the revolutions of 2011: weakness and resilience in Middle Eastern autocracies," *Foreign Affairs*, Vol. 90(3), may/june 2011, pp. 8-16.

Hong Seong-Min, "Libyan Econamy's Characteristics and Role of Oil in the 21st Century", 「한국중동학회논총」, Vol.26(2), 한국중동학회, 2006, pp. 100-108.

Hounshell, Blake, "February 4: Two Cups of Tea," *Revolution in the Arab world-A Special Report from Foreign Policy*, Foreign Policy, 2011, pp. 92-95.

__________, "February 7: A New Leader for Egypt's Protesters," *Revolution in the Arab world-A Special Report from Foreign Policy*, Foreign Policy, 2011, pp. 96-99.

__________, "February 8: The Revolution Is Not Over," *Revolution in the Arab world-A Special Report from Foreign Policy*, Foreign Policy, 2011, pp. 100-101.

__________, "February 11: Pharaoh Is Dead, Long Live Pharaoh?" *Revolution in the Arab world-A Special Report from Foreign Policy*, Foreign Policy, 2011, pp. 110-114.

Human Rights Watch, "Bahrain's Human Rights Crisis" (5 July 2011), https://www.hrw.org/news/2011/07/05/bahrains-human-rights-crisis.

Iltis, Tony, "Middle East: Saudi Arabia's US-backed war on Yemen" (April 13, 2015), http://links.org.au/node/4384.

International Crisis Group, *Popular Protest in North Africa and the Middle East (V): Making Sense of Libya*, North Africa Report N°107 (6 June 2011), p. 15.

Internationalviewpoint, <Libya, the resistance, the no-fly zone>, (http://www.internationalviewpoint.org/spip.php?rubrique169)

Ishani, Maryam, "The Hopeful Network," *Revolution in the Arab world-A Special Report from Foreign Policy,* Foreign Policy, 2011, pp. 143-148.

Izady, Michael, "Syria: Ethnic Shift, 2010-mid 2018," https://gulf2000.columbia.edu/images/maps/Syria_Ethnic_Shift_2010-2018_lg.png

Karman, Tawakul, "Our revolution's doing what Saleh can't – uniting Yemen" (8 Apr 2011), https://www.theguardian.com/commentisfree/2011/apr/08/revolution-saleh-yemen-peace-historic.

Kerr, Simeon, "Bahrain protesters march in huge rally" (9 March 2012), https://www.ft.com/content/dd416cdc-69ff-11e1-a26e-00144feabdc0#axzz1ofXPlmwk.

Khalil, Ashraf, "February 1: A Wounded Father Figure", *Revolution in the Arab world-A Special Report from Foreign Policy*, Foreign Policy, 2011, pp. 76-77.

____________, "February 4: Fortress Tahrir," *Revolution in the Arab world–A Special Report from Foreign Policy,* Foreign Policy, 2011, pp. 89–91.

____________, "February 10: 'We Need to Drag Him from His Palace," *Revolution in the Arab world–A Special Report from Foreign Policy,* Foreign Policy, 2011, pp. 107–109.

____________, "February 12: After the Party," *Revolution in the Arab world-A Special Report from Foreign Policy*, Foreign Policy, 2011, pp. 115-120

____________, "January 25: Tear Gas on the Day of Rage," *Revolution in the Arab world–A Special Report from Foreign Policy,* Foreign Policy, 2011, pp. 73-75.

____________, "Later February 2: Day of the Thugs,", *Revolution in the Arab world–A Special Report from Foreign Policy,* Foreign Policy, 2011, pp. 83–85.

Khan, Amil, "February 2: With Eyes Red from Rage", *Revolution in the Arab world-A Special Report from Foreign Policy*, Foreign Policy, 2011, pp. 78-82.

Khoury, Doreen, "How the Internet Revived the Arab Public Sphere and Digitalized Activism," *Perspectives*, #2, May 2011, pp. 80-85.

Kirkpatrick, David D., "Most Members of Old Cabinet in Tunisia Step Down" (27 January 2011), https://www.nytimes.com/2011/01/28/world/africa/28tunisia.html.

Knickmeyer, Ellen, "The Arab World's Youth Army," *Revolution in the Arab world–A Special Report from Foreign Policy,* Foreign Policy, 2011, pp. 122-126.

Kouddous, Sharif Abdel, "A Q&A with Khalifa Hifter, the mastermind behind Libya's new revolt" (20 May 2014), https://www.washingtonpost.com/news/worldviews/wp/2014/05/20/a-qa-with-khalifa-hifter-the-mastermind-behind-libyas-new-revolt/?arc404=true.

Levinson, Chales, "$50 billion later, taking stock of U.S. aid to Egypt" (4 Apr 2004), http://www.csmonitor.com/2004/0412/p07s01-wome.html.

Lucas, Ryan and Zeina Karam, "Gadhafi's government controls the skies by day; sundown brings rebels out in" (14 Mar 2011), http://www.washingtonpost.com/wp-dyn/content/article/2011/03/14/AR2011031403415.html.

Mabrouk, Mehdi, "The Youth Revolution : A First Reading of the Social and Cultural Conditions Surrounding the Tunisian Revolution," *Perspectives*, #2, May 2011, pp. 132-144.

Masri, Safwan M. *Tunisia: an Arab anomaly*, Columbia University Press, 2017.

Matsumoto, Hiroshi, "Yemen between Democratization and Prolonged Power" (pdf, 2001).

Mezzofiore, Gianluca, "Bahrain Security Forces Fire Teargas against Tamarod Protesters" (14 August 2013), https://www.ibtimes.co.uk/bahrain-security-forces-fire-teargas-against-tamarod-499122.

Midwest Diplomacy, "Tunisia Today and Hope for Tomorrow" (November 3, 2013), http://egiuliani.wordpress.com/2013/11/03/tunisia-today-and-hope-for-tomorrow/.

NTC, "Founding statement of the Interim Transitional National Council," http://ntclibya.org/english/founding-statement-of-the-interim-transitional-national-council/.

Oil & Gas 360, "Syria hands oil exploration contracts to two Russian firms" (17/12/2019), https://www.oilandgas360.com/syria-hands-oil-exploration-contracts-to-two-russian-firms/.

Perspectives, *Political analysis and commentary from the Middle East*, (#2 May 2011. Special Issue).

Petras, James, and Robin E. Abaya, "The Euro-US War on Libya: Official Lies and Misconceptions of Critics" (3.25.2011), http://petras.lahaine.org/?p=1847.

Prashad, Vijay, "NATO's Agenda for Libya : Qaddafi, From Beginning to End," <Counterpunch> (October 21-23, 2011), http://www.counterpunch.org/2011/10/21/qaddafi-from-beginning-to-end/.

Qutait, Tasnim, "The Price of the Divide on Libya : Why I support the No Fly Zone," *Perspectives*, #2, May 2011, pp. 248-257.

Rachman, Gideon, "Reflections on the Revolution in Egypt" (14 Feb 2011), http://www.ft.com/cms/s/0/bc459dfc-3880-11e0-959c-00144feabdc0.html#axzz1afE3X2mI.

Radhakrishnan, Rahul, "Bahraini forces arrest opposition activists" (14 August 2013), https://www.aljazeera.com/news/2013/8/14/bahraini-forces-arrest-opposition-activists.

Rice, Xan, "Libyan rebels pay a heavy price for resisting Gaddafi in Misrata" (21 Apr 2011), http://www.guardian.co.uk/world/2011/apr/21/libyan-rebels-heavy-price-misrata.

Riddell, John, "How Can We Aid Libya's Freedom Movement?" (28 Feb 2011), http://www.socialistvoice.ca/?p=1443.

Risk and Forecast, "East Bank Jordanians demonstrate as King announces plans for reforms" (17/06/11), https://www.riskandforecast.com/post/jordan/east-bank-jordanians-demonstrate-as-king-announces-plans-for-reforms_715.html.

Rosenberg, Tina "Revolution U," Revolution in the Arab world-A Special Report from Foreign Policy (2011), pp. 127-142.

Samad, Ziad Abdel and Kinda Mohamadieh, "The Revolutions of the Arab Region : Socio-economic Questions at the Heart of Successful Ways Forward," *Perspectives*, #2, May 2011, pp. 112-118.

Saunders, Doug, "The business of doing business in Gadhafi's oil kingdom" (26 Feb 2011), http://www.theglobeandmail.com/news/opinions/opinion/the-business-of-doing-business-in-gadhafis-oil-kingdom/article1921542/

Schemm, Paul, "Battle at army base broke Gadhafi hold in Benghazi" (25 Feb 2011), http://www.washingtonpost.com/wp-dyn/content/article/2011/02/25/AR2011022505021.html.

Sghiri, Malek, "Heroic Resolve in the Face of the Omnipresent Machine of Oppression: Recounting the Events of the Tunisian Revolution," *Perspectives*, #2, May 2011, pp. 202-207.

Shehata, Dina, "The Fall of the Pharaoh : How Hosni Mubarak's Reign Came to an End," *Foreign Affairs*, Vol. 90(3), may/june 2011, pp. 26-32.

Stack, Liam, "Anger in Egypt Over Power Grab by President Morsi" (23 November 2012), https://thelede.blogs.nytimes.com/2012/11/23/anger-in-egypt-over-power-grab-by-president-morsi/?src=recg.

Truex, Rory and Daniel L. Tavana, "Implicit Attitudes toward an Authoritarian Regime," *The Journal of Politics,* 81(3), 2019, pp. 1014-1027.

U.S. Department of State, "Bahrain (01/13/12)," https://2009-2017.state.gov/outofdate/bgn/bahrain/195941.htm.

____________, "Jordan (12/30/11)," https://2009-2017.state.gov/outofdate/bgn/jordan/192420.htm.

____________, "Libya (03/09/12)," https://2009-2017.state.gov/outofd

ate/bgn/libya/196690.htm.
__________________, "Syria (09/08/10)," https://2009-2017.state.gov/outofdate/bgn/syria/158703.htm.
United States Secretary of State, "Yemen 2012 International Religious Freedom Report" (2 February 2017), https://2009-2017.state.gov/documents/organization/208632.pdf.
Wilde, Gabriele, Annette Zimmer, Katharina Obuch, and Isabelle-Christine Panreck (eds), *Civil Society and Gender Relations in Authoritarian and Hybrid Regimes: New Theoretical Approaches and Empirical Case Studies*. Verlag Barbara Budrich, 2018.
Woods, Alan, "After the death of Gaddafi: Revolution and counterrevolution in Libya" (21 Oct 2011), http://www.marxist.com/gaddafi-dead-revolution-and-counter-revolution-in-libya.htm.
Worth, Robert F., *A Rage for Order: The Middle East in Turmoil, from Tahrir Square to ISIS,* Macmillan, 2016.
Yezdani, İpek, "Syrian rebels: Too fragmented, unruly" (1 September 2012), https://www.hurriyetdailynews.com/syrian-rebels-too-fragmented-unruly-29158.
Zaptia, Sami, "Ageela Salah now supports UN-brokered Skhirat agreement: Kobler" (1 January 2016), https://www.libyaherald.com/2016/01/01/ageela-salah-now-supports-un-brokered-skhirat-agreement-kobler/.
Zigedy, Zoltan, "Imperialism Unmasked" (7 Sep 2011), http://mltoday.com/subject-areas/commentary/imperialism-unmasked-1206-2.html. 졸탄 지게디, 채주헌 번역, "가면을 벗은 제국주의", 『정세와 노동』, 제73호, 노동사회과학연구소., 2011년 11월, pp. 65-71.
Zisser, Eyal, "Syria," in Ami Ayalon (ed.), *Middle East Contemporary Survey,* Vol. 16: 1992, The Moshe Dayan Center, 1995, pp. 723-749.

* 이 책에 있는 인터넷 페이지들은 모두 2021년 1월 7일 최종적으로 검색된 것이다.